TRANZLATY

Sprache ist für alle da

Taal is voor iedereen

Der Ruf der Wildnis

Als de natuur roept

Jack London

Deutsch / Nederlands

Ins Primitive
In het primitieve

Buck las keine Zeitungen
Buck las de kranten niet.
Hätte er die Zeitung gelesen, hätte er gewusst, dass Ärger im Anzug war.
Als hij de kranten had gelezen, had hij geweten dat er problemen op komst waren.
Nicht nur er selbst, sondern jeder einzelne Tidewater-Hund bekam Ärger.
Niet alleen hijzelf had het moeilijk, maar alle andere honden in het water.
Jeder Hund mit starken Muskeln und warmem, langem Fell würde in Schwierigkeiten geraten.
Elke hond met sterke spieren en warm, lang haar zou in de problemen komen.
Von Puget Bay bis San Diego konnte kein Hund dem entkommen, was auf ihn zukam.
Van Puget Bay tot San Diego kon geen enkele hond ontsnappen aan wat hem te wachten stond.
Männer, die in der arktischen Dunkelheit herumtasteten, hatten ein gelbes Metall gefunden.
Mannen, die door de duisternis van de Arctische zee tastten, vonden een geel metaal.
Dampfschiff- und Transportunternehmen waren auf der Jagd nach der Entdeckung.
Stoomboot- en transportbedrijven waren op zoek naar de ontdekking.
Tausende von Männern strömten ins Nordland.
Duizenden mannen haastten zich naar het Noordland.
Diese Männer wollten Hunde, und die Hunde, die sie wollten, waren schwere Hunde.
Deze mannen wilden honden, en de honden die ze wilden, waren zware honden.
Hunde mit starken Muskeln, die sie zum Arbeiten brauchen.
Honden met sterke spieren waarmee ze kunnen werken.

Hunde mit Pelzmantel, der sie vor Frost schützt.
Honden met een harige vacht om zich te beschermen tegen de
vorst.

**Buck lebte in einem großen Haus im sonnenverwöhnten
Santa Clara Valley.**
Buck woonde in een groot huis in de zonnige Santa Clara-
vallei.
**Der Ort, an dem Richter Miller wohnte, wurde sein Haus
genannt.**
Rechter Miller's Place, zo heette zijn huis.
**Sein Haus stand etwas abseits der Straße, halb zwischen den
Bäumen versteckt.**
Zijn huis stond een stukje van de weg af, half verborgen
tussen de bomen.
**Man konnte einen Blick auf die breite Veranda erhaschen,
die rund um das Haus verläuft.**
Je kon een glimp opvangen van de brede veranda die rondom
het huis liep.
Die Zufahrt zum Haus erfolgte über geschotterte Zufahrten.
Het huis was bereikbaar via een oprit met grind.
Die Wege schlängelten sich durch weitläufige Rasenflächen.
De paden kronkelden door uitgestrekte gazons.
**Über ihnen waren die ineinander verschlungenen Zweige
hoher Pappeln.**
Boven ons hoofd hingen de takken van hoge populieren
ineengestrengelde takken.
Auf der Rückseite des Hauses ging es noch geräumiger zu.
Aan de achterzijde van het huis was het nog ruimer.
**Es gab große Ställe, in denen ein Dutzend Stallknechte
plauderten**
Er waren grote stallen, waar een tiental stalknechten stonden
te kletsen
Es gab Reihen von weinbewachsenen Dienstbotenhäusern
Er waren rijen met wijnranken begroeide huisjes voor
bedienden

Und es gab eine endlose und ordentliche Reihe von Toilettenhäuschen
En er was een eindeloze en ordelijke reeks buitentoiletten
Lange Weinlauben, grüne Weiden, Obstgärten und Beerenfelder.
Lange druivenranken, groene weiden, boomgaarden en bessenvelden.
Dann gab es noch die Pumpanlage für den artesischen Brunnen.
Dan was er nog de pompinstallatie voor de artesische put.
Und da war der große Zementtank, der mit Wasser gefüllt war.
En daar stond de grote cementtank, gevuld met water.
Hier nahmen die Jungs von Richter Miller ihr morgendliches Bad.
Hier waagden de jongens van rechter Miller hun ochtendduik.
Und auch dort kühlten sie sich am heißen Nachmittag ab.
En ook daar koelden ze af in de hete namiddag.
Und über dieses große Gebiet herrschte Buck über alles.
En Buck was degene die over dit grote domein heerste.
Buck wurde auf diesem Land geboren und lebte hier sein ganzes vierjähriges Leben.
Buck werd op dit land geboren en woonde hier al zijn vier levensjaren.
Es gab zwar noch andere Hunde, aber die spielten keine wirkliche Rolle.
Er waren weliswaar nog andere honden, maar die waren niet wezenlijk van belang.
An einem so riesigen Ort wie diesem wurden andere Hunde erwartet.
Op zo'n uitgestrekte plek als deze werden andere honden verwacht.
Diese Hunde kamen und gingen oder lebten in den geschäftigen Zwingern.
Deze honden kwamen en gingen, of leefden in de drukke kennels.

Manche Hunde lebten versteckt im Haus, wie Toots und Ysabel.

Sommige honden leefden verborgen in het huis, zoals Toots en Ysabel.

Toots war ein japanischer Mops, Ysabel ein mexikanischer Nackthund.

Toots was een Japanse mopshond, Ysabel een Mexicaanse naakthond.

Diese seltsamen Kreaturen verließen das Haus kaum.

Deze vreemde wezens kwamen zelden buiten het huis.

Sie berührten weder den Boden noch schnüffelten sie draußen an der frischen Luft.

Ze raakten de grond niet aan en snuffelden ook niet in de buitenlucht.

Außerdem gab es Foxterrier, mindestens zwanzig an der Zahl.

En dan waren er ook nog foxterriërs, zeker twintig in aantal.

Diese Terrier bellten Toots und Ysabel im Haus wild an.

Deze terriërs blaften fel naar Toots en Ysabel binnenshuis.

Toots und Ysabel blieben hinter Fenstern, in Sicherheit.

Toots en Ysabel bleven achter de ramen, veilig voor gevaar.

Sie wurden von Hausmädchen mit Besen und Wischmopps bewacht.

Ze werden bewaakt door dienstmeisjes met bezems en dweilen.

Aber Buck war kein Haushund und auch kein Zwingerhund.

Maar Buck was geen huishond, maar ook geen kennelhond.

Das gesamte Anwesen gehörte Buck als seinem rechtmäßigen Reich.

Het gehele landgoed behoorde Buck toe, zijn rechtmatige domein.

Buck schwamm im Becken oder ging mit den Söhnen des Richters auf die Jagd.

Buck zwom in het aquarium of ging jagen met de zonen van de rechter.

Er ging in den frühen oder späten Morgenstunden mit Mollie und Alice spazieren.

Hij liep met Mollie en Alice in de vroege en late uren.

In kalten Nächten lag er mit dem Richter vor dem Kaminfeuer der Bibliothek.

In koude nachten lag hij met de rechter voor de open haard in de bibliotheek.

Buck ließ die Enkel des Richters auf seinem starken Rücken herumreiten.

Buck reed op zijn sterke rug rond met de kleinzonen van de rechter.

Er wälzte sich mit den Jungen im Gras und bewachte sie genau.

Hij rolde met de jongens door het gras en hield hen nauwlettend in de gaten.

Sie wagten sich bis zum Brunnen und sogar an den Beerenfeldern vorbei.

Ze waagden zich tot aan de fontein en zelfs voorbij de bessenvelden.

Unter den Foxterriern lief Buck immer mit königlichem Stolz.

Tussen de foxterriërs liep Buck altijd met koninklijke trots rond.

Er ignorierte Toots und Ysabel und behandelte sie, als wären sie Luft.

Hij negeerde Toots en Ysabel en behandelde hen alsof ze lucht waren.

Buck herrschte über alle Lebewesen auf Richter Millers Land.

Buck heerste over alle levende wezens op het land van rechter Miller.

Er herrschte über Tiere, Insekten, Vögel und sogar Menschen

Hij heerste over dieren, insecten, vogels en zelfs mensen.

Bucks Vater Elmo war ein großer und treuer Bernhardiner gewesen.

Bucks vader Elmo was een grote en trouwe Sint-Bernard.

Elmo wich dem Richter nie von der Seite und diente ihm treu.

Elmo verliet de rechter nooit en diende hem trouw.

Buck schien bereit, dem edlen Beispiel seines Vaters zu folgen.

Buck leek bereid het nobele voorbeeld van zijn vader te volgen.

Buck war nicht ganz so groß und wog hundertvierzig Pfund.

Buck was niet zo groot, hij woog honderdveertig kilo.

Seine Mutter Shep war eine schöne schottische Schäferhündin gewesen.

Zijn moeder, Shep, was een prachtige Schotse herdershond.

Aber selbst mit diesem Gewicht hatte Buck eine königliche Ausstrahlung.

Maar zelfs met dat gewicht liep Buck met een koninklijke uitstraling.

Dies kam vom guten Essen und dem Respekt, der ihm immer entgegengebracht wurde.

Dat kwam door het goede eten en het respect dat hij altijd kreeg.

Vier Jahre lang hatte Buck wie ein verwöhnter Adliger gelebt.

Vier jaar lang leefde Buck als een verwende edelman.

Er war stolz auf sich und sogar ein wenig egoistisch.

Hij was trots op zichzelf, en zelfs een beetje egoïstisch.

Diese Art von Stolz war bei den Herren abgelegener Landstriche weit verbreitet.

Dat soort trots was normaal bij landheren in afgelegen gebieden.

Doch Buck hat es vermieden, ein verwöhnter Haushund zu werden.

Maar Buck redde zichzelf ervan een verwende huishond te worden.

Durch die Jagd und das Training blieb er schlank und stark.

Door te jagen en te bewegen bleef hij slank en sterk.

Er liebte Wasser zutiefst, wie Menschen, die in kalten Seen baden.

Hij hield erg van water, net als mensen die in koude meren baden.

Diese Liebe zum Wasser hielt Buck stark und sehr gesund.

Zijn liefde voor water hield Buck sterk en gezond.

Dies war der Hund, zu dem Buck im Herbst 1897 geworden war.

Dit was de hond die Buck in de herfst van 1897 was geworden.

Als der Klondike-Angriff die Menschen in den eisigen Norden trieb.

Toen de Klondike-aanval plaatsvond, werden de mannen naar het bevroren Noorden getrokken.

Menschen aus aller Welt strömten in das kalte Land.

Mensen stroomden van over de hele wereld naar het koude land.

Buck las jedoch weder die Zeitungen noch verstand er Nachrichten.

Buck las echter geen kranten en begreep het nieuws niet.

Er wusste nicht, dass es nicht gut war, Zeit mit Manuel zu verbringen.

Hij wist niet dat Manuel een slecht mens was.

Manuel, der im Garten half, hatte ein großes Problem.

Manuel, die in de tuin hielp, had een groot probleem.

Manuel war spielsüchtig nach der chinesischen Lotterie.

Manuel was verslaafd aan gokken in de Chinese loterij.

Er glaubte auch fest an ein festes System zum Gewinnen.

Hij geloofde ook sterk in een vast systeem om te winnen.

Dieser Glaube machte sein Scheitern sicher und unvermeidlich.

Die overtuiging maakte zijn mislukking zeker en onvermijdelijk.

Um ein System zu spielen, braucht man Geld, und das fehlte Manuel.

Om volgens een systeem te kunnen spelen heb je geld nodig, en dat had Manuel niet.

Sein Gehalt reichte kaum zum Überleben seiner Frau und seiner vielen Kinder.

Met zijn salaris kon hij nauwelijks zijn vrouw en vele kinderen onderhouden.

In der Nacht, in der Manuel Buck verriet, war alles normal.

De nacht dat Manuel Buck verraadde, was alles normaal.

Der Richter war bei einem Treffen der Rosinenanbauervereinigung.

De rechter was aanwezig bij een bijeenkomst van de vereniging van rozijnenkwekers.

Die Söhne des Richters waren damals damit beschäftigt, einen Sportverein zu gründen.

De zonen van de rechter waren toen druk bezig met het oprichten van een sportclub.

Niemand sah, wie Manuel und Buck durch den Obstgarten gingen.

Niemand heeft Manuel en Buck door de boomgaard zien vertrekken.

Buck dachte, dieser Spaziergang sei nur ein einfacher nächtlicher Spaziergang.

Buck dacht dat deze wandeling gewoon een avondwandeling was.

Sie trafen nur einen Mann an der Flaggenstation im College Park.

Ze ontmoetten slechts één man bij het vlaggenstation in College Park.

Dieser Mann sprach mit Manuel und sie tauschten Geld aus.

Die man sprak met Manuel en ze wisselden geld uit.

„Verpacken Sie die Waren, bevor Sie sie ausliefern", schlug er vor

"Verpak de goederen voordat u ze aflevert," stelde hij voor.

Die Stimme des Mannes war rau und ungeduldig, als er sprach.

De stem van de man was schor en ongeduldig toen hij sprak.

Manuel band Buck vorsichtig ein dickes Seil um den Hals.

Manuel bond zorgvuldig een dik touw om Bucks nek.

„Verdreh das Seil, und du wirst ihn gründlich erwürgen"

"Draai het touw, en je zult hem flink wurgen"

Der Fremde gab ein Grunzen von sich und zeigte damit, dass er gut verstanden hatte.

De vreemdeling gromde, wat aantoonde dat hij het goed begreep.

Buck nahm das Seil an diesem Tag mit ruhiger und stiller Würde an.

Buck aanvaardde het touw die dag met kalme en stille waardigheid.

Es war eine ungewöhnliche Tat, aber Buck vertraute den Männern, die er kannte.

Het was een ongebruikelijke daad, maar Buck vertrouwde de mannen die hij kende.

Er glaubte, dass ihre Weisheit weit über sein eigenes Denken hinausging.

Hij geloofde dat hun wijsheid veel verder ging dan zijn eigen denken.

Doch dann wurde das Seil in die Hände des Fremden gegeben

Maar toen werd het touw in de handen van de vreemdeling gegeven.

Buck stieß ein leises, warnendes und zugleich bedrohliches Knurren aus.

Buck gromde zachtjes en gaf een waarschuwende, maar toch stille dreiging.

Er war stolz und gebieterisch und wollte seinen Unmut zum Ausdruck bringen.

Hij was trots en dominant, en wilde hiermee zijn ongenoegen laten blijken.

Buck glaubte, seine Warnung würde als Befehl verstanden werden.

Buck ging ervan uit dat zijn waarschuwing als een bevel zou worden opgevat.

Zu seinem Entsetzen zog sich das Seil schnell um seinen dicken Hals zusammen.

Tot zijn schrik werd het touw strakker om zijn dikke nek getrokken.

Ihm blieb die Luft weg und er begann in plötzlicher Wut zu kämpfen.

Zijn adem werd afgesneden en hij begon in woede te vechten.

Er sprang auf den Mann zu, der Buck schnell mitten in der Luft traf.

Hij sprong op de man af, die Buck snel in de lucht tegemoet sprong.

Der Mann packte Buck am Hals und drehte ihn geschickt in der Luft.

De man greep Buck bij de keel en draaide hem behendig in de lucht.

Buck wurde hart zu Boden geworfen und landete flach auf dem Rücken.

Buck werd hard neergeworpen en landde plat op zijn rug.

Das Seil würgte ihn nun grausam, während er wild um sich trat.

Het touw wurgde hem nu op een wrede manier, terwijl hij wild schopte.

Seine Zunge fiel heraus, seine Brust hob und senkte sich, doch er bekam keine Luft.

Zijn tong viel uit, zijn borstkas ging op en neer, maar hij kreeg geen adem.

Noch nie in seinem Leben war er mit solcher Gewalt behandelt worden.

Nog nooit in zijn leven was hij met zoveel geweld behandeld.

Auch war er noch nie zuvor von solch tiefer Wut erfüllt gewesen.

Nog nooit was hij zo woedend geweest.

Doch Bucks Kraft schwand und seine Augen wurden glasig.

Maar Bucks kracht verdween en zijn ogen werden glazig.

Er wurde ohnmächtig, als in der Nähe ein Zug angehalten wurde.

Hij viel flauw op het moment dat er vlakbij een trein stopte.

Dann warfen ihn die beiden Männer schnell in den Gepäckwagen.

Toen gooiden de twee mannen hem snel in de bagagewagen.

Das nächste, was Buck spürte, war ein Schmerz in seiner geschwollenen Zunge.

Het volgende wat Buck voelde was pijn in zijn gezwollen tong.

Er bewegte sich in einem wackelnden Wagen und war nur schwach bei Bewusstsein.

Hij reed rond in een schuddende kar en was slechts vaag bij bewustzijn.

Das schrille Pfeifen eines Zuges verriet Buck seinen Standort.

Het scherpe gefluit van een trein vertelde Buck waar hij was.

Er war oft mit dem Richter mitgefahren und kannte das Gefühl.

Hij had vaak met de rechter gereden en kende het gevoel.

Es war der einzigartige Schock, wieder in einem Gepäckwagen zu reisen.

Het was de unieke schok van het weer reizen in een bagagewagen.

Buck öffnete die Augen und sein Blick brannte vor Wut.

Buck opende zijn ogen en zijn blik brandde van woede.

Dies war der Zorn eines stolzen Königs, der vom Thron gejagt wurde.

Dit was de woede van een trotse koning die van zijn troon was gestoten.

Ein Mann wollte ihn packen, doch stattdessen schlug Buck zuerst zu.

Een man probeerde hem te grijpen, maar Buck sloeg als eerste toe.

Er versenkte seine Zähne in der Hand des Mannes und hielt sie fest.

Hij zette zijn tanden in de hand van de man en hield die stevig vast.

Er ließ nicht los, bis er ein zweites Mal ohnmächtig wurde.

Hij liet pas los toen hij voor de tweede keer bewusteloos raakte.

„Ja, hat Anfälle", murmelte der Mann dem Gepäckträger zu.

"Ja, hij heeft aanvallen," mompelde de man tegen de bagagebeambte.

Der Gepäckträger hatte den Kampf gehört und war näher gekommen.

De bagagebezorger hoorde het gevecht en kwam dichterbij.

„Ich bringe ihn für den Chef nach Frisco", erklärte der Mann.

"Ik neem hem mee naar Frisco voor de baas," legde de man uit.

„Dort gibt es einen tollen Hundearzt, der sagt, er könne sie heilen."

"Daar is een goede hondendokter die zegt dat hij ze kan genezen."

Später in der Nacht gab der Mann seinen eigenen ausführlichen Bericht ab.

Later die avond gaf de man zijn eigen volledige verhaal.

Er sprach aus einem Schuppen hinter einem Saloon am Hafen.

Hij sprak vanuit een schuur achter een bar op de kade.

„Ich habe nur fünfzig Dollar bekommen", beschwerte er sich beim Wirt.

"Ik kreeg maar vijftig dollar", klaagde hij tegen de barman.

„Ich würde es nicht noch einmal tun, nicht einmal für tausend Dollar in bar."

"Ik zou het niet nog een keer doen, zelfs niet voor duizend dollar."

Seine rechte Hand war fest in ein blutiges Tuch gewickelt.

Zijn rechterhand was strak omwikkeld met een bebloede doek.

Sein Hosenbein war vom Knie bis zum Fuß weit aufgerissen.

Zijn broekspijp was van knie tot voet wijd open gescheurd.

„Wie viel hat der andere Trottel verdient?", fragte der Wirt.

"Hoeveel heeft die andere kerel betaald gekregen?" vroeg de barman.

„Hundert", antwortete der Mann, „einen Cent weniger würde er nicht nehmen."

"Honderd," antwoordde de man, "hij nam geen cent minder."

„Das macht hundertfünfzig", sagte der Kneipenmann.

"Dat is honderdvijftig", zei de barman.

„Und er ist das alles wert, sonst bin ich nicht besser als ein Dummkopf."

"En hij is het allemaal waard, anders ben ik niet beter dan een domkop."

Der Mann öffnete die Verpackung, um seine Hand zu untersuchen.

De man opende de verpakking om zijn hand te onderzoeken.

Die Hand war stark zerrissen und mit getrocknetem Blut verkrustet.

De hand was ernstig gescheurd en zat vol met opgedroogd bloed.

„Wenn ich keine Tollwut bekomme …", begann er zu sagen.

"Als ik geen hondsdolheid krijg...", begon hij te zeggen.

„Das liegt wohl daran, dass du zum Hängen geboren wurdest", ertönte ein Lachen.

"Dat komt omdat je geboren bent om te hangen", klonk het lachend.

„Komm und hilf mir, bevor du gehst", wurde er gebeten.

"Kom me even helpen voordat je weggaat," werd hem gevraagd.

Buck war von den Schmerzen in seiner Zunge und seinem Hals benommen.

Buck was verdoofd door de pijn in zijn tong en keel.

Er war halb erwürgt und konnte kaum noch aufrecht stehen.

Hij was half gewurgd en kon nauwelijks rechtop staan.

Dennoch versuchte Buck, den Männern gegenüberzutreten, die ihm so viel Leid zugefügt hatten.

Toch probeerde Buck de mannen die hem zoveel pijn hadden gedaan, onder ogen te komen.

Aber sie warfen ihn nieder und würgten ihn erneut.

Maar ze gooiden hem opnieuw op de grond en wurgden hem.

Erst dann konnten sie sein schweres Messinghalsband absägen.

Pas toen konden ze zijn zware koperen kraag afzagen.

Sie entfernten das Seil und stießen ihn in eine Kiste.

Ze haalden het touw eraf en duwden hem in een krat.

Die Kiste war klein und hatte die Form eines groben Eisenkäfigs.

De kist was klein en had de vorm van een ruwe ijzeren kooi.

Buck lag die ganze Nacht dort, voller Zorn und verletztem Stolz.

Buck lag daar de hele nacht, vervuld van woede en gekwetste trots.

Er konnte nicht einmal ansatzweise verstehen, was mit ihm geschah.

Hij kon zich niet voorstellen wat er met hem gebeurde.

Warum hielten ihn diese fremden Männer in dieser kleinen Kiste fest?

Waarom hielden deze vreemde mannen hem in dit kleine kratje?

Was wollten sie von ihm und warum diese grausame Gefangenschaft?

Wat wilden ze met hem, en waarom deze wrede gevangenschap?

Er spürte einen dunklen Druck, das Gefühl, dass das Unglück näher rückte.

Hij voelde een donkere druk, het idee dat de ramp dichterbij kwam.

Es war eine vage Angst, die ihn jedoch schwer belastete.

Het was een vage angst, maar die maakte een diepe indruk op hem.

Mehrmals sprang er auf, als die Schuppentür klapperte.

Hij sprong meerdere malen op als de schuurdeur rammelde.

Er erwartete, dass der Richter oder die Jungen erscheinen und ihn retten würden.

Hij verwachtte dat de rechter of de jongens zouden verschijnen en hem zouden redden.

Doch jedes Mal lugte nur das dicke Gesicht des Wirts hinein.

Maar alleen het dikke gezicht van de kroegeigenaar was elke keer te zien.

Das Gesicht des Mannes wurde vom schwachen Schein einer Talgkerze erhellt.
Het gezicht van de man werd verlicht door het zwakke schijnsel van een kaars.
Jedes Mal verwandelte sich Bucks freudiges Bellen in ein leises, wütendes Knurren.
Elke keer veranderde Bucks vrolijke geblaf in een laag, boos gegrom.

Der Wirt ließ ihn für die Nacht allein in der Kiste zurück
De salooneigenaar liet hem de nacht alleen in de krat achter
Aber als er am Morgen aufwachte, kamen noch mehr Männer.
Maar toen hij de volgende ochtend wakker werd, kwamen er nog meer mannen.
Vier Männer kamen und hoben die Kiste vorsichtig und wortlos auf.
Vier mannen kwamen en pakten voorzichtig de kist op, zonder een woord te zeggen.
Buck wusste sofort, in welcher Situation er sich befand.
Buck wist meteen in welke situatie hij zich bevond.
Sie waren weitere Peiniger, die er bekämpfen und fürchten musste.
Zij waren nog meer kwellers waar hij tegen moest vechten en bang voor moest zijn.
Diese Männer sahen böse, zerlumpt und sehr ungepflegt aus.
Deze mannen zagen er slecht, onverzorgd en armoedig uit.
Buck knurrte und stürzte sich wild durch die Gitterstäbe auf sie.
Buck gromde en sprong woest door de tralies heen op hen af.
Sie lachten nur und stießen mit langen Holzstöcken nach ihm.
Ze lachten hem alleen maar uit en prikten met lange houten stokken.
Buck biss in die Stöcke, dann wurde ihm klar, dass es das war, was ihnen gefiel.

Buck beet in de stokjes en besefte toen dat ze dat juist leuk vonden.

Also legte er sich ruhig hin, mürrisch und vor stiller Wut brennend.

Hij ging dus rustig liggen, somber en brandend van stille woede.

Sie hoben die Kiste auf einen Wagen und fuhren mit ihm weg.

Ze tilden de kist in een wagen en reden met hem weg.

Die Kiste mit Buck darin wechselte oft den Besitzer.

De kist, met Buck erin opgesloten, wisselde vaak van eigenaar.

Express-Büroangestellte übernahmen die Leitung und kümmerten sich kurz um ihn.

Het kantoorpersoneel van Express nam de leiding en hield hem kort onder controle.

Dann transportierte ein anderer Wagen Buck durch die laute Stadt.

Vervolgens reed er een andere wagen met Buck door het lawaaiige stadje.

Ein Lastwagen brachte ihn mit Kisten und Paketen auf eine Fähre.

Een vrachtwagen bracht hem met dozen en pakketten naar een veerboot.

Nach der Überquerung lud ihn der Lastwagen an einem Bahndepot ab.

Nadat hij de grens was overgestoken, werd hij door de vrachtwagen afgezet bij een treinstation.

Schließlich wurde Buck in einen wartenden Expresswagen gesetzt.

Uiteindelijk werd Buck in een gereedstaande sneltreinwagon gezet.

Zwei Tage und Nächte lang zogen Züge den Schnellzug ab.

Twee dagen en nachten lang reden er treinen rond de sneltreinen die de wagons wegtrokken.

Buck hat während der gesamten schmerzhaften Reise weder gegessen noch getrunken.

Buck at noch dronk gedurende de hele pijnlijke reis.

Als die Expressboten versuchten, sich ihm zu nähern, knurrte er.

Toen de koeriers hem naderden, gromde hij.

Sie reagierten, indem sie ihn verspotteten und grausam hänselten.

Ze reageerden door hem te bespotten en wreed te plagen.

Buck warf sich schäumend und zitternd gegen die Gitterstäbe

Buck wierp zich schuimbekkend en trillend op de tralies

Sie lachten laut und verspotteten ihn wie Schulhofschläger.

Ze lachten luid en bespotten hem alsof het pestkoppen op het schoolplein waren.

Sie bellten wie falsche Hunde und wedelten mit den Armen.

Ze blaften als nep-honden en sloegen met hun armen.

Sie krähten sogar wie Hähne, nur um ihn noch mehr aufzuregen.

Ze kraaiden zelfs als hanen, alleen maar om hem nog meer van streek te maken.

Es war dummes Verhalten und Buck wusste, dass es lächerlich war.

Het was dwaas gedrag, en Buck wist dat het belachelijk was.

Doch das verstärkte seine Empörung und Scham nur noch.

Maar dat maakte zijn gevoelens van verontwaardiging en schaamte alleen maar groter.

Der Hunger plagte ihn während der Reise kaum.

Tijdens de reis had hij niet veel last van honger.

Doch der Durst brachte starke Schmerzen und unerträgliches Leiden mit sich.

Maar dorst veroorzaakte hevige pijn en ondraaglijk lijden.

Sein trockener, entzündeter Hals und seine Zunge brannten vor Hitze.

Zijn droge, ontstoken keel en tong brandden van de hitte.

Dieser Schmerz schürte das Fieber, das in seinem stolzen Körper aufstieg.

Deze pijn versterkte de koorts in zijn trotse lichaam.

Buck war während dieses Prozesses für eine einzige Sache dankbar.

Buck was dankbaar voor één ding tijdens deze rechtszaak.

Das Seil um seinen dicken Hals war entfernt worden.

Het touw was van zijn dikke nek verwijderd.

Das Seil hatte diesen Männern einen unfairen und grausamen Vorteil verschafft.

Het touw had die mannen een oneerlijk en wreed voordeel gegeven.

Jetzt war das Seil weg und Buck schwor, dass es nie wieder zurückkommen würde.

Nu was het touw weg en Buck zwoer dat het nooit meer terug zou komen.

Er beschloss, sich nie wieder ein Seil um den Hals legen zu lassen.

Hij besloot dat er nooit meer een touw om zijn nek zou komen.

Zwei lange Tage und Nächte litt er ohne Essen.

Twee lange dagen en nachten leed hij zonder eten.

Und in diesen Stunden baute sich in ihm eine enorme Wut auf.

En in die uren ontwikkelde zich bij hem een enorme woede.

Seine Augen wurden vor ständiger Wut blutunterlaufen und wild.

Zijn ogen werden bloeddoorlopen en wild van de voortdurende woede.

Er war nicht mehr Buck, sondern ein Dämon mit schnappenden Kiefern.

Hij was niet langer Buck, maar een demon met klappende kaken.

Nicht einmal der Richter hätte dieses verrückte Wesen erkannt.

Zelfs de rechter herkende dit gekke wezen niet.

Die Expressboten atmeten erleichtert auf, als sie Seattle erreichten

De koeriers slaakten een zucht van verlichting toen ze Seattle bereikten

Vier Männer hoben die Kiste hoch und brachten sie in einen Hinterhof.

Vier mannen tilden de kist op en brachten hem naar een achtertuin.

Der Hof war klein und von hohen, massiven Mauern umgeben.

De tuin was klein en omgeven door hoge, stevige muren.

Ein großer Mann in einem ausgeleierten roten Pullover kam heraus.

Een grote man stapte naar buiten in een afzakkende rode trui.

Mit dicker, kühner Handschrift unterschrieb er das Lieferbuch.

Hij ondertekende het leveringsboek met een dikke, vette hand.

Buck spürte sofort, dass dieser Mann sein nächster Peiniger war.

Buck had meteen het gevoel dat deze man zijn volgende kwelgeest was.

Er stürzte sich heftig auf die Gitterstäbe, die Augen rot vor Wut.

Hij sprong met geweld op de tralies af, zijn ogen rood van woede.

Der Mann lächelte nur finster und holte ein Beil.

De man glimlachte slechts duister en ging een bijl halen.

Er brachte auch eine Keule in seiner dicken und starken rechten Hand mit.

Hij had ook een knuppel in zijn dikke en sterke rechterhand.

„Wollen Sie ihn jetzt rausholen?", fragte der Fahrer besorgt.

"Ga je hem nu meenemen?" vroeg de chauffeur bezorgd.

„Sicher", sagte der Mann und rammte das Beil als Hebel in die Kiste.

'Tuurlijk,' zei de man, terwijl hij de bijl in de kist duwde als hefboom.

Die vier Männer stoben sofort auseinander und sprangen auf die Hofmauer.

De vier mannen gingen er meteen vandoor en sprongen op de tuinmuur.

Von ihren sicheren Plätzen oben warteten sie, um das Spektakel zu beobachten.

Vanaf hun veilige plekjes wachtten ze om het schouwspel te aanschouwen.

Buck stürzte sich auf das zersplitterte Holz, biss und zitterte heftig.

Buck sprong naar het gespleten hout, beet erin en trilde hevig.

Jedes Mal, wenn die Axt den Käfig traf, war Buck da, um ihn anzugreifen.

Elke keer dat de bijl de kooi raakte, was Buck er om hem aan te vallen.

Er knurrte und schnappte vor wilder Wut und wollte unbedingt freigelassen werden.

Hij gromde en snoof van woede, hij wilde dolgraag bevrijd worden.

Der Mann draußen war ruhig und gelassen und konzentrierte sich auf seine Aufgabe.

De man buiten was kalm en standvastig, geconcentreerd op zijn taak.

„Also gut, du rotäugiger Teufel", sagte er, als das Loch groß war.

"Goed dan, duivel met de rode ogen," zei hij toen het gat groot was.

Er ließ das Beil fallen und nahm die Keule in die rechte Hand.

Hij liet de strijdbijl vallen en nam de knuppel in zijn rechterhand.

Buck sah wirklich aus wie ein Teufel; seine Augen blutunterlaufen und lodernd.

Buck zag er echt uit als een duivel; zijn ogen waren bloeddoorlopen en vlammend.

Sein Fell sträubte sich, Schaum stand ihm vor dem Mund, seine Augen funkelten.

Zijn vacht stond overeind, er stond schuim op zijn mond en zijn ogen glinsterden.

Er spannte seine Muskeln an und sprang direkt auf den roten Pullover zu.

Hij spande zijn spieren aan en sprong meteen op de rode trui af.

Hundertvierzig Pfund Wut prasselten auf den ruhigen Mann zu.

Honderdveertig kilo woede vloog op de kalme man af.

Kurz bevor er die Zähne zusammenbiss, traf ihn ein schrecklicher Schlag.

Net voordat zijn kaken op elkaar zouden klemmen, kreeg hij een verschrikkelijke klap.

Seine Zähne schnappten zusammen, nur Luft war im Spiel.

Zijn tanden klappen op elkaar, alleen op lucht

ein Schmerz durchfuhr seinen Körper

een pijnscheut galmde door zijn lichaam

Er machte einen Überschlag in der Luft und stürzte auf dem Rücken und der Seite zu Boden.

Hij draaide zich in de lucht om en kwam op zijn rug en zij terecht.

Er hatte noch nie zuvor einen Knüppelschlag gespürt und konnte ihn nicht begreifen.

Hij had nog nooit eerder de klap van een knuppel gevoeld en kon hem niet vasthouden.

Mit einem kreischenden Knurren, das teils Bellen, teils Schreien war, sprang er erneut.

Met een krijsend gegrom, deels geblaf, deels geschreeuw, sprong hij opnieuw.

Ein weiterer brutaler Schlag traf ihn und schleuderte ihn zu Boden.

Hij kreeg nog een harde klap en werd op de grond geslingerd.

Diesmal verstand Buck – es war die schwere Keule des Mannes.

Deze keer begreep Buck het: het was de zware knots van de man.

Doch die Wut machte ihn blind, und an einen Rückzug dachte er nicht.

Maar woede verblindde hem en hij dacht er niet aan om zich terug te trekken.

Zwölfmal stürzte er sich in die Luft, und zwölfmal fiel er.

Twaalf keer wierp hij zich, en twaalf keer viel hij.

Der Holzknüppel traf ihn jedes Mal mit unbarmherziger, vernichtender Kraft.

De houten knuppel sloeg hem telkens met meedogenloze, verpletterende kracht neer.

Nach einem heftigen Schlag kam er benommen und langsam wieder auf die Beine.

Na een harde klap kwam hij wankelend en traag overeind.

Blut lief aus seinem Mund, seiner Nase und sogar seinen Ohren.

Er stroomde bloed uit zijn mond, zijn neus en zelfs uit zijn oren.

Sein einst so schönes Fell war mit blutigem Schaum verschmiert.

Zijn ooit zo mooie vacht zat onder het bloederige schuim.

Dann trat der Mann vor und versetzte ihm einen heftigen Schlag auf die Nase.

Toen stapte de man op en gaf hem een harde klap op zijn neus.

Die Qualen waren schlimmer als alles, was Buck je gespürt hatte.

De pijn was heviger dan alles wat Buck ooit had gevoeld.

Mit einem Brüllen, das eher an ein Tier als an einen Hund erinnerte, sprang er erneut zum Angriff.

Met een brul die meer op die van een dier dan op die van een hond leek, sprong hij opnieuw in de aanval.

Doch der Mann packte seinen Unterkiefer und drehte ihn nach hinten.

Maar de man greep zijn onderkaak vast en draaide deze naar achteren.

Buck überschlug sich kopfüber und stürzte erneut hart auf den Boden.

Buck draaide zich om en kwam met een harde klap weer op de grond terecht.

Ein letztes Mal stürmte Buck auf ihn zu, jetzt konnte er kaum noch stehen.

Buck stormde nog een laatste keer op hem af; hij kon nu nauwelijks nog op zijn benen staan.

Der Mann schlug mit perfektem Timing zu und versetzte den letzten Schlag.

De man sloeg met een perfect moment toe en gaf hem de genadeslag.

Buck brach bewusstlos und regungslos zusammen.

Buck zakte bewusteloos en bewegingloos in elkaar.

„Er ist kein Stümper im Hundezähmen, das sage ich", rief ein Mann.

"Hij is niet slecht in het temmen van honden, dat zeg ik tenminste", schreeuwde een man.

„Druther kann den Willen eines Hundes an jedem Tag der Woche brechen."

"Druther kan elke dag van de week de wil van een hond breken."

„Und zweimal an einem Sonntag!", fügte der Fahrer hinzu.

"En twee keer op zondag!" voegde de chauffeur toe.

Er stieg in den Wagen und ließ die Zügel knacken, um loszufahren.

Hij klom in de wagen en trok aan de teugels om te vertrekken.

Buck erlangte langsam die Kontrolle über sein Bewusstsein zurück

Buck kreeg langzaam de controle over zijn bewustzijn terug

aber sein Körper war noch zu schwach und gebrochen, um sich zu bewegen.

maar zijn lichaam was nog steeds te zwak en gebroken om te bewegen.

Er blieb liegen, wo er hingefallen war, und beobachtete den Mann im roten Pullover.

Hij bleef liggen waar hij was gevallen en keek naar de man met de rode trui.

„Er hört auf den Namen Buck", sagte der Mann und las laut vor.

"Hij luistert naar de naam Buck", zei de man terwijl hij hardop las.

Er zitierte aus der Notiz und den Einzelheiten, die mit Bucks Kiste geschickt wurden.

Hij citeerde uit de brief die bij Bucks krat en details zat.

„Also, Buck, mein Junge", fuhr der Mann freundlich fort,

"Nou, Buck, mijn jongen," vervolgde de man met een vriendelijke toon,

„Wir hatten unseren kleinen Streit, und jetzt ist es zwischen uns vorbei."

"We hebben een klein ruzietje gehad, en nu is het tussen ons voorbij."

„Sie haben Ihren Platz kennengelernt und ich habe meinen kennengelernt", fügte er hinzu.

"Jij hebt jouw plaats geleerd, en ik heb de mijne geleerd," voegde hij toe.

„Sei brav, dann wird alles gut und das Leben wird angenehm sein."

"Wees goed, dan zal alles goed gaan, en het leven zal aangenaam zijn."

„Aber wenn du böse bist, schlage ich dir die Seele aus dem Leib, verstanden?"

"Maar wees stout, dan sla ik je helemaal in elkaar, begrepen?"

Während er sprach, streckte er die Hand aus und tätschelte Bucks schmerzenden Kopf.

Terwijl hij sprak, strekte hij zijn hand uit en klopte op Bucks pijnlijke hoofd.

Bucks Haare stellten sich bei der Berührung des Mannes auf, aber er wehrte sich nicht.

Bucks haar ging overeind staan toen de man hem aanraakte, maar hij verzette zich niet.

Der Mann brachte ihm Wasser, das Buck in großen Schlucken trank.

De man bracht hem water, dat Buck in grote slokken opdronk.

Dann kam rohes Fleisch, das Buck Stück für Stück verschlang.

Daarna kwam het rauwe vlees, dat Buck stukje voor stukje opat.

Er wusste, dass er geschlagen war, aber er wusste auch, dass er nicht gebrochen war.

Hij wist dat hij verslagen was, maar hij wist ook dat hij niet gebroken was.

Gegen einen mit einer Keule bewaffneten Mann hatte er keine Chance.

Hij had geen schijn van kans tegen een man met een knuppel.

Er hatte die Wahrheit erfahren und diese Lektion nie vergessen.

Hij had de waarheid geleerd en die les vergat hij nooit.

Diese Waffe war der Beginn des Gesetzes in Bucks neuer Welt.

Dat wapen was het begin van de wet in Bucks nieuwe wereld.

Es war der Beginn einer harten, primitiven Ordnung, die er nicht leugnen konnte.

Het was het begin van een strenge, primitieve orde die hij niet kon ontkennen.

Er akzeptierte die Wahrheit; seine wilden Instinkte waren nun erwacht.

Hij aanvaardde de waarheid; zijn wilde instincten kwamen nu tot leven.

Die Welt war härter geworden, aber Buck stellte sich ihr tapfer.

De wereld was harder geworden, maar Buck trotseerde het moedig.

Er begegnete dem Leben mit neuer Vorsicht, List und stiller Stärke.

Hij trad het leven tegemoet met een nieuwe voorzichtigheid, sluwheid en stille kracht.

Weitere Hunde kamen an, an Seilen oder in Kisten festgebunden, so wie Buck.

Er kwamen nog meer honden aan, vastgebonden in touwen of kratten, net als Buck.

Einige Hunde kamen ruhig, andere tobten und kämpften wie wilde Tiere.

Sommige honden kwamen rustig, andere werden woest en vochten als wilde beesten.

Sie alle wurden der Herrschaft des Mannes im roten Pullover unterworfen.

Ze kwamen allemaal onder het bewind van de man met de rode trui.

Jedes Mal sah Buck zu und sah, wie sich ihm die gleiche Lektion erschloss.

Buck keek elke keer toe en zag dezelfde les.

Der Mann mit der Keule war das Gesetz, ein Herr, dem man gehorchen musste.

De man met de knuppel was de wet, een meester die gehoorzaamd moest worden.

Er musste nicht gemocht werden, aber man musste ihm gehorchen.

Hij hoefde niet aardig gevonden te worden, maar hij moest wel gehoorzaamd worden.

Buck schmeichelte oder wedelte nie mit dem Schwanz, wie es die schwächeren Hunde taten.

Buck kwispelde of vleide nooit zoals de zwakkere honden deden.

Er sah Hunde, die geschlagen wurden und trotzdem die Hand des Mannes leckten.

Hij zag honden die geslagen waren en toch de hand van de man likten.

Er sah einen Hund, der überhaupt nicht gehorchte oder sich unterwarf.

Hij zag een hond die totaal niet gehoorzaamde en zich totaal niet onderwierp.

Dieser Hund kämpfte, bis er im Kampf um die Kontrolle getötet wurde.

Die hond vocht tot hij werd gedood in de strijd om de macht.

Manchmal kamen Fremde, um den Mann im roten Pullover zu sehen.

Soms kwamen er vreemden naar de man met de rode trui kijken.

Sie sprachen in seltsamem Ton, flehten, feilschten und lachten.

Ze spraken op vreemde toon: smeekten, onderhandelden en lachten.

Als das Geld ausgetauscht wurde, gingen sie mit einem oder mehreren Hunden.

Als er geld werd uitgewisseld, gingen ze met een of meerdere honden weg.

Buck fragte sich, wohin diese Hunde gingen, denn keiner kam jemals zurück.

Buck vroeg zich af waar de honden naartoe waren, want geen van hen kwam ooit terug.

Angst vor dem Unbekannten erfüllte Buck jedes Mal, wenn ein fremder Mann kam

angst voor het onbekende vulde Buck elke keer dat er een vreemde man kwam

Er war jedes Mal froh, wenn ein anderer Hund mitgenommen wurde und nicht er selbst.

hij was blij als er elke keer een andere hond werd meegenomen, in plaats van hijzelf.

Doch schließlich kam Buck an die Reihe, als ein fremder Mann eintraf.

Maar uiteindelijk was Buck aan de beurt toen er een vreemde man arriveerde.

Er war klein, drahtig und sprach gebrochenes Englisch und fluchte.

Hij was klein, pezig, sprak gebrekkig Engels en vloekte.

„Heilig!", schrie er, als er Bucks Gestalt erblickte.

"Sacredam!" riep hij toen hij Bucks lichaam zag.

„Das ist aber ein verdammter Rüpel! Wie viel?", fragte er laut.

"Dat is een verdomde bullebak! Hé? Hoeveel?" vroeg hij hardop.

„Dreihundert, und für diesen Preis ist er ein Geschenk."

"Driehonderd, en voor die prijs is hij een cadeautje,"

„Da es sich um staatliche Gelder handelt, sollten Sie sich nicht beschweren, Perrault."

"Aangezien het overheidsgeld is, moet je niet klagen, Perrault."

Perrault grinste über den Deal, den er gerade mit dem Mann gemacht hatte.

Perrault grijnsde toen hij zag welke deal hij zojuist met de man had gesloten.

Aufgrund der plötzlichen Nachfrage waren die Preise für Hunde in die Höhe geschossen.
Door de plotselinge vraag stegen de prijzen van honden enorm.

Dreihundert Dollar waren für so ein tolles Tier nicht unfair.
Driehonderd dollar was niet oneerlijk voor zo'n mooi beest.

Die kanadische Regierung würde bei dem Abkommen nichts verlieren
De Canadese regering zou niets verliezen bij de deal

Auch ihre offiziellen Depeschen würden während des Transports nicht verzögert.
Ook zouden hun officiële berichten niet vertraagd worden tijdens het transport.

Perrault kannte sich gut mit Hunden aus und erkannte, dass Buck etwas Seltenes war.
Perrault kende honden goed en zag dat Buck een zeldzaamheid was.

„Einer von zehntausend", dachte er, als er Bucks Körperbau betrachtete.
"Eén op de tienduizend", dacht hij, terwijl hij Bucks postuur bestudeerde.

Buck sah, wie das Geld den Besitzer wechselte, zeigte sich jedoch nicht überrascht.
Buck zag het geld van eigenaar wisselen, maar was er niet verbaasd over.

Bald wurden er und Curly, ein sanfter Neufundländer, weggeführt.
Al snel werden hij en Krullend, een zachtaardige Newfoundlander, weggeleid.

Sie folgten dem kleinen Mann aus dem Hof des roten Pullovers.
Ze volgden het mannetje vanaf de tuin van de rode trui.

Das war das letzte Mal, dass Buck den Mann mit der Holzkeule sah.
Dat was de laatste keer dat Buck de man met de houten knuppel zag.

Vom Deck der Narwhal aus beobachtete er, wie Seattle in der Ferne verschwand.

Vanaf het dek van de Narwhal zag hij Seattle in de verte verdwijnen.

Es war auch das letzte Mal, dass er das warme Südland sah.

Het was ook de laatste keer dat hij het warme Zuidland zag.

Perrault brachte sie unter Deck und ließ sie bei François zurück.

Perrault nam ze mee onderdeks en liet ze bij François achter.

François war ein Riese mit schwarzem Gesicht und rauen, schwieligen Händen.

François was een reus met een zwart gezicht en ruwe, eeltplekken op zijn handen.

Er war dunkelhäutig und hatte eine dunkle Hautfarbe, ein französisch-kanadischer Mischling.

Hij was donker en getint; een halfbloed Frans-Canadees.

Für Buck waren diese Männer von einer Art, die er noch nie zuvor gesehen hatte.

Voor Buck waren dit mannen zoals hij nog nooit eerder had gezien.

Er würde in den kommenden Tagen viele solcher Männer kennenlernen.

Hij zou in de toekomst nog veel van zulke mannen leren kennen.

Er konnte sie zwar nicht lieb gewinnen, aber er begann, sie zu respektieren.

Hij raakte er niet aan gehecht, maar hij kreeg er wel respect voor.

Sie waren fair und weise und ließen sich von keinem Hund so leicht täuschen.

Ze waren eerlijk en wijs, en lieten zich door geen enkele hond zomaar voor de gek houden.

Sie beurteilten Hunde ruhig und bestraften sie nur, wenn es angebracht war.

Ze beoordeelden honden op kalme wijze en straften alleen als dat verdiend was.

Im Unterdeck der Narwhal trafen Buck und Curly zwei Hunde.

Op het benedendek van de Narwhal ontmoetten Buck en Krullend twee honden.

Einer war ein großer weißer Hund aus dem fernen, eisigen Spitzbergen.

Één daarvan was een grote witte hond die uit het verre, ijzige Spitsbergen kwam.

Er war einmal mit einem Walfänger gesegelt und hatte sich einer Erkundungsgruppe angeschlossen.

Hij had ooit met een walvisvaarder gevaren en zich bij een onderzoeksgroep aangesloten.

Er war auf eine schlaue, hinterhältige und listige Art freundlich.

Hij was vriendelijk, maar dan op een sluwe, stiekeme en listige manier.

Bei ihrer ersten Mahlzeit stahl er ein Stück Fleisch aus Bucks Pfanne.

Tijdens hun eerste maaltijd stal hij een stuk vlees uit Bucks pan.

Buck sprang, um ihn zu bestrafen, aber François' Peitsche schlug zuerst zu.

Buck sprong op om hem te straffen, maar de zweep van François sloeg als eerste toe.

Der weiße Dieb schrie auf und Buck holte sich den gestohlenen Knochen zurück.

De witte dief gilde en Buck pakte het gestolen bot terug.

Diese Fairness beeindruckte Buck und François verdiente sich seinen Respekt.

Die eerlijkheid maakte indruk op Buck en François verdiende zijn respect.

Der andere Hund grüßte nicht und wollte auch nichts zurück.

De andere hond begroette je niet en wilde ook niets terug.

Er stahl weder Essen noch beschnüffelte er die Neuankömmlinge interessiert.

Hij stal geen eten en besnuffelde de nieuwkomers ook niet met interesse.

Dieser Hund war grimmig und ruhig, düster und bewegte sich langsam.

Deze hond was somber en stil, somber en traag.

Er warnte Curly, sich fernzuhalten, indem er sie einfach anstarrte.

Hij waarschuwde Krullend dat ze uit de buurt moest blijven door haar alleen maar aan te staren.

Seine Botschaft war klar: Lass mich in Ruhe, sonst gibt es Ärger.

Zijn boodschap was duidelijk: laat me met rust, anders krijg je problemen.

Er hieß Dave und nahm seine Umgebung kaum wahr.

Hij heette Dave en hij lette nauwelijks op zijn omgeving.

Er schlief oft, aß ruhig und gähnte ab und zu.

Hij sliep vaak, at rustig en geeuwde af en toe.

Das Schiff summte ständig, während unten der Propeller schlug.

Het schip maakte een voortdurend zoemend geluid, net als de draaiende schroef eronder.

Die Tage vergingen, ohne dass sich viel änderte, aber das Wetter wurde kälter.

De dagen verstreken zonder dat er veel veranderde, maar het werd wel kouder.

Buck spürte es in seinen Knochen und bemerkte, dass es den anderen genauso ging.

Buck voelde het in zijn botten en zag dat de anderen het ook voelden.

Dann blieb eines Morgens der Propeller stehen und alles war still.

Toen stopte op een ochtend de propeller en was alles stil.

Eine Energie durchströmte das Schiff; etwas hatte sich verändert.

Er ging een energie door het schip: er was iets veranderd.

François kam herunter, legte ihnen die Leinen an und brachte sie hoch.

François kwam naar beneden, bevestigde ze aan de lijnen en bracht ze naar boven.

Buck stieg aus und fand den Boden weich, weiß und kalt.

Buck stapte naar buiten en zag dat de grond zacht, wit en koud was.

Er sprang erschrocken zurück und schnaubte völlig verwirrt.

Hij deinsde geschrokken achteruit en snoof in totale verwarring.

Seltsames weißes Zeug fiel vom grauen Himmel.

Er viel een vreemd wit spul uit de grijze lucht.

Er schüttelte sich, aber die weißen Flocken landeten immer wieder auf ihm.

Hij schudde zichzelf, maar de witte vlokken bleven op hem landen.

Er roch vorsichtig an dem weißen Zeug und leckte an ein paar eisigen Stückchen.

Hij besnuffelde het witte spul voorzichtig en likte aan een paar ijskoude stukjes.

Das Pulver brannte wie Feuer und verschwand dann einfach von seiner Zunge.

Het poeder brandde als vuur en verdween vervolgens zo van zijn tong.

Buck versuchte es noch einmal und war verwirrt über die seltsame, verschwindende Kälte.

Buck probeerde het opnieuw, verbaasd door de vreemde, verdwijnende kou.

Die Männer um ihn herum lachten und Buck war verlegen.

De mannen om hem heen lachten en Buck voelde zich beschaamd.

Er wusste nicht warum, aber er schämte sich für seine Reaktion.

Hij wist niet waarom, maar hij schaamde zich voor zijn reactie.

Es war seine erste Erfahrung mit Schnee und es verwirrte ihn.

Het was zijn eerste ervaring met sneeuw, en hij raakte erdoor in de war.

Das Gesetz von Keule und Fang
De wet van de knots en de slagtand

Bucks erster Tag am Strand von Dyea fühlte sich wie ein schrecklicher Albtraum an.
Bucks eerste dag op het Dyea-strand voelde als een verschrikkelijke nachtmerrie.
Jede Stunde brachte neue Schocks und unerwartete Veränderungen für Buck.
Elk uur bracht nieuwe verrassingen en onverwachte veranderingen voor Buck.
Er war aus der Zivilisation gerissen und ins wilde Chaos gestürzt worden.
Hij was weggerukt uit de bewoonde wereld en in een wilde chaos gestort.
Dies war kein sonniges, faules Leben mit Langeweile und Ruhe.
Dit was geen zonnig, lui leven vol verveling en rust.
Es gab keinen Frieden, keine Ruhe und keinen Moment ohne Gefahr.
Er was geen vrede, geen rust en geen moment zonder gevaar.
Überall herrschte Verwirrung und die Gefahr war immer in der Nähe.
Alles werd beheerst door verwarring en het gevaar lag altijd op de loer.
Buck musste wachsam bleiben, denn diese Männer und Hunde waren anders.
Buck moest alert blijven, want deze mannen en honden waren verschillend.
Sie kamen nicht aus der Stadt, sie waren wild und gnadenlos.

Ze kwamen niet uit de stad; ze waren wild en genadeloos.

Diese Männer und Hunde kannten nur das Gesetz der Keule und der Reißzähne.

Deze mannen en honden kenden alleen de wet van de knots en de slagtand.

Buck hatte noch nie Hunde so kämpfen sehen wie diese wilden Huskys.

Buck had nog nooit honden zien vechten zoals deze wilde husky's.

Seine erste Erfahrung lehrte ihn eine Lektion, die er nie vergessen würde.

Zijn eerste ervaring leerde hem een les die hij nooit zou vergeten.

Er hatte Glück, dass er es nicht war, sonst wäre auch er gestorben.

Hij had geluk dat hij het niet was, anders was hij ook gestorven.

Curly war derjenige, der litt, während Buck zusah und lernte.

Krullend was degene die het leed leed, terwijl Buck toekeek en leerde.

Sie hatten ihr Lager in der Nähe eines aus Baumstämmen gebauten Ladens aufgeschlagen.

Ze hadden hun kamp opgeslagen bij een winkel die gebouwd was van boomstammen.

Curly versuchte, einem großen, wolfsähnlichen Husky gegenüber freundlich zu sein.

Krullend probeerde vriendelijk te zijn tegen een grote, wolfachtige husky.

Der Husky war kleiner als Curly, sah aber wild und böse aus.

De husky was kleiner dan Krullend, maar zag er wild en gemeen uit.

Ohne Vorwarnung sprang er auf und schlug ihr ins Gesicht.

Zonder waarschuwing sprong hij op en sneed haar gezicht open.

Seine Zähne schnitten in einer Bewegung von ihrem Auge bis zu ihrem Kiefer.

In één beweging sneed hij met zijn tanden van haar oog naar haar kaak.

So kämpften Wölfe: Sie schlugen schnell zu und sprangen weg.

Zo vochten wolven: snel slaan en wegspringen.

Aber es gab mehr zu lernen als nur diesen einen Angriff.

Maar van die ene aanval konden we meer leren.

Dutzende Huskys stürmten herein und bildeten einen stillen Kreis.

Tientallen husky's kwamen aanrennen en vormden een stille kring.

Sie schauten aufmerksam zu und leckten sich hungrig die Lippen.

Ze keken aandachtig en likten hun lippen af van honger.

Buck verstand weder ihr Schweigen noch ihre begierigen Blicke.

Buck begreep hun stilte en hun gretige blik niet.

Curly stürzte sich ein zweites Mal auf den Husky, um ihn anzugreifen.

Krullend snelde naar de husky toe en viel hem voor de tweede keer aan.

Mit einer kräftigen Bewegung seiner Brust warf er sie um.

Hij sloeg haar met een krachtige beweging met zijn borstkas omver.

Sie fiel auf die Seite und konnte nicht wieder aufstehen.

Ze viel op haar zij en kon niet meer opstaan.

Darauf hatten die anderen die ganze Zeit gewartet.

Dat was waar de anderen al die tijd op hadden gewacht.

Die Huskies sprangen sie an und jaulten und knurrten wie wild.

De husky's sprongen op haar en gilden en gromden van woede.

Sie schrie, als sie unter einem Haufen Hunde begruben.

Ze schreeuwde terwijl ze bedolven werd onder een stapel honden.

Der Angriff erfolgte so schnell, dass Buck vor Schreck erstarrte.
De aanval vond zo snel plaats dat Buck van schrik verstijfde.
Er sah, wie Spitz die Zunge herausstreckte, als würde er lachen.
Hij zag Spitz zijn tong uitsteken op een manier die leek op een lach.
François schnappte sich eine Axt und rannte direkt in die Hundegruppe hinein.
François pakte een bijl en rende recht op de groep honden af.
Drei weitere Männer halfen mit Knüppeln, die Huskies zu vertreiben.
Drie andere mannen gebruikten knuppels om de husky's weg te jagen.
In nur zwei Minuten war der Kampf vorbei und die Hunde waren verschwunden.
Binnen twee minuten was het gevecht voorbij en waren de honden verdwenen.
Curly lag tot im roten, zertrampelten Schnee, ihr Körper war zerfetzt.
Krullend lag dood in de rode, vertrapte sneeuw, haar lichaam verscheurd.
Ein dunkelhäutiger Mann stand über ihr und verfluchte die brutale Szene.
Een donkere man stond boven haar en vervloekte het gruwelijke tafereel.
Die Erinnerung blieb bei Buck und verfolgte ihn nachts in seinen Träumen.
De herinnering bleef Buck bij en achtervolgde hem 's nachts in zijn dromen.
So war es hier: keine Fairness, keine zweite Chance.
Zo ging het hier: geen eerlijkheid, geen tweede kans.
Sobald ein Hund fiel, töteten die anderen ihn gnadenlos.
Als een hond viel, doodden de anderen hem zonder pardon.
Buck beschloss damals, dass er niemals zulassen würde, dass er fällt.
Toen besloot Buck dat hij zichzelf nooit zou laten vallen.

Spitz streckte erneut die Zunge heraus und lachte über das Blut.

Spitz stak opnieuw zijn tong uit en lachte om het bloed.

Von diesem Moment an hasste Buck Spitz aus vollem Herzen.

Vanaf dat moment haatte Buck Spitz met heel zijn hart.

Bevor Buck sich von Curlys Tod erholen konnte, passierte etwas Neues.

Voordat Buck kon herstellen van Krullend's dood, gebeurde er iets nieuws.

François kam herüber und schnallte etwas um Bucks Körper.

François kwam naar Buck toe en bond iets om hem heen.

Es war ein Geschirr wie das, das auf der Ranch für Pferde verwendet wurde.

Het was een tuig zoals die op de ranch voor paarden werden gebruikt.

Buck hatte gesehen, wie Pferde arbeiteten, und nun musste auch er arbeiten.

Buck had paarden zien werken en nu moest hij ook aan het werk.

Er musste François auf einem Schlitten in den nahegelegenen Wald ziehen.

Hij moest François op een slee het nabijgelegen bos in trekken.

Anschließend musste er eine Ladung schweres Brennholz zurückziehen.

Vervolgens moest hij een lading zwaar brandhout naar boven slepen.

Buck war stolz und deshalb tat es ihm weh, wie ein Arbeitstier behandelt zu werden.

Buck was trots en vond het pijnlijk om als een werkdier behandeld te worden.

Aber er war klug und versuchte nicht, gegen die neue Situation anzukämpfen.

Maar hij was wijs en probeerde de nieuwe situatie niet te bestrijden.

Er akzeptierte sein neues Leben und gab bei jeder Aufgabe sein Bestes.

Hij accepteerde zijn nieuwe leven en deed zijn uiterste best bij elke taak.

Alles an der Arbeit war ihm fremd und ungewohnt.

Alles aan het werk was vreemd en onbekend voor hem.

François war streng und verlangte unverzüglichen Gehorsam.

François was streng en eiste onmiddellijke gehoorzaamheid.

Seine Peitsche sorgte dafür, dass jeder Befehl sofort befolgt wurde.

Zijn zweep zorgde ervoor dat alle bevelen onmiddellijk werden uitgevoerd.

Dave war der Schlittenführer, der Hund, der dem Schlitten hinter Buck am nächsten war.

Dave was de wielrenner, de hond die het dichtst bij de slee achter Buck zat.

Dave biss Buck in die Hinterbeine, wenn er einen Fehler machte.

Dave beet Buck in zijn achterpoten als hij een fout maakte.

Spitz war der Leithund und in dieser Rolle geschickt und erfahren.

Spitz was de leidende hond en was bekwaam en ervaren in de rol.

Spitz konnte Buck nicht leicht erreichen, korrigierte ihn aber trotzdem.

Spitz kon Buck niet makkelijk bereiken, maar corrigeerde hem toch.

Er knurrte barsch oder zog den Schlitten auf eine Art, die Buck etwas beibrachte.

Hij gromde hard of trok de slee op een manier waar Buck wat van leerde.

Durch dieses Training lernte Buck schneller, als alle erwartet hatten.

Dankzij deze training leerde Buck sneller dan ze allemaal hadden verwacht.

Er hat hart gearbeitet und sowohl von François als auch von den anderen Hunden gelernt.

Hij werkte hard en leerde van zowel François als de andere honden.

Als sie zurückkamen, kannte Buck die wichtigsten Befehle bereits.

Toen ze terugkwamen, kende Buck de belangrijkste commando's al.

Von François hat er gelernt, beim Laut „ho" anzuhalten.

Hij leerde van François om te stoppen als er "ho" klonk.

Er lernte, wann er den Schlitten ziehen und rennen musste.

Hij leerde het toen hij de slee moest trekken en moest rennen.

Er lernte, in den Kurven des Weges ohne Probleme weit abzubiegen.

Hij leerde om zonder problemen ruim te sturen in bochten.

Er lernte auch, Dave auszuweichen, wenn der Schlitten schnell bergab fuhr.

Hij leerde ook om Dave te ontwijken als de slee snel bergafwaarts ging.

„Das sind sehr gute Hunde", sagte François stolz zu Perrault.

"Het zijn hele goede honden", vertelde François trots aan Perrault.

„Dieser Buck zieht wie der Teufel – ich bringe ihm das so schnell bei, wie ich nur kann."

"Die Buck trekt als de hel - ik leer hem razendsnel."

Später am Tag kam Perrault mit zwei weiteren Huskys zurück.

Later die dag kwam Perrault terug met nog twee husky's.

Ihre Namen waren Billee und Joe und sie waren Brüder.

Ze heetten Billee en Joe, en ze waren broers.

Sie stammten von derselben Mutter, waren sich aber überhaupt nicht ähnlich.

Ze hadden dezelfde moeder, maar leken totaal niet op elkaar.

Billee war gutmütig und zu allen sehr freundlich.

Billee was aardig en heel vriendelijk tegen iedereen.

Joe war das Gegenteil – ruhig, wütend und immer am Knurren.
Joe was het tegenovergestelde: stil, boos en altijd grommend.

Buck begrüßte sie freundlich und blieb beiden gegenüber ruhig.
Buck begroette hen vriendelijk en bleef kalm tegen beiden.

Dave schenkte ihnen keine Beachtung und blieb wie üblich still.
Dave schonk er geen aandacht aan en bleef zoals gewoonlijk stil.

Um seine Dominanz zu demonstrieren, griff Spitz zuerst Billee und dann Joe an.
Spitz viel eerst Billee aan en daarna Joe om zijn dominantie te tonen.

Billee wedelte mit dem Schwanz und versuchte, freundlich zu Spitz zu sein.
Billee kwispelde met zijn staart en probeerde vriendelijk te zijn tegen Spitz.

Als das nicht funktionierte, versuchte er stattdessen wegzulaufen.
Toen dat niet lukte, probeerde hij weg te rennen.

Er weinte traurig, als Spitz ihn fest in die Seite biss.
Hij huilde verdrietig toen Spitz hem hard in zijn zij beet.

Aber Joe war ganz anders und ließ sich nicht einschüchtern.
Maar Joe was heel anders en weigerde gepest te worden.

Jedes Mal, wenn Spitz näher kam, drehte sich Joe schnell um, um ihm in die Augen zu sehen.
Elke keer dat Spitz dichterbij kwam, draaide Joe zich snel om om hem onder ogen te komen.

Sein Fell sträubte sich, seine Lippen kräuselten sich und seine Zähne schnappten wild.
Zijn vacht stond overeind, zijn lippen krulden en zijn tanden klappen wild op elkaar.

Joes Augen glänzten vor Angst und Wut und forderten Spitz heraus, zuzuschlagen.
Joe's ogen glinsterden van angst en woede en hij daagde Spitz uit om toe te slaan.

Spitz gab den Kampf auf und wandte sich gedemütigt und wütend ab.

Spitz gaf de strijd op en draaide zich om, vernederd en boos.

Er ließ seine Frustration an dem armen Billee aus und jagte ihn davon.

Hij reageerde zijn frustratie af op de arme Billee en jaagde hem weg.

An diesem Abend fügte Perrault dem Team einen weiteren Hund hinzu.

Die avond voegde Perrault nog een hond toe aan het team.

Dieser Hund war alt, mager und mit Kampfnarben übersät.

Deze hond was oud, mager en bedekt met littekens van de oorlog.

Eines seiner Augen fehlte, doch das andere blitzte kraftvoll auf.

Eén van zijn ogen was verdwenen, maar het andere oog straalde van kracht.

Der neue Hund hieß Solleks, was „der Wütende" bedeutet.

De naam van de nieuwe hond was Solleks, wat 'de Boze' betekent.

Wie Dave verlangte Solleks nichts von anderen und gab nichts zurück.

Net als Dave vroeg Solleks niets van anderen en gaf ook niets terug.

Als Solleks langsam ins Lager ging, blieb sogar Spitz fern.

Toen Solleks langzaam het kamp binnenliep, bleef zelfs Spitz weg.

Er hatte eine seltsame Angewohnheit, die Buck unglücklicherweise entdeckte.

Hij had een vreemde gewoonte, maar Buck ontdekte dat tot zijn ongeluk.

Solleks hasste es, von der Seite angesprochen zu werden, auf der er blind war.

Solleks vond het vervelend om benaderd te worden aan de kant waar hij blind was.

Buck wusste das nicht und machte diesen Fehler versehentlich.

Buck wist dit niet en maakte die fout per ongeluk.

Solleks wirbelte herum und versetzte Buck einen schnellen, tiefen Schlag auf die Schulter.

Solleks draaide zich om en sneed met een diepe, snelle beweging in Bucks schouder.

Von diesem Moment an kam Buck nie wieder in die Nähe von Solleks' blinder Seite.

Vanaf dat moment kwam Buck niet meer in de buurt van de blinde kant van Solleks.

Für den Rest ihrer gemeinsamen Zeit gab es nie wieder Probleme.

Ze hebben de rest van hun tijd samen nooit meer problemen gehad.

Solleks wollte nur in Ruhe gelassen werden, wie der ruhige Dave.

Solleks wilde alleen maar met rust gelaten worden, net als de stille Dave.

Doch Buck erfuhr später, dass jeder von ihnen ein anderes geheimes Ziel hatte.

Maar Buck zou later ontdekken dat ze allebei nog een ander geheim doel hadden.

In dieser Nacht stand Buck vor einer neuen und beunruhigenden Herausforderung: Wie sollte er schlafen?

Die nacht werd Buck geconfronteerd met een nieuwe en lastige uitdaging: hoe moest hij slapen?

Das Zelt leuchtete warm im Kerzenlicht auf dem schneebedeckten Feld.

De tent gloeide warm met het kaarslicht op het besneeuwde veld.

Buck ging hinein und dachte, er könnte sich dort wie zuvor ausruhen.

Buck liep naar binnen met het idee dat hij daar, net als voorheen, even kon uitrusten.

Aber Perrault und François schrien ihn an und warfen Pfannen.

Maar Perrault en François schreeuwden tegen hem en gooiden met pannen.

Schockiert und verwirrt rannte Buck in die eisige Kälte hinaus.

Geschokt en verward rende Buck de vrieskou in.

Ein bitterkalter Wind stach ihm in die verletzte Schulter und ließ seine Pfoten erfrieren.

Een scherpe wind prikte in zijn gewonde schouder en bevroor zijn poten.

Er legte sich in den Schnee und versuchte, im Freien zu schlafen.

Hij ging in de sneeuw liggen en probeerde in de open lucht te slapen.

Doch die Kälte zwang ihn bald, heftig zitternd wieder aufzustehen.

Maar door de kou moest hij al snel weer opstaan, terwijl hij hevig trilde.

Er wanderte durch das Lager und versuchte, ein wärmeres Plätzchen zu finden.

Hij dwaalde door het kamp, op zoek naar een warmere plek.

Aber jede Ecke war genauso kalt wie die vorherige.

Maar elke hoek was nog steeds even koud als de vorige.

Manchmal sprangen ihn wilde Hunde aus der Dunkelheit an.

Soms sprongen wilde honden vanuit de duisternis op hem af.

Buck sträubte sein Fell, fletschte die Zähne und knurrte warnend.

Buck zette zijn vacht overeind, ontblootte zijn tanden en gromde waarschuwend.

Er lernte schnell und die anderen Hunde zogen sich schnell zurück.

Hij leerde snel en de andere honden deinsden snel terug.

Trotzdem hatte er keinen Platz zum Schlafen und keine Ahnung, was er tun sollte.

Maar hij had nog steeds geen slaapplaats en geen idee wat hij moest doen.

Endlich kam ihm ein Gedanke: Er sollte nach seinen Teamkollegen sehen.

Eindelijk kreeg hij een idee: hij moest eens kijken hoe het met zijn teamgenoten ging.

Er kehrte in ihre Gegend zurück und war überrascht, dass sie verschwunden waren.

Hij keerde terug naar hun gebied en zag tot zijn verbazing dat ze verdwenen waren.

Erneut durchsuchte er das Lager, konnte sie jedoch immer noch nicht finden.

Hij doorzocht het kamp opnieuw, maar kon hen nog steeds niet vinden.

Er wusste, dass sie nicht im Zelt sein durften, sonst wäre er auch dort gewesen.

Hij wist dat ze niet in de tent konden zijn, want anders zou hij er ook zijn.

Wo also waren all die Hunde in diesem eisigen Lager geblieben?

Waar waren al die honden in dit bevroren kamp gebleven?

Buck, kalt und elend, umrundete langsam das Zelt.

Buck, koud en ellendig, liep langzaam een rondje om de tent.

Plötzlich sanken seine Vorderbeine in den weichen Schnee und er erschrak.

Opeens zakten zijn voorpoten in de zachte sneeuw en hij schrok.

Etwas zappelte unter seinen Füßen und er sprang ängstlich zurück.

Er bewoog iets onder zijn voeten en hij deinsde angstig achteruit.

Er knurrte und fauchte, ohne zu wissen, was sich unter dem Schnee verbarg.

Hij gromde en snauwde, zonder te weten wat er onder de sneeuw lag.

Dann hörte er ein freundliches kleines Bellen, das seine Angst linderte.

Toen hoorde hij een vriendelijk geblaf, dat zijn angst verminderde.

Er schnüffelte in der Luft und kam näher, um zu sehen, was verborgen war.

Hij besnuffelde de lucht en kwam dichterbij om te zien wat er verborgen was.

Unter dem Schnee lag, zu einer warmen Kugel zusammengerollt, der kleine Billee.

Onder de sneeuw, opgerold als een warm balletje, lag de kleine Billee.

Billee wedelte mit dem Schwanz und leckte Bucks Gesicht zur Begrüßung.

Billee kwispelde met zijn staart en likte Bucks gezicht om hem te begroeten.

Buck sah, wie Billee im Schnee einen Schlafplatz gebaut hatte.

Buck zag hoe Billee een slaapplaats in de sneeuw had gemaakt.

Er hatte sich eingegraben und nutzte seine eigene Wärme, um sich warm zu halten.

Hij had gegraven en zijn eigen warmte gebruikt om warm te blijven.

Buck hatte eine weitere Lektion gelernt – so schliefen die Hunde.

Buck had nog een les geleerd: dit was hoe honden sliepen.

Er suchte sich eine Stelle aus und begann, sein eigenes Loch in den Schnee zu graben.

Hij koos een plek uit en begon een gat in de sneeuw te graven.

Anfangs bewegte er sich zu viel und verschwendete Energie.

In het begin bewoog hij te veel en verspilde hij energie.

Doch bald erwärmte sein Körper den Raum und er fühlte sich sicher.

Maar al snel verwarmde zijn lichaam de ruimte en voelde hij zich veilig.

Er rollte sich fest zusammen und schlief bald fest.

Hij rolde zich op en viel al snel in een diepe slaap.

Der Tag war lang und hart gewesen und Buck war erschöpft.

Het was een lange en zware dag geweest en Buck was uitgeput.

Er schlief tief und fest, obwohl seine Träume wild waren.

Hij sliep diep en comfortabel, hoewel zijn dromen wild waren.

Er knurrte und bellte im Schlaf und wand sich im Traum.
Hij gromde en blafte in zijn slaap en draaide zich om terwijl
hij droomde.

Buck wachte erst auf, als im Lager bereits Leben erwachte.
Buck werd pas wakker toen het kamp al tot leven kwam.
Zuerst wusste er nicht, wo er war oder was passiert war.
In eerste instantie wist hij niet waar hij was of wat er gebeurd
was.
**Über Nacht war Schnee gefallen und hatte seinen Körper
vollständig begraben.**
In de nacht was er sneeuw gevallen en zijn lichaam was
volledig bedekt.
Der Schnee umgab ihn von allen Seiten dicht.
De sneeuw drukte zich om hem heen, aan alle kanten dicht.
**Plötzlich durchfuhr eine Welle der Angst Bucks ganzen
Körper.**
Opeens voelde Buck een golf van angst door zijn hele lichaam
gaan.
**Es war die Angst, gefangen zu sein, eine Angst aus tiefen
Instinkten.**
Het was de angst om vast te zitten, een angst die voortkwam
uit diepe instincten.
**Obwohl er noch nie eine Falle gesehen hatte, lebte die Angst
in ihm.**
Ook al had hij nog nooit een val gezien, de angst leefde in
hem.
**Er war ein zahmer Hund, aber jetzt erwachten seine alten
wilden Instinkte.**
Hij was een tamme hond, maar nu kwamen zijn oude wilde
instincten weer naar boven.
**Bucks Muskeln spannten sich an und sein Fell stellte sich
auf seinem ganzen Rücken auf.**
Bucks spieren spanden zich aan en zijn vacht stond overeind.
**Er knurrte wild und sprang senkrecht durch den Schnee
nach oben.**
Hij gromde hevig en sprong recht omhoog door de sneeuw.

Als er ins Tageslicht trat, flog Schnee in alle Richtungen.
Terwijl hij het daglicht binnenstormde, vloog de sneeuw alle kanten op.

Schon vor der Landung sah Buck das Lager vor sich ausgebreitet.
Nog voor de landing zag Buck het kamp voor zich liggen.

Er erinnerte sich auf einmal an alles vom Vortag.
In één keer herinnerde hij zich alles van de vorige dag.

Er erinnerte sich daran, wie er mit Manuel spazieren gegangen war und an diesem Ort gelandet war.
Hij herinnerde zich dat hij met Manuel had rondgewandeld en dat hij op deze plek was beland.

Er erinnerte sich daran, wie er das Loch gegraben hatte und in der Kälte eingeschlafen war.
Hij herinnert zich dat hij het gat had gegraven en in de kou in slaap was gevallen.

Jetzt war er wach und die wilde Welt um ihn herum war klar.
Hij was nu wakker en zag de wilde wereld om hem heen helder.

Ein Ruf von François begrüßte Bucks plötzliches Auftauchen.
François juichte toen Buck plotseling verscheen.

„Was habe ich gesagt?", rief der Hundeführer Perrault laut zu.
"Wat heb ik gezegd?" riep de hondenmenner luid naar Perrault.

„Dieser Buck lernt wirklich sehr schnell", fügte François hinzu.
"Die Buck leert echt supersnel", voegde François toe.

Perrault nickte ernst und war offensichtlich mit dem Ergebnis zufrieden.
Perrault knikte ernstig. Hij was duidelijk tevreden met het resultaat.

Als Kurier für die kanadische Regierung beförderte er Depeschen.
Als koerier voor de Canadese regering bezorgde hij berichten.

Er war bestrebt, die besten Hunde für seine wichtige Mission zu finden.

Hij wilde dolgraag de beste honden vinden voor zijn belangrijke missie.

Er war besonders erfreut, dass Buck nun Teil des Teams war.

Hij was vooral blij dat Buck nu deel uitmaakte van het team.

Innerhalb einer Stunde kamen drei weitere Huskies zum Team hinzu.

Binnen een uur werden er nog drie husky's aan het team toegevoegd.

Damit betrug die Gesamtzahl der Hunde im Team neun.

Daarmee kwam het totaal aantal honden in het team op negen.

Innerhalb von fünfzehn Minuten lagen alle Hunde im Geschirr.

Binnen vijftien minuten zaten alle honden in hun harnassen.

Das Schlittenteam schwang sich den Weg hinauf in Richtung Dyea Cañon.

Het sleeteam slingerde het pad op richting Dyea Cañon.

Buck war froh, gehen zu können, auch wenn die Arbeit, die vor ihm lag, hart war.

Buck was blij dat hij kon vertrekken, ook al was het werk dat hij moest doen zwaar.

Er stellte fest, dass er weder die Arbeit noch die Kälte besonders verabscheute.

Hij merkte dat hij het werk en de kou niet bepaald verafschuwde.

Er war überrascht von der Begeisterung, die das gesamte Team erfüllte.

Hij was verrast door de enthousiasme van het hele team.

Noch überraschender war die Veränderung, die bei Dave und Solleks vor sich ging.

Nog verrassender was de verandering die Dave en Solleks ondergingen.

Diese beiden Hunde waren völlig unterschiedlich, als sie ein Geschirr trugen.

Deze twee honden waren totaal verschillend toen ze in een tuig zaten.

Ihre Passivität und Sorglosigkeit waren völlig verschwunden.

Hun passiviteit en onverschilligheid waren volledig verdwenen.

Sie waren aufmerksam und aktiv und bestrebt, ihre Arbeit gut zu machen.

Ze waren alert en actief en wilden hun werk graag goed doen.

Sie reagierten äußerst verärgert über alles, was zu Verzögerungen oder Verwirrung führte.

Ze raakten hevig geïrriteerd bij alles wat vertraging of verwarring veroorzaakte.

Die harte Arbeit an den Zügeln stand im Mittelpunkt ihres gesamten Wesens.

Het harde werk aan de teugels was het middelpunt van hun hele bestaan.

Das Schlittenziehen schien das Einzige zu sein, was ihnen wirklich Spaß machte.

Het leek erop dat sleeën het enige was waar ze echt plezier in hadden.

Dave war am Ende der Gruppe und dem Schlitten am nächsten.

Dave liep achterin de groep, het dichtst bij de slee.

Buck landete vor Dave und Solleks zog an Buck vorbei.

Buck werd voor Dave geplaatst en Solleks werd voor Buck geplaatst.

Die übrigen Hunde liefen in einer Reihe vorn.

De overige honden stonden in een lange rij voorop.

Die Führungsposition an der Spitze besetzte Spitz.

De leidende positie aan het front werd ingevuld door Spitz.

Buck war zur Einweisung zwischen Dave und Solleks platziert worden.

Buck was tussen Dave en Solleks geplaatst om instructies te krijgen.

Er lernte schnell und sie waren strenge und fähige Lehrer.

Hij leerde snel en de andere leraren waren streng en bekwaam.

Sie ließen nie zu, dass Buck lange im Irrtum blieb.

Ze hebben Buck nooit lang in een fout laten blijven.

Sie erteilten ihre Lektionen, wenn nötig, mit scharfen Zähnen.

Ze gaven hun lessen met scherpe tanden als dat nodig was.

Dave war fair und zeigte eine ruhige, ernste Art von Weisheit.

Dave was eerlijk en toonde een rustige, serieuze soort wijsheid.

Er hat Buck nie ohne guten Grund gebissen.

Hij beet Buck nooit zonder goede reden.

Aber er hat es nie versäumt, zuzubeißen, wenn Buck eine Korrektur brauchte.

Maar hij bleef niet in gebreke met bijten als Buck gecorrigeerd moest worden.

François' Peitsche war immer bereit und untermauerte ihre Autorität.

De whip van François stond altijd klaar en ondersteunde hun gezag.

Buck merkte bald, dass es besser war zu gehorchen, als sich zu wehren.

Buck kwam er al snel achter dat het beter was om te gehoorzamen dan terug te vechten.

Einmal verhedderte sich Buck während einer kurzen Pause in den Zügeln.

Een keer, tijdens een korte rustperiode, raakte Buck verstrikt in de teugels.

Er verzögerte den Start und brachte die Bewegungen des Teams durcheinander.

Hij vertraagde de start en bracht de bewegingen van het team in de war.

Dave und Solleks stürzten sich auf ihn und verprügelten ihn brutal.

Dave en Solleks vlogen op hem af en gaven hem een flink pak slaag.

Das Gewirr wurde nur noch schlimmer, aber Buck lernte seine Lektion.

De situatie werd alleen maar erger, maar Buck leerde zijn lesje.

Von da an hielt er die Zügel straff und arbeitete vorsichtig.
Vanaf dat moment hield hij de teugels strak en ging hij
nauwkeurig te werk.
**Bevor der Tag zu Ende war, hatte Buck einen Großteil seiner
Aufgabe gemeistert.**
Voor het einde van de dag had Buck het grootste deel van zijn
taak onder de knie.
**Seine Teamkollegen hörten fast auf, ihn zu korrigieren oder
zu beißen.**
Zijn teamgenoten stopten bijna met hem te corrigeren of te
bijten.
François' Peitsche knallte immer seltener durch die Luft.
De zweep van François knalde steeds minder vaak door de
lucht.
**Perrault hob sogar Bucks Füße an und untersuchte sorgfältig
jede Pfote.**
Perrault tilde zelfs Bucks voeten op en onderzocht zorgvuldig
elke poot.
**Es war ein harter Tageslauf gewesen, lang und anstrengend
für alle.**
Het was een zware dag hardlopen geweest, lang en uitputtend
voor hen allemaal.
**Sie reisten den Cañon hinauf, durch Sheep Camp und an
den Scales vorbei.**
Ze reisden door de Cañon, door Sheep Camp en langs de
Scales.
**Sie überquerten die Baumgrenze, dann Gletscher und
meterhohe Schneeverwehungen.**
Ze passeerden de boomgrens en vervolgens gletsjers en
metersdikke sneeuwduinen.
**Sie erklommen die große, kalte und unwirtliche Chilkoot-
Wasserscheide.**
Ze beklommen de grote, koude en onherbergzame Chilkoot
Divide.
**Dieser hohe Bergrücken lag zwischen Salzwasser und dem
gefrorenen Landesinneren.**

Die hoge bergrug lag tussen het zoute water en het bevroren binnenland.

Die Berge bewachten den traurigen und einsamen Norden mit Eis und steilen Anstiegen.

De bergen bewaakten het trieste en eenzame Noorden met ijs en steile hellingen.

Sie kamen gut voran und erreichten eine lange Kette von Seen unterhalb der Wasserscheide.

Ze maakten goede vorderingen in een lange keten van meren beneden de waterscheiding.

Diese Seen füllten die alten Krater erloschener Vulkane.

Deze meren vulden de oude kraters van uitgedoofde vulkanen.

Spät in der Nacht erreichten sie ein großes Lager am Lake Bennett.

Laat die nacht bereikten ze een groot kamp bij Lake Bennett.

Tausende Goldsucher waren dort und bauten Boote für den Frühling.

Duizenden goudzoekers waren daar bezig boten te bouwen voor de lente.

Das Eis würde bald aufbrechen und sie mussten bereit sein.

Het ijs zou binnenkort breken, dus ze moesten voorbereid zijn.

Buck grub sein Loch in den Schnee und fiel in einen tiefen Schlaf.

Buck groef een gat in de sneeuw en viel in een diepe slaap.

Er schlief wie ein Arbeiter, erschöpft von einem harten Arbeitstag.

Hij sliep als een arbeider, uitgeput van een dag hard werken.

Doch zu früh wurde er in der Dunkelheit aus dem Schlaf gerissen.

Maar al te vroeg in de duisternis werd hij uit zijn slaap gerukt.

Er wurde wieder mit seinen Kumpels angeschirrt und vor den Schlitten gespannt.

Hij werd weer met zijn maten ingespannen en aan de slee vastgemaakt.

An diesem Tag legten sie sechzig Kilometer zurück, weil der Schnee festgetreten war.

Die dag legden ze ruim 65 kilometer af, omdat er veel sneeuw lag.

Am nächsten Tag und noch viele Tage danach war der Schnee weich.

De volgende dag, en nog vele dagen daarna, was de sneeuw zacht.

Sie mussten den Weg selbst bahnen, härter arbeiten und langsamer vorankommen.

Ze moesten het pad zelf aanleggen. Hiervoor moesten ze harder werken en langzamer bewegen.

Normalerweise ging Perrault mit Schwimmhäuten an den Schneeschuhen vor dem Team her.

Normaal gesproken liep Perrault met zwemvliezen op sneeuwschoenen voorop.

Seine Schritte verdichteten den Schnee und erleichterten so die Fortbewegung des Schlittens.

Door zijn stappen drukte hij de sneeuw aan, waardoor de slee makkelijker voortbewoog.

François, der vom Steuerstand aus steuerte, übernahm manchmal die Kontrolle.

François, die vanaf de stuurknuppel aan het roer stond, nam soms de controle over.

Aber es kam selten vor, dass François die Führung übernahm

Maar het was zeldzaam dat François de leiding nam

weil Perrault es eilig hatte, die Briefe und Pakete auszuliefern.

omdat Perrault haast had om de brieven en pakketten te bezorgen.

Perrault war stolz auf sein Wissen über Schnee und insbesondere Eis.

Perrault was trots op zijn kennis van sneeuw en vooral van ijs.

Dieses Wissen war von entscheidender Bedeutung, da das Eis im Herbst gefährlich dünn war.

Die kennis was essentieel, omdat het herfstijs gevaarlijk dun was.

Wo das Wasser unter der Oberfläche schnell floss, gab es überhaupt kein Eis.
Waar het water snel onder het oppervlak stroomde, was er helemaal geen ijs.

Tag für Tag wiederholte sich endlos die gleiche Routine.
Dag in, dag uit, dezelfde routine, eindeloos herhaald.
Buck arbeitete unermüdlich von morgens bis abends in den Zügeln.
Buck zwoegde eindeloos aan de teugels, van 's ochtends vroeg tot 's avonds laat.
Sie verließen das Lager im Dunkeln, lange bevor die Sonne aufgegangen war.
Ze verlieten het kamp in het donker, lang voordat de zon opkwam.
Als es Tag wurde, hatten sie bereits viele Kilometer zurückgelegt.
Toen het daglicht aanbrak, hadden ze al vele kilometers afgelegd.
Sie schlugen ihr Lager nach Einbruch der Dunkelheit auf, aßen Fisch und gruben sich in den Schnee ein.
Ze zetten hun kamp op nadat het donker was geworden. Ze aten vis en groeven zich in de sneeuw.
Buck war immer hungrig und mit seiner Ration nie wirklich zufrieden.
Buck had altijd honger en was nooit echt tevreden met zijn rantsoen.
Er erhielt jeden Tag anderthalb Pfund getrockneten Lachs.
Hij kreeg elke dag 650 gram gedroogde zalm.
Doch das Essen schien in ihm zu verschwinden und ließ den Hunger zurück.
Maar het eten leek in hem te verdwijnen, en de honger bleef achter.
Er litt unter ständigem Hunger und träumte von mehr Essen.
Hij had voortdurend honger en droomde van meer eten.
Die anderen Hunde haben nur ein Pfund abgenommen, sind aber stark geblieben.

De andere honden kregen maar een pond eten, maar ze bleven sterk.

Sie waren kleiner und in das Leben im Norden hineingeboren.

Ze waren kleiner en geboren in het noordelijke leven.

Er verlor rasch die Sorgfalt, die sein früheres Leben geprägt hatte.

Hij verloor al snel de nauwgezetheid die zijn oude leven kenmerkte.

Er war ein gieriger Esser gewesen, aber jetzt war das nicht mehr möglich.

Vroeger was hij een kieskeurige eter, maar dat was nu niet meer mogelijk.

Seine Kameraden waren zuerst fertig und raubten ihm seine noch nicht aufgegessene Ration.

Zijn kameraden waren als eerste klaar en beroofden hem van zijn restjes proviand.

Als sie einmal damit anfingen, gab es keine Möglichkeit mehr, sein Essen vor ihnen zu verteidigen.

Toen ze eenmaal begonnen, kon hij zijn eten niet meer tegen hen verdedigen.

Während er zwei oder drei Hunde abwehrte, stahlen die anderen den Rest.

Terwijl hij met twee of drie honden vocht, stalen de anderen de rest.

Um dies zu beheben, begann er, so schnell zu essen wie die anderen.

Om dit te verhelpen, begon hij net zo snel te eten als de anderen.

Der Hunger trieb ihn so sehr an, dass er sogar Essen zu sich nahm, das ihm nicht gehörte.

De honger dreef hem zo erg dat hij zelfs voedsel nam dat niet van hem was.

Er beobachtete die anderen und lernte schnell aus ihren Handlungen.

Hij observeerde de anderen en leerde snel van hun daden.

Er sah, wie Pike, ein neuer Hund, Perrault eine Scheibe Speck stahl.

Hij zag hoe Pike, een nieuwe hond, een plak spek van Perrault stal.

Pike hatte gewartet, bis Perrault sich umdrehte, um den Speck zu stehlen.

Pike had gewacht tot Perrault zijn rug had toegekeerd om het spek te stelen.

Am nächsten Tag machte Buck es Pike nach und stahl das ganze Stück.

De volgende dag kopieerde Buck het voorbeeld van Pike en stal het hele stuk.

Es folgte ein großer Aufruhr, doch Buck wurde nicht verdächtigt.

Er ontstond een groot tumult, maar Buck werd niet verdacht.

Stattdessen wurde Dub bestraft, ein tollpatschiger Hund, der immer erwischt wurde.

In plaats daarvan werd Dub, een onhandige hond die altijd werd betrapt, gestraft.

Dieser erste Diebstahl machte Buck zu einem Hund, der in der Lage war, im Norden zu überleben.

Die eerste diefstal maakte van Buck een hond die in het Noorden kon overleven.

Er zeigte, dass er sich an neue Bedingungen anpassen und schnell lernen konnte.

Hij liet zien dat hij zich aan nieuwe omstandigheden kon aanpassen en snel kon leren.

Ohne diese Anpassungsfähigkeit wäre er schnell und auf schlimme Weise gestorben.

Zonder dit aanpassingsvermogen zou hij snel en ernstig zijn gestorven.

Es markierte auch den Zusammenbruch seiner moralischen Natur und seiner früheren Werte.

Het betekende ook de teloorgang van zijn morele aard en zijn vroegere waarden.

Im Südland hatte er nach dem Gesetz der Liebe und Güte gelebt.

In het Zuiden leefde hij volgens de wet van liefde en vriendelijkheid.

Dort war es sinnvoll, Eigentum und die Gefühle anderer Hunde zu respektieren.

Daar was het zinvol om respect te hebben voor eigendommen en de gevoelens van andere honden.

Aber das Nordland befolgte das Gesetz der Keule und das Gesetz der Reißzähne.

Maar in het Noorden golden de wetten van de knots en de wetten van de slagtanden.

Wer hier alte Werte respektierte, war dumm und würde scheitern.

Wie hier de oude waarden zou respecteren, was dwaas en zou falen.

Buck hat das alles nicht durchdacht.

Buck had dit allemaal niet in zijn hoofd bedacht.

Er war fit und passte sich daher an, ohne darüber nachdenken zu müssen.

Hij was fit en paste zich aan zonder erbij na te denken.

Sein ganzes Leben lang war er noch nie vor einem Kampf davongelaufen.

Hij was zijn hele leven nog nooit voor een gevecht weggelopen.

Doch die Holzkeule des Mannes im roten Pullover änderte diese Regel.

Maar de houten knuppel van de man in de rode trui veranderde die regel.

Jetzt folgte er einem tieferen, älteren Code, der in sein Wesen eingeschrieben war.

Nu volgde hij een diepere, oudere code die in zijn wezen geschreven was.

Er stahl nicht aus Vergnügen, sondern aus Hunger.

Hij stal niet uit genot, maar uit pijn, veroorzaakt door honger.

Er raubte nie offen, sondern stahl mit List und Sorgfalt.

Hij roofde nooit openlijk, maar stal met list en zorg.

Er handelte aus Respekt vor der Holzkeule und aus Angst vor dem Fangzahn.

Hij handelde uit respect voor de houten knuppel en uit angst voor de slagtand.

Kurz gesagt, er hat das getan, was einfacher und sicherer war, als es nicht zu tun.

Kortom, hij deed wat gemakkelijker en veiliger was dan het niet doen.

Seine Entwicklung – oder vielleicht seine Rückkehr zu alten Instinkten – verlief schnell.

Zijn ontwikkeling, of misschien zijn terugkeer naar oude instincten, verliep snel.

Seine Muskeln verhärteten sich, bis sie sich stark wie Eisen anfühlten.

Zijn spieren werden harder, totdat ze zo sterk aanvoelden als ijzer.

Schmerzen machten ihm nichts mehr aus, es sei denn, sie waren ernst.

Pijn kon hem niet meer schelen, tenzij het ernstig was.

Er wurde durch und durch effizient und verschwendete überhaupt nichts.

Hij werd zowel van binnen als van buiten efficiënt en verspilde helemaal niets.

Er konnte Dinge essen, die scheußlich, verdorben oder schwer verdaulich waren.

Hij kon dingen eten die vies, rot of moeilijk te verteren waren.

Was auch immer er aß, sein Magen verbrauchte das letzte bisschen davon.

Wat hij ook at, zijn maag gebruikte het laatste restje waardevolle voedsel.

Sein Blut transportierte die Nährstoffe weit durch seinen kräftigen Körper.

Zijn bloed transporteerde de voedingsstoffen door zijn krachtige lichaam.

Dadurch baute er starkes Gewebe auf, das ihm eine unglaubliche Ausdauer verlieh.

Hierdoor ontwikkelde hij sterke weefsels die hem een ongelooflijk uithoudingsvermogen gaven.

Sein Seh- und Geruchssinn wurden viel feiner als zuvor.

Zijn zicht en reukvermogen werden veel gevoeliger dan voorheen.

Sein Gehör wurde so scharf, dass er im Schlaf leise Geräusche wahrnehmen konnte.

Zijn gehoor werd zo scherp dat hij in zijn slaap zelfs zwakke geluiden kon waarnemen.

In seinen Träumen wusste er, ob die Geräusche Sicherheit oder Gefahr bedeuteten.

In zijn dromen wist hij of de geluiden veiligheid of gevaar betekenden.

Er lernte, mit den Zähnen auf das Eis zwischen seinen Zehen zu beißen.

Hij leerde met zijn tanden het ijs tussen zijn tenen te bijten.

Wenn ein Wasserloch zufror, brach er das Eis mit seinen Beinen.

Als een waterpoel dichtvroor, brak hij het ijs met zijn benen.

Er bäumte sich auf und schlug mit seinen steifen Vorderbeinen hart auf das Eis.

Hij steigerde en sloeg met zijn stijve voorste ledematen hard op het ijs.

Seine bemerkenswerteste Fähigkeit war die Vorhersage von Windänderungen über Nacht.

Zijn meest opvallende talent was het voorspellen van veranderingen in de wind gedurende de nacht.

Selbst bei Windstille suchte er sich windgeschützte Stellen aus.

Zelfs als het windstil was, zocht hij een plek uit waar hij beschut tegen de wind lag.

Wo auch immer er sein Nest grub, der Wind des nächsten Tages strich an ihm vorbei.

Waar hij ook zijn nest groef, de volgende dag waaide de wind aan hem voorbij.

Er landete immer gemütlich und geschützt, in Lee der Brise.

Hij kwam altijd beschut en knus terecht, uit de wind.

Buck hat nicht nur durch Erfahrung gelernt – auch seine Instinkte sind zurückgekehrt.

Buck leerde niet alleen door ervaring, ook zijn instincten kwamen terug.

Die Gewohnheiten der domestizierten Generationen begannen zu verschwinden.

De gewoonten van de gedomesticeerde generaties begonnen te verdwijnen.

Er erinnerte sich vage an die alten Zeiten seiner Rasse.

Op een vage manier herinnerde hij zich de oude tijden van zijn ras.

Er dachte an die Zeit zurück, als wilde Hunde in Rudeln durch die Wälder rannten.

Hij dacht terug aan de tijd dat wilde honden in roedels door de bossen renden.

Sie hatten ihre Beute gejagt und getötet, während sie sie verfolgten.

Ze hadden hun prooi achtervolgd en gedood terwijl ze erop jaagden.

Buck lernte leicht, mit Biss und Schnelligkeit zu kämpfen.

Voor Buck was het gemakkelijk om te leren vechten met hand en tand.

Er verwendete Schnitte, Hiebe und schnelle Schnappschüsse, genau wie seine Vorfahren.

Hij maakte net als zijn voorouders gebruik van snij- en snitten en snelle knipbewegingen.

Diese Vorfahren regten sich in ihm und erweckten seine wilde Natur.

Deze voorouders kwamen in hem tot leven en wekten zijn wilde natuur.

Ihre alten Fähigkeiten waren ihm durch die Blutlinie vererbt worden.

Hun oude vaardigheden waren via de bloedlijn aan hem doorgegeven.

Ihre Tricks gehörten ihm nun, ohne dass er üben oder sich anstrengen musste.

Hij kon nu zijn trucs uitvoeren, zonder dat hij er enige oefening of moeite voor hoefde te doen.

In stillen, kalten Nächten hob Buck die Nase und heulte.

Op windstille, koude nachten hief Buck zijn neus op en huilde.

Er heulte lang und tief, so wie es die Wölfe vor langer Zeit getan hatten.

Hij huilde lang en diep, zoals wolven dat lang geleden deden.

Durch ihn streckten seine toten Vorfahren ihre Nasen und heulten.

Via hem spitsten zijn overleden voorouders hun neuzen en huilden.

Sie heulten durch die Jahrhunderte mit seiner Stimme und Gestalt.

Ze huilden door de eeuwen heen met zijn stem en gedaante.

Seine Kadenzen waren ihre, alte Schreie, die von Kummer und Kälte erzählten.

Zijn cadans was de hunne, oude kreten die verdriet en kou uitdrukten.

Sie sangen von Dunkelheit, Hunger und der Bedeutung des Winters.

Ze zongen over duisternis, over honger en de betekenis van de winter.

Buck bewies, wie das Leben von Kräften jenseits des eigenen Ichs geprägt wird.

Buck bewees hoe het leven wordt gevormd door krachten buiten jezelf,

Das uralte Lied stieg durch Buck auf und ergriff seine Seele.

het oude lied klonk door Buck heen en nam bezit van zijn ziel.

Er fand sich selbst, weil Menschen im Norden Gold gefunden hatten.

Hij vond zichzelf terug omdat men in het Noorden goud had gevonden.

Und er fand sich selbst, weil Manuel, der Gärtnergehilfe, Geld brauchte.

En hij vond zichzelf terug, want Manuel, het hulpje van de tuinman, had geld nodig.

Das dominante Urtier
Het dominante oerbeest

In Buck war das dominante Urtier so stark wie eh und je.
Het dominante oerbeest was in Buck nog steeds even sterk.
Doch das dominante Urtier hatte in ihm geschlummert.
Maar het dominante oerbeest sluimerde in hem.
Das Leben auf dem Trail war hart, aber es stärkte das Tier in Buck.
Het leven op de trail was hard, maar het sterkte Buck in zijn kracht.
Insgeheim wurde das Biest von Tag zu Tag stärker.
In het geheim werd het beest elke dag sterker en sterker.
Doch dieses innere Wachstum blieb der Außenwelt verborgen.
Maar die innerlijke groei bleef voor de buitenwereld verborgen.
In Buck baute sich eine stille und ruhige Urkraft auf.
Er ontstond een stille en kalme oerkracht in Buck.
Neue Gerissenheit verlieh Buck Gleichgewicht, Ruhe und Selbstbeherrschung.
Door zijn nieuwe sluwheid kreeg Buck evenwicht, kalmte en beheerstheid.
Buck konzentrierte sich sehr auf die Anpassung und fühlte sich nie völlig entspannt.
Buck concentreerde zich vooral op aanpassing en voelde zich nooit helemaal ontspannen.
Er ging Konflikten aus dem Weg, fing nie Streit an und suchte auch nie Ärger.
Hij vermeed conflicten, begon nooit gevechten en zocht nooit problemen.
Jede Bewegung von Buck war von langsamer, stetiger Nachdenklichkeit geprägt.
Een langzame, constante overweging bepaalde elke beweging van Buck.
Er vermied überstürzte Entscheidungen und plötzliche, rücksichtslose Entschlüsse.

Hij vermeed overhaaste keuzes en plotselinge, roekeloze beslissingen.

Obwohl Buck Spitz zutiefst hasste, zeigte er ihm gegenüber keine Aggression.

Hoewel Buck Spitz enorm haatte, toonde hij hem geen enkele agressie.

Buck hat Spitz nie provoziert und sein Verhalten zurückhaltend gehalten.

Buck provoceerde Spitz nooit en hield zich ingetogen.

Spitz hingegen spürte die wachsende Gefahr, die von Buck ausging.

Spitz voelde daarentegen het groeiende gevaar bij Buck.

Er sah in Buck eine Bedrohung und eine ernsthafte Herausforderung seiner Macht.

Hij zag Buck als een bedreiging en een serieuze uitdaging voor zijn macht.

Er nutzte jede Gelegenheit, um zu knurren und seine scharfen Zähne zu zeigen.

Hij greep elke kans aan om te grommen en zijn scherpe tanden te laten zien.

Er versuchte, den tödlichen Kampf zu beginnen, der bevorstand.

Hij probeerde het dodelijke gevecht dat zou volgen, te beginnen.

Schon zu Beginn der Reise wäre es beinahe zu einem Streit zwischen ihnen gekommen.

Al vroeg tijdens de reis ontstond er bijna een gevecht tussen hen.

Doch ein unerwarteter Unfall verhinderte den Kampf.

Maar door een onverwacht ongeluk ging het gevecht niet door.

An diesem Abend schlugen sie ihr Lager am bitterkalten Lake Le Barge auf.

Die avond zetten ze hun kamp op bij het ijskoude meer van Le Barge.

Es schneite heftig und der Wind war schneidend wie ein Messer.

Het sneeuwde pijpenstelen en de wind sneed als een mes.

Die Nacht war zu schnell hereingebrochen und Dunkelheit umgab sie.

De nacht was veel te snel gevallen en het werd donker om hen heen.

Sie hätten sich kaum einen schlechteren Ort zum Ausruhen aussuchen können.

Een slechtere plek om te rusten hadden ze zich nauwelijks kunnen wensen.

Die Hunde suchten verzweifelt nach einem Platz zum Hinlegen.

De honden zochten wanhopig naar een plek om te liggen.

Hinter der kleinen Gruppe erhob sich steil eine hohe Felswand.

Achter het kleine groepje verrees een hoge rotswand.

Das Zelt wurde in Dyea zurückgelassen, um die Last zu erleichtern.

De tent was in Dyea achtergelaten om de last te verlichten.

Ihnen blieb nichts anderes übrig, als das Feuer auf dem Eis selbst zu machen.

Ze hadden geen andere keus dan het vuur op het ijs zelf te maken.

Sie breiten ihre Schlafmäntel direkt auf dem zugefrorenen See aus.

Ze spreiden hun slaapkleedjes rechtstreeks op het bevroren meer uit.

Ein paar Stücke Treibholz gaben ihnen ein wenig Feuer.

Een paar stukken drijfhout gaven hen een beetje vuur.

Doch das Feuer wurde auf dem Eis entfacht und taute hindurch.

Maar het vuur ontstond op het ijs en ontdooide erdoorheen.

Schließlich aßen sie ihr Abendessen im Dunkeln.

Uiteindelijk aten ze in het donker hun avondeten.

Buck rollte sich neben dem Felsen zusammen, geschützt vor dem kalten Wind.

Buck krulde zich op naast de rots, beschut tegen de koude wind.

Der Platz war so warm und sicher, dass Buck es hasste, wegzugehen.

Het was er zo warm en veilig dat Buck het vreselijk vond om weg te gaan.

Aber François hatte den Fisch aufgewärmt und verteilte die Rationen.

Maar François had de vis opgewarmd en was bezig met het uitdelen van rantsoenen.

Buck aß schnell fertig und ging zurück in sein Bett.

Buck at snel verder en ging terug naar bed.

Aber Spitz lag jetzt dort, wo Buck sein Bett gemacht hatte.

Maar Spitz lag nu waar Buck zijn bed had gemaakt.

Ein leises Knurren warnte Buck, dass Spitz sich weigerte, sich zu bewegen.

Een zacht gegrom waarschuwde Buck dat Spitz weigerde te bewegen.

Bisher hatte Buck diesen Kampf mit Spitz vermieden.

Tot nu toe had Buck dit gevecht met Spitz vermeden.

Doch tief in Bucks Innerem brach das Biest schließlich aus.

Maar diep van binnen, diep in Buck, brak het beest uiteindelijk los.

Der Diebstahl seines Schlafplatzes war zu viel für ihn.

De diefstal van zijn slaapplaats was ondraaglijk.

Buck stürzte sich voller Wut und Zorn auf Spitz.

Buck stortte zich op Spitz, vol woede en razernij.

Bis jetzt hatte Spitz gedacht, Buck sei bloß ein großer Hund.

Tot nu toe had Spitz gedacht dat Buck gewoon een grote hond was.

Er glaubte nicht, dass Buck durch seinen Geist überlebt hatte.

Hij geloofde niet dat Buck het alleen had overleefd dankzij zijn geest.

Er erwartete Angst und Feigheit, nicht Wut und Rache.

Hij verwachtte angst en lafheid, geen woede en wraak.

François starrte die beiden Hunde an, als sie aus dem zerstörten Nest stürmten.

François keek toe hoe beide honden uit het verwoeste nest sprongen.

Er verstand sofort, was den wilden Kampf ausgelöst hatte.

Hij begreep meteen wat de aanleiding was geweest voor deze wilde strijd.

„Aa-ah!", rief François, um dem braunen Hund zuzujubeln.

"Aa-ah!" riep François ter ondersteuning van de bruine hond.

„Verprügelt ihn! Bei Gott, bestraft diesen hinterhältigen Dieb!"

"Geef hem een pak slaag! Bij God, straf die sluwe dief!"

Spitz zeigte gleichermaßen Bereitschaft und wilden Kampfeswillen.

Spitz toonde evenveel bereidheid als een groot enthousiasme om te vechten.

Er schrie wütend auf, während er schnell im Kreis kreiste und nach einer Öffnung suchte.

Hij schreeuwde het uit van woede, terwijl hij snel rondjes draaide, op zoek naar een opening.

Buck zeigte den gleichen Kampfeshunger und die gleiche Vorsicht.

Buck toonde dezelfde vechtlust en dezelfde voorzichtigheid.

Auch er umkreiste seinen Gegner und versuchte, im Kampf die Oberhand zu gewinnen.

Ook hij omsingelde zijn tegenstander en probeerde zo de overhand te krijgen in de strijd.

Dann geschah etwas Unerwartetes und veränderte alles.

Toen gebeurde er iets onverwachts en veranderde alles.

Dieser Moment verzögerte den letztendlichen Kampf um die Führung.

Dat moment zorgde ervoor dat de uiteindelijke strijd om het leiderschap werd uitgesteld.

Bis zum Ende warteten noch viele Meilen voller Mühe und Anstrengung.

Er wachtten nog vele kilometers aan paden en strijd voordat het einde nabij was.

Perrault stieß einen Fluch aus, als eine Keule auf Knochen schlug.

Perrault schreeuwde een vloek terwijl een knuppel tegen een bot sloeg.

Es folgte ein scharfer Schmerzensschrei, dann brach überall Chaos aus.

Er volgde een scherpe pijnkreet, waarna er overal chaos ontstond.

Dunkle Gestalten bewegten sich im Lager; wilde Huskys, ausgehungert und wild.

In het kamp waren donkere gedaantes te zien; wilde husky's, uitgehongerd en woest.

Vier oder fünf Dutzend Huskys hatten das Lager von weitem erschnüffelt.

Vier of vijf dozijn husky's hadden het kamp al van veraf besnuffeld.

Sie hatten sich leise hineingeschlichen, während die beiden Hunde in der Nähe kämpften.

Ze waren stilletjes naar binnen geslopen, terwijl de twee honden in de buurt aan het vechten waren.

François und Perrault griffen an und schwangen Knüppel auf die Eindringlinge.

François en Perrault stormden naar de indringers en zwaaiden met hun knuppels.

Die ausgehungerten Huskies zeigten ihre Zähne und wehrten sich rasend.

De uitgehongerde husky's lieten hun tanden zien en vochten woest terug.

Der Geruch von Fleisch und Brot hatte sie alle Angst vertreiben lassen.

De geur van vlees en brood had alle angst overwonnen.

Perrault schlug einen Hund, der seinen Kopf in der Fresskiste vergraben hatte.

Perrault sloeg een hond die zijn kop in de voedselbak had begraven.

Der Schlag war hart, die Schachtel kippte um und das Essen quoll heraus.

De klap kwam hard aan, de doos kantelde en het eten viel eruit.

Innerhalb von Sekunden rissen sich zwanzig wilde Tiere über das Brot und das Fleisch her.

Binnen enkele seconden werd het brood en het vlees door tientallen wilde dieren verscheurd.

Die Keulen der Männer landeten Schlag auf Schlag, doch kein Hund ließ nach.

De knuppels van de mannen deelden de ene na de andere klap uit, maar geen enkele hond keerde zich om.

Sie schrien vor Schmerz, kämpften aber, bis kein Futter mehr übrig war.

Ze huilden van de pijn, maar vochten tot er geen eten meer over was.

Inzwischen waren die Schlittenhunde aus ihren verschneiten Betten gesprungen.

Ondertussen waren de sledehonden uit hun besneeuwde bedden gesprongen.

Sie wurden sofort von den bösartigen, hungrigen Huskys angegriffen.

Ze werden onmiddellijk aangevallen door de gevaarlijke, hongerige husky's.

Buck hatte noch nie zuvor so wilde und ausgehungerte Tiere gesehen.

Buck had nog nooit zulke wilde en uitgehongerde wezens gezien.

Ihre Haut hing lose und verbarg kaum ihr Skelett.

Hun huid hing los en bedekte nauwelijks hun skelet.

In ihren Augen brannte ein Feuer aus Hunger und Wahnsinn

Er was vuur in hun ogen, van honger en waanzin

Sie waren nicht aufzuhalten, ihrem wilden Ansturm war kein Widerstand zu leisten.

Er was geen houden meer aan, geen weerstand te bieden aan hun woeste aanval.

Die Schlittenhunde wurden zurückgedrängt und gegen die Felswand gedrückt.

De sledehonden werden achteruit geduwd en tegen de rotswand gedrukt.

Drei Huskies griffen Buck gleichzeitig an und rissen ihm das Fleisch auf.

Drie husky's vielen Buck tegelijk aan en scheurden zijn vlees open.

Aus den Schnittwunden an seinem Kopf und seinen Schultern strömte Blut.

Bloed stroomde uit zijn hoofd en schouders, waar hij was gesneden.

Der Lärm erfüllte das Lager: Knurren, Jaulen und Schmerzensschreie.

Het lawaai vulde het kamp: gegrom, gejank en kreten van pijn.

Billee weinte wie immer laut, gefangen im Kampf und in der Panik.

Billee huilde luid, zoals gewoonlijk, omdat ze midden in de strijd en in paniek raakte.

Dave und Solleks standen Seite an Seite, blutend, aber trotzig.

Dave en Solleks stonden naast elkaar, bloedend maar uitdagend.

Joe kämpfte wie ein Dämon und biss alles, was ihm zu nahe kam.

Joe vocht als een duivel en beet alles wat in de buurt kwam.

Mit einem brutalen Schnappen seines Kiefers zerquetschte er das Bein eines Huskys.

Hij verbrijzelde de poot van een husky met één brute klap van zijn kaken.

Pike sprang auf den verletzten Husky und brach ihm sofort das Genick.

Pike sprong op de gewonde husky en brak onmiddellijk zijn nek.

Buck packte einen Husky an der Kehle und riss ihm die Ader auf.

Buck greep een husky bij de keel en sneed de ader open.

Blut spritzte und der warme Geschmack trieb Buck in Raserei.

Het bloed spoot en de warme smaak zorgde ervoor dat Buck
helemaal in extase raakte.

Ohne zu zögern stürzte er sich auf einen anderen Angreifer.
Zonder aarzelen stortte hij zich op een andere aanvaller.

**Im selben Moment gruben sich scharfe Zähne in Bucks
Kehle.**
Op hetzelfde moment drongen scherpe tanden Buck's keel
binnen.

**Spitz hatte von der Seite zugeschlagen und ohne
Vorwarnung angegriffen.**
Spitz had vanaf de zijkant toegeslagen, zonder waarschuwing.

**Perrault und François hatten die Hunde besiegt, die das
Futter stahlen.**
Perrault en François hadden de honden verslagen die het eten
stalen.

**Nun eilten sie ihren Hunden zu Hilfe, um die Angreifer
abzuwehren.**
Nu snelden ze toe om hun honden te helpen de aanvallers te
verslaan.

**Die ausgehungerten Hunde zogen sich zurück, als die
Männer ihre Keulen schwangen.**
De uitgehongerde honden trokken zich terug terwijl de
mannen met hun knuppels zwaaiden.

**Buck konnte sich dem Angriff befreien, doch die Flucht war
nur von kurzer Dauer.**
Buck ontsnapte aan de aanval, maar de ontsnapping was van
korte duur.

**Die Männer rannten los, um ihre Hunde zu retten, und die
Huskies kamen erneut zum Vorschein.**
De mannen renden om hun honden te redden, en de husky's
zwermden opnieuw.

Billee, der aus Angst Mut fasste, sprang in die Hundemeute.
Billee, door angst in het nauw gedreven, sprong in de roedel
honden.

Doch dann floh er in blanker Angst und Panik über das Eis.
Maar toen vluchtte hij over het ijs, in pure angst en paniek.

Pike und Dub folgten dicht dahinter und rannten um ihr Leben.

Pike en Dub volgden hen op de voet, rennend voor hun leven.

Der Rest des Teams löste sich auf, zerstreute sich und folgte ihnen.

De rest van het team verspreidde zich en ging hen achterna.

Buck nahm all seine Kräfte zusammen, um loszurennen, doch dann sah er einen Blitz.

Buck verzamelde al zijn kracht om te rennen, maar toen zag hij een flits.

Spitz stürzte sich auf Buck und versuchte, ihn zu Boden zu schlagen.

Spitz sprong naar Buck toe en probeerde hem op de grond te slaan.

Unter dieser Meute von Huskys hätte Buck nicht entkommen können.

Buck had geen ontsnappingsmogelijkheid onder die horde husky's.

Aber Buck blieb standhaft und wappnete sich für den Schlag von Spitz.

Maar Buck bleef standvastig en bereidde zich voor op de klap van Spitz.

Dann drehte er sich um und rannte mit dem fliehenden Team auf das Eis hinaus.

Toen draaide hij zich om en rende met het vluchtende team het ijs op.

Später versammelten sich die neun Schlittenhunde im Schutz des Waldes.

Later verzamelden de negen sledehonden zich in de beschutting van het bos.

Niemand verfolgte sie mehr, aber sie waren geschlagen und verwundet.

Niemand achtervolgde hen meer, maar ze raakten mishandeld en gewond.

Jeder Hund hatte Wunden; vier oder fünf tiefe Schnitte an jedem Körper.

Elke hond had wonden; vier of vijf diepe snijwonden op elk lichaam.

Dub hatte ein verletztes Hinterbein und konnte kaum noch laufen.

Dub had een geblesseerde achterpoot en had moeite met lopen.

Dolly, der neueste Hund aus Dyea, hatte eine aufgeschlitzte Kehle.

Dolly, de nieuwste hond uit Dyea, had een doorgesneden keel.

Joe hatte ein Auge verloren und Billees Ohr war in Stücke geschnitten

Joe had een oog verloren en Billee's oor was in stukken gesneden

Alle Hunde schrien die ganze Nacht vor Schmerz und Niederlage.

Alle honden schreeuwden de hele nacht van de pijn en verslagenheid.

Im Morgengrauen krochen sie wund und gebrochen zurück ins Lager.

Bij zonsopgang slopen ze terug naar het kamp, gehavend en gebroken.

Die Huskies waren verschwunden, aber der Schaden war angerichtet.

De husky's waren verdwenen, maar de schade was al aangericht.

Perrault und François standen schlecht gelaunt vor der Ruine.

Perrault en François stonden in boze bui boven de ruïne.

Die Hälfte der Lebensmittel war verschwunden und von den hungrigen Dieben geschnappt worden.

De helft van het eten was verdwenen, meegenomen door hongerige dieven.

Die Huskies hatten Schlittenbindungen und Planen zerrissen.

De husky's hadden de bindingen van de slee en het canvas gescheurd.

Alles, was nach Essen roch, wurde vollständig verschlungen.

Alles wat ook maar enigszins naar eten rook, was volledig opgegeten.

Sie aßen ein Paar von Perraults Reisestiefeln aus Elchleder.

Ze aten een paar elandenleren reislaarzen van Perrault op.

Sie zerkauten Lederreis und ruinierten Riemen, sodass sie nicht mehr verwendet werden konnten.

Ze kauwden op leren riemen en maakten deze onbruikbaar.

François hörte auf, auf die zerrissene Peitsche zu starren, um nach den Hunden zu sehen.

François stopte met staren naar de gescheurde zweep om naar de honden te kijken.

„Ah, meine Freunde", sagte er mit leiser, besorgter Stimme.

"Ah, mijn vrienden," zei hij met een lage, bezorgde stem.

„Vielleicht verwandeln euch all diese Bisse in tollwütige Tiere."

"Misschien veranderen al die beten jullie wel in gekke beesten."

„Vielleicht alles tollwütige Hunde, heiliger Scheiß! Was meinst du, Perrault?"

"Misschien allemaal dolle honden, sjeik! Wat denk jij, Perrault?"

Perrault schüttelte den Kopf, seine Augen waren dunkel vor Sorge und Angst.

Perrault schudde zijn hoofd, zijn ogen waren donker van bezorgdheid en angst.

Zwischen ihnen und Dawson lagen noch sechshundertvierzig Kilometer.

Tussen hen en Dawson lagen nog vierhonderd mijl.

Der Hundewahnsinn könnte nun jede Überlebenschance zerstören.

Hondengekte zou nu iedere kans op overleving kunnen vernietigen.

Sie verbrachten zwei Stunden damit, zu fluchen und zu versuchen, die Ausrüstung zu reparieren.

Ze hebben twee uur lang gevloekt en geprobeerd de apparatuur te repareren.

Das verwundete Team verließ schließlich gebrochen und besiegt das Lager.

Het gewonde team verliet uiteindelijk het kamp, gebroken en verslagen.

Dies war der bisher schwierigste Weg und jeder Schritt war schmerzhaft.

Dit was het moeilijkste pad tot nu toe en elke stap was pijnlijk.

Der Thirty Mile River war nicht zugefroren und rauschte wild.

De Thirty Mile River was niet bevroren en stroomde wild.

Nur an ruhigen Stellen und in wirbelnden Wirbeln konnte das Eis halten.

Alleen op rustige plekken en in draaiende wervelingen kon het ijs standhouden.

Sechs Tage harter Arbeit vergingen, bis die dreißig Meilen geschafft waren.

Er volgden zes dagen van zware arbeid voordat de dertig mijl waren afgelegd.

Jeder Kilometer des Weges barg Gefahren und Todesgefahr.

Elke kilometer van het pad bracht gevaar en de dreiging van de dood met zich mee.

Die Männer und Hunde riskierten mit jedem schmerzhaften Schritt ihr Leben.

Met elke pijnlijke stap riskeerden de mannen en honden hun leven.

Perrault durchbrach ein Dutzend Mal dünne Eisbrücken.

Perrault brak een tiental keer door dunne ijsbruggen heen.

Er trug eine Stange und ließ sie über das Loch fallen, das sein Körper hinterlassen hatte.

Hij pakte een stok en liet deze in het gat vallen dat zijn eigen lichaam had gemaakt.

Mehr als einmal rettete diese Stange Perrault vor dem Ertrinken.

Die paal heeft Perrault meer dan eens van de verdrinkingsdood gered.

Die Kältewelle hielt an, die Lufttemperatur lag bei minus fünfzig Grad.

Het was koud en de luchttemperatuur was vijftig graden onder nul.

Jedes Mal, wenn er hineinfiel, musste Perrault ein Feuer anzünden, um zu überleben.

Iedere keer dat hij in het water viel, moest Perrault een vuur aansteken om te overleven.

Nasse Kleidung gefror schnell, also trocknete er sie in der Nähe der sengenden Hitze.

Natte kleding bevroor snel, dus hij droogde ze in de brandende hitte.

Perrault hatte nie Angst und das machte ihn zu einem Kurier.

Perrault was nooit bang en dat maakte hem tot een koerier.

Er wurde für die Gefahr auserwählt und begegnete ihr mit stiller Entschlossenheit.

Hij was uitgekozen voor het gevaar, en hij ging het tegemoet met stille vastberadenheid.

Er drängte sich gegen den Wind vorwärts, sein runzliges Gesicht war erfroren.

Hij drong vooruit, de wind tegemoet, zijn gerimpelde gezicht bevroren.

Von der Morgendämmerung bis zum Einbruch der Nacht führte Perrault sie weiter.

Vanaf het begin van de ochtend tot het begin van de avond leidde Perrault hen verder.

Er ging auf einer schmalen Eiskante, die bei jedem Schritt knackte.

Hij liep over een smalle ijsrand, die bij iedere stap kraakte.

Sie wagten nicht, anzuhalten – jede Pause hätte das Risiko eines tödlichen Zusammenbruchs bedeutet.

Ze durfden niet te stoppen. Elke pauze betekende het risico op een dodelijke ineenstorting.

Einmal brach der Schlitten durch und zog Dave und Buck hinein.

Op een gegeven moment brak de slee door en werden Dave en Buck meegesleurd.

Als sie freigezogen wurden, waren beide fast erfroren.

Toen ze losgetrokken werden, waren ze allebei bijna bevroren.

Die Männer machten schnell ein Feuer, um Buck und Dave am Leben zu halten.

De mannen maakten snel een vuur om Buck en Dave in leven te houden.

Die Hunde waren von der Nase bis zum Schwanz mit Eis bedeckt und steif wie geschnitztes Holz.

De honden waren van neus tot staart bedekt met ijs, stijf als gesneden hout.

Die Männer ließen sie in der Nähe des Feuers im Kreis laufen, um ihre Körper aufzutauen.

De mannen lieten de lichamen in cirkels rond het vuur lopen om ze te ontdooien.

Sie kamen den Flammen so nahe, dass ihr Fell versengt wurde.

Ze kwamen zo dicht bij de vlammen dat hun vacht verschroeid raakte.

Als nächster durchbrach Spitz das Eis und zog das Team hinter sich her.

Spitz brak vervolgens door het ijs en sleepte het team achter zich mee.

Der Bruch reichte bis zu der Stelle, an der Buck zog.

De breuk reikte helemaal tot aan het punt waar Buck aan het trekken was.

Buck lehnte sich weit zurück, seine Pfoten rutschten und zitterten auf der Kante.

Buck leunde achterover, zijn poten gleden weg en trilden op de rand.

Dave streckte sich ebenfalls nach hinten, direkt hinter Buck auf der Leine.

Dave boog ook naar achteren, vlak achter Buck op de lijn.

François zog den Schlitten, seine Muskeln knackten vor Anstrengung.

François trok de slee omhoog en zijn spieren kraakten van de inspanning.

Ein anderes Mal brach das Randeis vor und hinter dem Schlitten.

Een andere keer brak het ijs op de rand vóór en achter de slee.

Sie hatten keinen anderen Ausweg, als eine gefrorene Felswand zu erklimmen.

Er was geen andere uitweg dan een bevroren rotswand te beklimmen.

Perrault schaffte es irgendwie, die Mauer zu erklimmen; wie durch ein Wunder blieb er am Leben.

Op de een of andere manier wist Perrault de muur te beklimmen; door een wonder bleef hij in leven.

François blieb unten und betete um dasselbe Glück.

François bleef beneden en bad voor hetzelfde geluk.

Sie banden jeden Riemen, jede Zurrschnur und jede Leine zu einem langen Seil zusammen.

Ze maakten van alle riemen, sjorringen en sporen één lang touw.

Die Männer zogen jeden Hund einzeln nach oben.

De mannen tilden de honden één voor één naar boven.

François kletterte als Letzter, nach dem Schlitten und der gesamten Ladung.

François klom als laatste, na de slee en de hele lading.

Dann begann eine lange Suche nach einem Weg von den Klippen hinunter.

Toen begon een lange zoektocht naar een pad dat vanaf de kliffen naar beneden leidde.

Schließlich stiegen sie mit demselben Seil ab, das sie selbst hergestellt hatten.

Uiteindelijk daalden ze af met hetzelfde touw dat ze zelf hadden gemaakt.

Es wurde Nacht, als sie erschöpft und wund zum Flussbett zurückkehrten.

Het werd donker toen ze uitgeput en pijnlijk terugliepen naar de rivierbedding.

Der ganze Tag hatte ihnen nur eine Viertelmeile Gewinn eingebracht.

Ze hadden een hele dag nodig gehad om slechts een kwart mijl af te leggen.

Als sie das Hootalinqua erreichten, war Buck erschöpft.

Tegen de tijd dat ze Hootalinqua bereikten, was Buck uitgeput.

Die anderen Hunde litten ebenso sehr unter den Bedingungen auf dem Trail.

Ook de andere honden hadden last van de omstandigheden op het pad.

Aber Perrault musste Zeit gutmachen und trieb sie jeden Tag weiter an.

Maar Perrault moest tijd inhalen en zette hen elke dag weer op scherp.

Am ersten Tag reisten sie dreißig Meilen nach Big Salmon.

De eerste dag reisden ze vijftig kilometer naar Big Salmon.

Am nächsten Tag reisten sie fünfunddreißig Meilen nach Little Salmon.

De volgende dag reisden ze 56 kilometer naar Little Salmon.

Am dritten Tag kämpften sie sich durch sechzig Kilometer lange, eisige Strecken.

Op de derde dag trokken ze door veertig lang bevroren mijlen.

Zu diesem Zeitpunkt näherten sie sich der Siedlung Five Fingers.

Tegen die tijd naderden ze de nederzetting Five Fingers.

Bucks Füße waren weicher als die harten Füße der einheimischen Huskys.

De voeten van Buck waren zachter dan de harde voeten van inheemse husky's.

Seine Pfoten waren im Laufe vieler zivilisierter Generationen zart geworden.

Zijn poten waren in de loop van vele beschaafde generaties gevoelig geworden.

Vor langer Zeit wurden seine Vorfahren von Flussmännern oder Jägern gezähmt.

Lang geleden werden zijn voorouders getemd door rivierbewoners of jagers.

Jeden Tag humpelte Buck unter Schmerzen und ging auf wunden, schmerzenden Pfoten.

Buck liep elke dag mank van de pijn en liep op pijnlijke, schrale poten.

Im Lager fiel Buck wie eine leblose Gestalt in den Schnee.
In het kamp viel Buck als een levenloos lichaam neer in de sneeuw.

Obwohl Buck am Verhungern war, stand er nicht auf, um sein Abendessen einzunehmen.
Hoewel Buck uitgehongerd was, stond hij niet op om zijn avondmaaltijd te eten.

François brachte Buck seine Ration und legte ihm Fisch neben die Schnauze.
François bracht Buck zijn rantsoen en legde de vis naast zijn snuit neer.

Jeden Abend massierte der Fahrer Bucks Füße eine halbe Stunde lang.
Elke avond masseerde de chauffeur Bucks voeten een half uur lang.

François hat sogar seine eigenen Mokassins zerschnitten, um daraus Hundeschuhe zu machen.
François sneed zelfs zijn eigen mocassins in stukken om er hondenschoenen van te maken.

Vier warme Schuhe waren für Buck eine große und willkommene Erleichterung.
Vier warme schoenen waren een welkome verlichting voor Buck.

Eines Morgens vergaß François die Schuhe und Buck weigerte sich aufzustehen.
Op een ochtend vergat François zijn schoenen en Buck weigerde op te staan.

Buck lag auf dem Rücken, die Füße in der Luft, und wedelte mitleiderregend damit herum.
Buck lag op zijn rug, met zijn voeten in de lucht, en zwaaide er zielig mee.

Sogar Perrault grinste beim Anblick von Bucks dramatischer Bitte.
Zelfs Perrault grijnsde bij het zien van Bucks dramatische pleidooi.

Bald wurden Bucks Füße hart und die Schuhe konnten weggeworfen werden.

Al snel werden Bucks voeten hard en konden de schoenen worden weggegooid.

In Pelly stieß Dolly beim Angeschirrtwerden ein schreckliches Heulen aus.

Toen Pelly werd opgeschrikt door het inspannen van de tuigage, liet Dolly een vreselijk gehuil horen.

Der Schrei war lang und voller Wahnsinn und erschütterte jeden Hund.

Het gehuil was lang en vol waanzin, en het deed alle honden schudden.

Jeder Hund zuckte vor Angst zusammen, ohne den Grund zu kennen.

Elke hond was bang, maar wist niet waarom.

Dolly war verrückt geworden und stürzte sich direkt auf Buck.

Dolly was gek geworden en had zich recht op Buck gestort.

Buck hatte noch nie Wahnsinn gesehen, aber sein Herz war von Entsetzen erfüllt.

Buck had nog nooit waanzin gezien, maar zijn hart werd vervuld van afschuw.

Ohne nachzudenken, drehte er sich um und floh in absoluter Panik.

Hij draaide zich om en vluchtte in totale paniek.

Dolly jagte ihm hinterher, ihre Augen waren wild, Speichel spritzte aus ihrem Maul.

Dolly rende achter hem aan, haar ogen wild en het speeksel spatte uit haar kaken.

Sie blieb direkt hinter Buck, holte nie auf und fiel nie zurück.

Ze bleef vlak achter Buck, zonder afstand te nemen of terug te vallen.

Buck rannte durch den Wald, die Insel hinunter und über zerklüftetes Eis.

Buck rende door het bos, over het eiland en over het grillige ijs.

Er überquerte die Insel und erreichte eine weitere, bevor er im Kreis zurück zum Fluss ging.

Hij stak over naar een eiland, toen naar een ander, en voer vervolgens weer terug naar de rivier.

Dolly jagte ihn immer noch und knurrte ihn bei jedem Schritt an.

Dolly bleef hem achtervolgen, met bij iedere stap haar gegrom op de voet gevolgd.

Buck konnte ihren Atem und ihre Wut hören, obwohl er es nicht wagte, zurückzublicken.

Buck kon haar ademhaling en woede horen, maar hij durfde niet om te kijken.

François rief aus der Ferne und Buck drehte sich in die Richtung der Stimme um.

François riep van verre en Buck draaide zich naar de stem toe.

Immer noch nach Luft schnappend rannte Buck vorbei und setzte seine ganze Hoffnung auf François.

Buck, die nog steeds naar adem snakte, rende voorbij en stelde al zijn hoop op François.

Der Hundeführer hob eine Axt und wartete, während Buck vorbeiflog.

De hondendrijver hief een bijl en wachtte terwijl Buck voorbij vloog.

Die Axt kam schnell herunter und traf Dollys Kopf mit tödlicher Wucht.

De bijl kwam snel neer en raakte Dolly's hoofd met dodelijke kracht.

Buck brach neben dem Schlitten zusammen, keuchte und konnte sich nicht bewegen.

Buck zakte bij de slee in elkaar, hijgend en niet in staat om te bewegen.

In diesem Moment hatte Spitz die Chance, einen erschöpften Gegner zu schlagen.

Dat moment gaf Spitz de kans om een uitgeputte tegenstander aan te vallen.

Zweimal biss er Buck und riss das Fleisch bis auf den weißen Knochen auf.

Hij beet Buck twee keer en scheurde zijn vlees tot op het witte bot open.

François' Peitsche knallte und traf Spitz mit voller, wütender Wucht.

De zweep van François knalde en raakte Spitz met volle kracht.

Buck sah mit Freude zu, wie Spitz seine bisher härteste Tracht Prügel bekam.

Buck keek met vreugde toe hoe Spitz zijn zwaarste pak slaag tot nu toe kreeg.

„Er ist ein Teufel, dieser Spitz", murmelte Perrault düster vor sich hin.

"Hij is een duivel, die Spitz," mompelde Perrault duister in zichzelf.

„Eines Tages wird dieser verfluchte Hund Buck töten – das schwöre ich."

"Binnenkort zal die vervloekte hond Buck vermoorden, ik zweer het."

„Dieser Buck hat zwei Teufel in sich", antwortete François mit einem Nicken.

"Die Buck heeft twee duivels in zich," antwoordde François knikkend.

„Wenn ich Buck beobachte, weiß ich, dass etwas Wildes in ihm lauert."

"Als ik naar Buck kijk, weet ik dat er iets fels in hem schuilt."

„Eines Tages wird er rasend vor Wut werden und Spitz in Stücke reißen."

"Op een dag zal hij woedend worden en Spitz aan stukken scheuren."

„Er wird den Hund zerkauen und ihn auf den gefrorenen Schnee spucken."

"Hij zal die hond kapotbijten en hem op de bevroren sneeuw uitspugen."

„Das weiß ich ganz sicher tief in meinem Innern."

"Ik weet dit zeker, diep in mijn botten."

Von diesem Moment an befanden sich die beiden Hunde im Krieg.

Vanaf dat moment waren de twee honden met elkaar in oorlog.

Spitz führte das Team an und hatte die Macht, aber Buck stellte das in Frage.

Spitz leidde het team en had de macht, maar Buck ondermijnde die positie.

Spitz sah seinen Rang durch diesen seltsamen Fremden aus dem Süden bedroht.

Spitz zag zijn rang bedreigd door deze vreemde vreemdeling uit Zuidland.

Buck war anders als alle Südstaatenhunde, die Spitz zuvor gekannt hatte.

Buck was anders dan alle zuidelijke honden die Spitz ooit gekend had.

Die meisten von ihnen scheiterten – sie waren zu schwach, um Kälte und Hunger zu überleben.

De meesten van hen faalden. Ze waren te zwak om de kou en honger te overleven.

Sie starben schnell unter der harten Arbeit, dem Frost und der langsamen Hungersnot.

Ze stierven een snelle dood door de zware arbeid, de vorst en de langzame hongersnood.

Buck stand abseits – mit jedem Tag stärker, klüger und wilder.

Buck stond apart: elke dag sterker, slimmer en wilder.

Er gedieh trotz aller Härte und wuchs heran, bis er den nördlichen Huskies ebenbürtig war.

Hij gedijde in moeilijke tijden en groeide op tot een hond die net zo groot werd als de noordelijke husky's.

Buck hatte Kraft, wilde Geschicklichkeit und einen geduldigen, tödlichen Instinkt.

Buck had kracht, enorme vaardigheden en een geduldig, dodelijk instinct.

Der Mann mit der Keule hatte Buck die Unbesonnenheit ausgetrieben.

De man met de knuppel had Buck overmoedig gemaakt.

Die blinde Wut war verschwunden und durch stille Gerissenheit und Kontrolle ersetzt worden.

De blinde woede was verdwenen en vervangen door stille sluwheid en beheersing.

Er wartete ruhig und ursprünglich und wartete auf den richtigen Moment.

Hij wachtte, kalm en oorspronkelijk, wachtend op het juiste moment.

Ihr Kampf um die Vorherrschaft wurde unvermeidlich und deutlich.

Hun strijd om de macht werd onvermijdelijk en duidelijk.

Buck strebte nach einer Führungsposition, weil sein Geist es verlangte.

Buck verlangde naar leiderschap omdat zijn geest dat van hem vroeg.

Er wurde von dem seltsamen Stolz getrieben, der aus der Jagd und dem Geschirr entstand.

Hij werd voortgedreven door de vreemde trots die voortkwam uit het spoor en het tuig.

Dieser Stolz ließ die Hunde ziehen, bis sie im Schnee zusammenbrachen.

Die trots zorgde ervoor dat honden door de sneeuw trokken tot ze erbij neervielen.

Der Stolz verleitete sie dazu, all ihre Kraft einzusetzen.

Hoogmoed verleidde hen om al hun kracht te geven.

Stolz kann einen Schlittenhund sogar in den Tod treiben.

Trots kan een sledehond zelfs tot de dood lokken.

Der Verlust des Geschirrs ließ die Hunde gebrochen und ziellos zurück.

Het verlies van het tuig zorgde ervoor dat de honden gebroken en doelloos achterbleven.

Das Herz eines Schlittenhundes kann vor Scham brechen, wenn er in den Ruhestand geht.

Het hart van een sledehond kan gebroken worden door schaamte als hij met pensioen gaat.

Dave lebte von diesem Stolz, während er den Schlitten hinter sich herzog.

Dave leefde vanuit die trots terwijl hij de slee achter zich aan trok.

Auch Solleks gab mit grimmiger Stärke und Loyalität alles.

Ook Solleks gaf met grimmige kracht en loyaliteit alles wat hij had.

Jeden Morgen verwandelte der Stolz ihre Verbitterung in Entschlossenheit.

Elke ochtend veranderde trots hun humeur van bitter in vastberaden.

Sie drängten den ganzen Tag und verstummten dann am Ende des Lagers.

Ze hebben de hele dag doorgezet en aan het einde van het kamp werd het stil.

Dieser Stolz gab Spitz die Kraft, Drückeberger zur Räson zu bringen.

Die trots gaf Spitz de kracht om degenen die zich niet aan de regels hielden, tot het uiterste te drijven.

Spitz fürchtete Buck, weil Buck denselben tiefen Stolz in sich trug.

Spitz was bang voor Buck omdat Buck dezelfde diepe trots met zich meedroeg.

Bucks Stolz wandte sich nun gegen Spitz, und er ließ nicht locker.

Bucks trots keerde zich tegen Spitz en hij gaf niet op.

Buck widersetzte sich Spitz' Macht und hinderte ihn daran, Hunde zu bestrafen.

Buck trotseerde Spitz' macht en voorkwam dat hij honden strafte.

Als andere versagten, stellte sich Buck zwischen sie und ihren Anführer.

Toen anderen faalden, stond Buck tussen hen en hun leider.

Er tat dies mit Absicht und brachte seine Herausforderung offen und deutlich zum Ausdruck.

Hij deed dit met opzet en maakte zijn uitdaging open en duidelijk.

In einer Nacht hüllte schwerer Schnee die Welt in tiefe Stille.

Op een nacht viel er een dikke laag sneeuw, waardoor de wereld in diepe stilte werd bedekt.

Am nächsten Morgen stand Pike, faul wie immer, nicht zur Arbeit auf.

De volgende morgen stond Pike, lui als altijd, niet op om te gaan werken.

Er blieb in seinem Nest unter einer dicken Schneeschicht verborgen.

Hij bleef verborgen in zijn nest onder een dikke laag sneeuw.

François rief und suchte, konnte den Hund jedoch nicht finden.

François riep en zocht, maar kon de hond niet vinden.

Spitz wurde wütend und stürmte durch das schneebedeckte Lager.

Spitz werd woedend en stormde door het met sneeuw bedekte kamp.

Er knurrte und schnüffelte und grub wie verrückt mit flammenden Augen.

Hij gromde en snoof, terwijl hij als een gek groef en met vlammende ogen keek.

Seine Wut war so heftig, dass Pike vor Angst unter dem Schnee zitterte.

Zijn woede was zo hevig dat Pike van angst onder de sneeuw beefde.

Als Pike schließlich gefunden wurde, stürzte sich Spitz auf den versteckten Hund, um ihn zu bestrafen.

Toen Pike eindelijk gevonden werd, sprong Spitz naar voren om de verstopte hond te straffen.

Doch Buck sprang mit einer Wut zwischen sie, die Spitz' eigener ebenbürtig war.

Maar Buck sprong tussen hen in, met een woede die even groot was als die van Spitz.

Der Angriff erfolgte so plötzlich und geschickt, dass Spitz umfiel.

De aanval was zo plotseling en slim dat Spitz van zijn voeten viel.

Pike, der gezittert hatte, schöpfte aus diesem Trotz neuen Mut.
Pike, die al een tijdje aan het trillen was, putte moed uit deze uitdaging.
Er sprang auf den gefallenen Spitz und folgte Bucks mutigem Beispiel.
Hij sprong op de gevallen Spitz en volgde het stoutmoedige voorbeeld van Buck.
Buck, der nicht länger an Fairness gebunden war, beteiligte sich am Angriff auf Spitz.
Buck, die zich niet langer aan de regels van eerlijkheid hield, sloot zich aan bij de staking op Spitz.
François, amüsiert, aber dennoch diszipliniert, schwang seine schwere Peitsche.
François, geamuseerd maar vastberaden in discipline, zwaaide met zijn zware zweep.
Er schlug Buck mit aller Kraft, um den Kampf zu beenden.
Hij sloeg Buck met al zijn kracht om het gevecht te beëindigen.
Buck weigerte sich, sich zu bewegen und blieb auf dem gefallenen Anführer sitzen.
Buck weigerde te bewegen en bleef bovenop de gevallen leider zitten.
Dann benutzte François den Griff der Peitsche und schlug Buck damit heftig.
Vervolgens sloeg François Buck hard met het handvat van de zweep.
Buck taumelte unter dem Schlag und fiel zurück.
Buck wankelde door de klap en deinsde terug onder de aanval.
François schlug immer wieder zu, während Spitz Pike bestrafte.
François sloeg keer op keer terwijl Spitz Pike strafte.

Die Tage vergingen und Dawson City kam immer näher.
De dagen verstreken en Dawson City kwam steeds dichterbij.
Buck mischte sich immer wieder ein und schlüpfte zwischen Spitz und andere Hunde.

Buck bleef zich ermee bemoeien en glipte tussen Spitz en de andere honden.

Er wählte seine Momente gut und wartete immer darauf, dass François ging.

Hij koos zijn momenten goed en wachtte altijd tot François weg was.

Bucks stille Rebellion breitete sich aus und im Team breitete sich Unordnung aus.

Bucks stille opstandigheid verspreidde zich en er ontstond wanorde in het team.

Dave und Solleks blieben loyal, andere jedoch wurden widerspenstig.

Dave en Solleks bleven hen trouw, maar anderen werden onhandelbaar.

Die Situation im Team wurde immer schlimmer – es wurde unruhig, streitsüchtig und geriet aus der Reihe.

Het team werd steeds slechter: onrustig, ruziezoekend en buitenspel staand.

Nichts lief mehr reibungslos und es kam immer wieder zu Streit.

Niets verliep meer soepel en er ontstonden steeds vaker gevechten.

Buck blieb im Zentrum des Chaos und provozierte ständig Unruhe.

Buck bleef de oorzaak van de onrust en zorgde voortdurend voor onrust.

François blieb wachsam, aus Angst vor dem Kampf zwischen Buck und Spitz.

François bleef alert, bang voor het gevecht tussen Buck en Spitz.

Jede Nacht wurde er durch Rangeleien geweckt, aus Angst, dass es endlich losgehen würde.

Iedere nacht werd hij wakker van het gevecht, omdat hij vreesde dat het begin eindelijk daar was.

Er sprang aus seiner Robe, bereit, den Kampf zu beenden.

Hij sprong uit zijn gewaad, klaar om een eind te maken aan het gevecht.

Aber der Moment kam nie und sie erreichten schließlich Dawson.

Maar het moment kwam niet en uiteindelijk bereikten ze Dawson.

Das Team betrat die Stadt an einem trüben Nachmittag, angespannt und still.

Op een sombere middag arriveerde het team in de stad, gespannen en stil.

Der große Kampf um die Führung hing noch immer in der eisigen Luft.

De grote strijd om het leiderschap hing nog steeds in de bevroren lucht.

Dawson war voller Männer und Schlittenhunde, die alle mit der Arbeit beschäftigt waren.

Dawson zat vol met mannen en sledehonden, die allemaal druk aan het werk waren.

Buck beobachtete die Hunde von morgens bis abends beim Lastenziehen.

Buck keek van 's ochtends tot 's avonds toe hoe de honden lasten trokken.

Sie transportierten Baumstämme und Brennholz und lieferten Vorräte an die Minen.

Ze vervoerden boomstammen en brandhout en goederen naar de mijnen.

Wo früher im Süden Pferde arbeiteten, schufteten heute Hunde.

Waar vroeger paarden in het zuiden werkten, doen nu honden hun werk.

Buck sah einige Hunde aus dem Süden, aber die meisten waren wolfsähnliche Huskys.

Buck zag wel wat honden uit het zuiden, maar het waren vooral wolfachtige husky's.

Nachts erhoben die Hunde pünktlich zum ersten Mal ihre Stimmen zum Singen.

's Nachts begonnen de honden als op een klok te zingen.

Um neun, um Mitternacht und erneut um drei begann der Gesang.

Om negen uur, om middernacht en nogmaals om drie uur begon het gezang.

Buck liebte es, in ihren unheimlichen Gesang einzustimmen, der wild und uralt klang.

Buck genoot ervan om mee te zingen met hun griezelige gezang, dat wild en eeuwenoud klonk.

Das Polarlicht flammte, die Sterne tanzten und das Land war mit Schnee bedeckt.

Het poollicht vlamde, de sterren dansten en sneeuw bedekte het land.

Der Gesang der Hunde erhob sich als Aufschrei gegen die Stille und die bittere Kälte.

Het gezang van de honden werd een kreet tegen de stilte en de bittere kou.

Doch in jedem langen Ton ihres Heulens war Trauer und nicht Trotz zu hören.

Maar in elke lange noot van hun gehuil klonk verdriet door, geen verzet.

Jeder Klageschrei war voller Flehen; die Last des Lebens selbst.

Elke klaagzang was vol smeekbeden; de last van het leven zelf.

Dieses Lied war alt – älter als Städte und älter als Feuer

Dat lied was oud – ouder dan steden, en ouder dan branden

Dieses Lied war sogar älter als die Stimmen der Menschen.

Dat lied was nog ouder dan de stemmen van mensen.

Es war ein Lied aus der jungen Welt, als alle Lieder traurig waren.

Het was een lied uit de jonge wereld, toen alle liederen droevig waren.

Das Lied trug den Kummer unzähliger Hundegenerationen in sich.

Het lied droeg het verdriet van talloze generaties honden uit.

Buck spürte die Melodie tief und stöhnte vor jahrhundertealtem Schmerz.

Buck voelde de melodie diep en kreunde van de pijn die al eeuwenlang voelbaar was.

Er schluchzte aus einem Kummer, der so alt war wie das wilde Blut in seinen Adern.
Hij snikte van verdriet dat zo oud was als het wilde bloed in zijn aderen.
Die Kälte, die Dunkelheit und das Geheimnisvolle berührten Bucks Seele.
De kou, de duisternis en het mysterie raakten Bucks ziel.
Dieses Lied bewies, wie weit Buck zu seinen Ursprüngen zurückgekehrt war.
Dat lied bewees hoe ver Buck terug was gegaan naar zijn oorsprong.
Durch Schnee und Heulen hatte er den Anfang seines eigenen Lebens gefunden.
Door de sneeuw en het gehuil had hij het begin van zijn eigen leven gevonden.

Sieben Tage nach ihrer Ankunft in Dawson brachen sie erneut auf.
Zeven dagen na aankomst in Dawson vertrokken ze opnieuw.
Das Team verließ die Kaserne und fuhr hinunter zum Yukon Trail.
Het team daalde van de barakken af naar de Yukon Trail.
Sie begannen die Rückreise nach Dyea und Salt Water.
Ze begonnen aan de terugreis naar Dyea en Salt Water.
Perrault überbrachte noch dringlichere Depeschen als zuvor.
Perrault bezorgde berichten die nog dringender waren dan voorheen.
Auch ihn packte der Trail-Stolz, und er wollte einen Rekord aufstellen.
Ook hij raakte gegrepen door trailpride en wilde een record vestigen.
Diesmal hatte Perrault mehrere Vorteile.
Deze keer had Perrault een aantal voordelen.
Die Hunde hatten eine ganze Woche lang geruht und ihre Kräfte wiedererlangt.
De honden hadden een hele week rust gehad en waren weer op krachten gekomen.

Die Spur, die sie gebahnt hatten, wurde nun von anderen festgestampft.

Het pad dat ze hadden gebaand, werd nu door anderen platgetreden.

An manchen Stellen hatte die Polizei Futter für Hunde und Menschen gelagert.

Op sommige plaatsen had de politie voedsel opgeslagen voor zowel honden als mensen.

Perrault reiste mit leichtem Gepäck und bewegte sich schnell, ohne dass ihn etwas belastete.

Perrault reisde licht en snel, met weinig lasten die hem belastten.

Sie erreichten Sixty-Mile, eine Strecke von achtzig Kilometern, noch in der ersten Nacht.

Ze bereikten de Sixty-Mile, een tocht van tachtig kilometer, al in de eerste nacht.

Am zweiten Tag eilten sie den Yukon hinauf nach Pelly.

Op de tweede dag trokken ze snel de Yukon op richting Pelly.

Doch dieser tolle Fortschritt war für François mit vielen Strapazen verbunden.

Maar deze mooie vooruitgang bracht voor François ook veel spanning met zich mee.

Bucks stille Rebellion hatte die Disziplin des Teams zerstört.

Bucks stille rebellie had de discipline van het team verwoest.

Sie zogen nicht mehr wie ein Tier an den Zügeln.

Ze trokken niet langer als één beest aan de teugels samen.

Buck hatte durch sein mutiges Beispiel andere zum Trotz verleitet.

Buck bracht anderen tot verzet door zijn moedige voorbeeld.

Spitz' Befehl stieß weder auf Furcht noch auf Respekt.

Spitz' bevelen werden niet langer met angst of respect ontvangen.

Die anderen verloren ihre Ehrfurcht vor ihm und wagten es, sich seiner Herrschaft zu widersetzen.

De anderen verloren hun ontzag voor hem en durfden zich tegen zijn heerschappij te verzetten.

Eines Nachts stahl Pike einen halben Fisch und aß ihn vor Bucks Augen.

Op een nacht stal Pike een halve vis en at die op onder Bucks oog.

In einer anderen Nacht kämpften Dub und Joe gegen Spitz und blieben ungestraft.

Op een andere avond vochten Dub en Joe ongestraft met Spitz.

Sogar Billee jammerte weniger süß und zeigte eine neue Schärfe.

Zelfs Billee jankte minder lief en toonde nieuwe scherpte.

Buck knurrte Spitz jedes Mal an, wenn sich ihre Wege kreuzten.

Buck gromde naar Spitz iedere keer dat ze elkaar tegenkwamen.

Bucks Haltung wurde dreist und bedrohlich, fast wie die eines Tyrannen.

Bucks houding werd brutaal en dreigend, bijna als die van een pestkop.

Mit stolzgeschwellter Brust und voller spöttischer Bedrohung schritt er vor Spitz auf und ab.

Hij liep met een zwierige blik en een dreigende blik op Spitz af.

Dieser Zusammenbruch der Ordnung breitete sich auch unter den Schlittenhunden aus.

Die verstoring van de openbare orde had ook gevolgen voor de sledehonden.

Sie stritten und stritten mehr denn je und erfüllten das Lager mit Lärm.

Ze vochten en maakten meer ruzie dan ooit tevoren, waardoor het kamp vol kabaal stond.

Das Lagerleben verwandelte sich jede Nacht in ein wildes, heulendes Chaos.

Elke avond veranderde het leven in het kamp in een wilde, huilende chaos.

Nur Dave und Solleks blieben ruhig und konzentriert.

Alleen Dave en Solleks bleven kalm en geconcentreerd.

Doch selbst sie wurden durch die ständigen Schlägereien ungehalten.

Maar zelfs zij werden opvliegend van de voortdurende gevechten.

François fluchte in fremden Sprachen und stampfte frustriert auf.

François vloekte in vreemde talen en stampte van frustratie.

Er riss sich die Haare aus und schrie, während der Schnee unter seinen Füßen wirbelte.

Hij trok aan zijn haar en schreeuwde, terwijl de sneeuw onder zijn voeten door vloog.

Seine Peitsche knallte über das Rudel, konnte es aber kaum in Schach halten.

Zijn zweep sloeg over de groep, maar kon ze ternauwernood in het gareel houden.

Immer wenn er sich umdrehte, brachen die Kämpfe erneut aus.

Zodra hij zijn rug toekeerde, brak er weer gevochten uit.

François setzte die Peitsche für Spitz ein, während Buck die Rebellen anführte.

François gebruikte de zweep tegen Spitz, terwijl Buck de rebellen leidde.

Jeder kannte die Rolle des anderen, aber Buck vermied jegliche Schuldzuweisungen.

Ze kenden elkaars rol, maar Buck vermeed de schuld.

François hat Buck nie dabei erwischt, wie er eine Schlägerei anfing oder sich vor seiner Arbeit drückte.

François heeft Buck nooit betrapt op het beginnen van een gevecht of het negeren van zijn werk.

Buck arbeitete hart im Geschirr – die Mühe erfüllte ihn jetzt mit Begeisterung.

Buck werkte hard in het tuig; de arbeid vervulde nu zijn geest.

Doch noch mehr Freude bereitete ihm das Anzetteln von Kämpfen und Chaos im Lager.

Maar hij vond nog meer plezier in het veroorzaken van ruzies en chaos in het kamp.

Eines Abends schreckte Dub an der Mündung des Tahkeena ein Kaninchen auf.

Op een avond schrok Dub bij de mond van de Tahkeena een konijn op.

Er verpasste den Fang und das Schneeschuhkaninchen sprang davon.

Hij miste de vangst en het sneeuwschoenhaasje sprong weg.

Innerhalb von Sekunden nahm das gesamte Schlittenteam unter wildem Geschrei die Verfolgung auf.

Binnen enkele seconden zette het hele sleeteam de achtervolging in, met wilde kreten.

In der Nähe beherbergte ein Lager der Northwest Police fünfzig Huskys.

In de buurt huisvestte een politiekamp van het noordwesten vijftig husky's.

Sie schlossen sich der Jagd an und stürmten gemeinsam den zugefrorenen Fluss hinunter.

Ze gingen op jacht en samen stroomden ze door de bevroren rivier.

Das Kaninchen verließ den Fluss und floh in ein gefrorenes Bachbett.

Het konijn verliet de rivier en vluchtte via een bevroren kreekbedding omhoog.

Das Kaninchen hüpfte leichtfüßig über den Schnee, während die Hunde sich durchkämpften.

Het konijn huppelde zachtjes over de sneeuw terwijl de honden zich erdoorheen worstelden.

Buck führte das riesige Rudel von sechzig Hunden um jede Kurve.

Buck leidde de enorme roedel van zestig honden door iedere bocht.

Er drängte tief und eifrig vorwärts, konnte jedoch keinen Boden gutmachen.

Hij drong naar voren, laag en gretig, maar kon geen terrein winnen.

Bei jedem kraftvollen Sprung blitzte sein Körper im blassen Mondlicht auf.

Bij elke krachtige sprong flitste zijn lichaam onder de bleke maan.

Vor uns bewegte sich das Kaninchen wie ein Geist, lautlos und zu schnell, um es einzufangen.

Voor ons uit bewoog het konijn zich als een spook, stil en te snel om te vangen.

All diese alten Instinkte – der Hunger, der Nervenkitzel – durchströmten Buck.

Al die oude instincten - de honger, de spanning - raasden door Buck heen.

Manchmal verspüren Menschen diesen Instinkt und werden dazu getrieben, mit Gewehr und Kugel zu jagen.

Mensen voelen soms dit instinct en willen met een geweer en kogel jagen.

Aber Buck empfand dieses Gefühl auf einer tieferen und persönlicheren Ebene.

Maar Buck voelde dit gevoel op een dieper en persoonlijker niveau.

Sie konnten die Wildnis nicht in ihrem Blut spüren, so wie Buck sie spüren konnte.

Zij konden de wildernis niet in hun bloed voelen zoals Buck dat kon.

Er jagte lebendes Fleisch, bereit, mit seinen Zähnen zu töten und Blut zu schmecken.

Hij jaagde op levend vlees, klaar om te doden met zijn tanden en bloed te proeven.

Sein Körper spannte sich vor Freude, er wollte in warmem, rotem Leben baden.

Zijn lichaam spande zich van vreugde, hij wilde zich baden in het warme, rode leven.

Eine seltsame Freude markiert den höchsten Punkt, den das Leben jemals erreichen kann.

Een vreemde vreugde markeert het hoogste punt dat het leven ooit kan bereiken.

Das Gefühl eines Gipfels, bei dem die Lebenden vergessen, dass sie überhaupt am Leben sind.

Het gevoel van een bergtop waar de levenden vergeten dat ze leven.

Diese tiefe Freude berührt den Künstler, der sich in glühender Inspiration verliert.

Deze diepe vreugde raakt de kunstenaar, verloren in vurige inspiratie.

Diese Freude ergreift den Soldaten, der wild kämpft und keinen Feind verschont.

Deze vreugde grijpt de soldaat aan die met een wilde strijder vecht en geen enkele vijand spaart.

Diese Freude erfasste nun Buck, der das Rudel mit seinem Urhunger anführte.

Deze vreugde maakte zich meester van Buck terwijl hij de roedel leidde in oerhonger.

Er heulte mit dem uralten Wolfsschrei, aufgeregt durch die lebendige Jagd.

Hij huilde met de oeroude wolvenroep, opgewonden door de levende jacht.

Buck hat den ältesten Teil seiner selbst angezapft, der in der Wildnis verloren war.

Buck vond de weg naar het oudste deel van zichzelf, verdwaald in de wildernis.

Er griff tief in sein Inneres, in die Vergangenheit, in die raue, uralte Zeit.

Hij groef diep in zichzelf, voorbij de herinnering, naar de rauwe, oude tijd.

Eine Welle puren Lebens durchströmte jeden Muskel und jede Sehne.

Een golf van puur leven stroomde door iedere spier en pees.

Jeder Sprung schrie, dass er lebte, dass er durch den Tod ging.

Elke sprong maakte duidelijk dat hij leefde, dat hij door de dood heen ging.

Sein Körper schwebte freudig über stilles, kaltes Land, das sich nie regte.

Zijn lichaam zweefde vreugdevol over het stille, koude land dat nooit bewoog.

Spitz blieb selbst in seinen wildesten Momenten kalt und listig.

Spitz bleef koud en sluw, zelfs in zijn wildste momenten.

Er verließ den Pfad und überquerte das Land, wo der Bach eine weite Biegung machte.

Hij verliet het pad en stak het land over waar de beek een brede bocht maakte.

Buck, der davon nichts wusste, blieb auf dem gewundenen Pfad des Kaninchens.

Buck, die zich hiervan niet bewust was, bleef op het kronkelige pad van het konijn.

Dann, als Buck um eine Kurve bog, stand das geisterhafte Kaninchen vor ihm.

Toen Buck om de bocht kwam, zag hij het spookachtige konijn voor zich.

Er sah, wie eine zweite Gestalt vor der Beute vom Ufer sprang.

Hij zag een tweede figuur vanaf de oever voor de prooi uit springen.

Bei der Gestalt handelte es sich um Spitz, der direkt auf dem Weg des fliehenden Kaninchens landete.

Het figuur was Spitz en landde precies op de weg van het vluchtende konijn.

Das Kaninchen konnte sich nicht umdrehen und traf mitten in der Luft auf Spitz' Kiefer.

Het konijn kon zich niet omdraaien en stuitte in de lucht op de kaken van Spitz.

Das Rückgrat des Kaninchens brach mit einem Schrei, der so scharf war wie der Schrei eines sterbenden Menschen.

De ruggengraat van het konijn brak met een gil die net zo hard klonk als de kreet van een stervende mens.

Bei diesem Geräusch – dem Sturz vom Leben in den Tod – heulte das Rudel laut auf.

Bij dat geluid – de val van leven naar dood – begon de roedel luid te huilen.

Hinter Buck erhob sich ein wilder Chor voller dunkler Freude.

Achter Buck klonk een wild koor, vol duistere vreugde.

Buck gab keinen Schrei von sich, keinen Laut, und stürmte direkt auf Spitz zu.

Buck gaf geen kreet, maakte geen enkel geluid en stormde recht op Spitz af.

Er zielte auf die Kehle, traf aber stattdessen die Schulter.

Hij mikte op de keel, maar raakte in plaats daarvan de schouder.

Sie stürzten durch den weichen Schnee, ihre Körper waren in einen Kampf verstrickt.

Ze rolden door de zachte sneeuw, hun lichamen verwikkeld in een gevecht.

Spitz sprang schnell auf, als wäre er nie niedergeschlagen worden.

Spitz sprong snel overeind, alsof hij nooit was neergeslagen.

Er schlug auf Bucks Schulter und sprang dann aus dem Kampf.

Hij sneed Buck in zijn schouder en sprong vervolgens weg van de strijd.

Zweimal schnappten seine Zähne wie Stahlfallen, seine Lippen waren grimmig gekräuselt.

Twee keer klappen zijn tanden als stalen vallen, zijn lippen krullen en zijn woest.

Er wich langsam zurück und suchte festen Boden unter seinen Füßen.

Hij deed langzaam een stap achteruit, op zoek naar vaste grond onder zijn voeten.

Buck verstand den Moment sofort und vollkommen.

Buck begreep het moment meteen en volledig.

Die Zeit war gekommen; der Kampf würde ein Kampf auf Leben und Tod werden.

Het moment was gekomen; het zou een strijd op leven en dood worden.

Die beiden Hunde umkreisten knurrend den Raum, legten die Ohren an und kniffen die Augen zusammen.

De twee honden cirkelden om elkaar heen, grommend, met platte oren en geknepen ogen.

Jeder Hund wartete darauf, dass der andere Schwäche zeigte oder einen Fehltritt machte.

Elke hond wachtte totdat de ander zwakte toonde of een misstap beging.

Buck hatte ein unheimliches Gefühl, die Szene zu kennen und tief in Erinnerung zu behalten.

Voor Buck voelde het tafereel vertrouwd en diep in zijn herinnering.

Die weißen Wälder, die kalte Erde, die Schlacht im Mondlicht.

De witte bossen, de koude aarde, de strijd in het maanlicht.

Eine schwere Stille erfüllte das Land, tief und unnatürlich.

Een zware stilte vulde het land, diep en onnatuurlijk.

Kein Wind regte sich, kein Blatt bewegte sich, kein Geräusch unterbrach die Stille.

Geen wind bewoog, geen blad bewoog, geen geluid verstoorde de stilte.

Der Atem der Hunde stieg wie Rauch in die eiskalte, stille Luft.

De adem van de honden steeg op als rook in de bevroren, stille lucht.

Das Kaninchen war von der Meute der wilden Tiere längst vergessen.

Het konijn was al lang vergeten door de roedel wilde dieren.

Diese halb gezähmten Wölfe standen nun still in einem weiten Kreis.

Deze halftamme wolven stonden nu in een wijde kring stil.

Sie waren still, nur ihre leuchtenden Augen verrieten ihren Hunger.

Ze waren stil. Alleen hun gloeiende ogen verrieden hun honger.

Ihr Atem stieg auf, als sie den Beginn des Endkampfes beobachteten.

Hun adem ging omhoog terwijl ze het laatste gevecht zagen beginnen.

Für Buck war dieser Kampf alt und erwartet, überhaupt nicht ungewöhnlich.

Voor Buck was dit een oud en verwacht gevecht, helemaal niet vreemd.

Es fühlte sich an wie die Erinnerung an etwas, das schon immer passieren sollte.

Het voelde als een herinnering aan iets dat altijd al had moeten gebeuren.

Spitz war ein ausgebildeter Kampfhund, gestählt durch zahllose wilde Schlägereien.

Spitz was een getrainde vechthond, die zijn vaardigheden had ontwikkeld door talloze wilde gevechten.

Von Spitzbergen bis Kanada hatte er viele Feinde besiegt.

Van Spitsbergen tot Canada versloeg hij vele vijanden.

Er war voller Wut, ließ seiner Wut jedoch nie freien Lauf.

Hij was vervuld van woede, maar hij liet die woede nooit de vrije loop.

Seine Leidenschaft war scharf, aber immer durch einen harten Instinkt gemildert.

Zijn passie was scherp, maar werd altijd getemperd door zijn harde instinct.

Er griff nie an, bis seine eigene Verteidigung stand.

Hij viel pas aan toen hij zichzelf had verdedigd.

Buck versuchte immer wieder, Spitz' verwundbaren Hals zu erreichen.

Buck probeerde keer op keer de kwetsbare nek van Spitz te bereiken.

Doch jeder Schlag wurde von Spitz' scharfen Zähnen mit einem Hieb beantwortet.

Maar elke slag werd beantwoord met een snee van Spitz' scherpe tanden.

Ihre Reißzähne prallten aufeinander und beide Hunde bluteten aus den aufgerissenen Lippen.

Hun hoektanden raakten elkaar en beide honden bloedden uit hun gescheurde lippen.

Egal, wie sehr Buck sich auch wehrte, er konnte die Verteidigung nicht durchbrechen.

Hoe Buck ook probeerde te scoren, hij kon de verdediging niet doorbreken.

Er wurde immer wütender und stürmte mit wilden Kraftausbrüchen hinein.

Hij werd steeds woedender en sprong met wilde krachtaanvallen op hem af.

Immer wieder schlug Buck nach der weißen Kehle von Spitz.

Buck sloeg steeds weer naar de witte keel van Spitz.

Jedes Mal wich Spitz aus und schlug mit einem schneidenden Biss zurück.

Iedere keer ontweek Spitz de aanval en sloeg terug met een snijdende beet.

Dann änderte Buck seine Taktik und stürzte sich erneut darauf, als wolle er ihm die Kehle zu Leibe rücken.

Toen veranderde Buck van tactiek en greep hem opnieuw bij de keel.

Doch er zog sich mitten im Angriff zurück und drehte sich um, um von der Seite zuzuschlagen.

Maar hij trok zich tijdens de aanval terug en draaide zich om om vanaf de zijkant aan te vallen.

Er warf Spitz seine Schulter entgegen, um ihn niederzuschlagen.

Hij sloeg zijn schouder tegen Spitz aan in de hoop hem omver te werpen.

Bei jedem Versuch wich Spitz aus und konterte mit einem Hieb.

Elke keer dat hij het probeerde, ontweek Spitz de aanval en counterde met een slag.

Bucks Schulter wurde wund, als Spitz nach jedem Schlag davonsprang.

Bucks schouder werd pijnlijk omdat Spitz na elke klap wegsprong.

Spitz war nicht berührt worden, während Buck aus vielen Wunden blutete.

Spitz was niet aangeraakt, terwijl Buck uit vele wonden bloedde.

Bucks Atem ging schnell und schwer, sein Körper war blutverschmiert.

Buck haalde snel en zwaar adem. Zijn lichaam was nat van het bloed.

Mit jedem Biss und Angriff wurde der Kampf brutaler.

Het gevecht werd met iedere beet en aanval brutaler.

Um sie herum warteten sechzig stille Hunde darauf, dass der erste fiel.

Om hen heen stonden zestig stille honden te wachten tot de eerste zou vallen.

Wenn ein Hund zu Boden ging, würde das Rudel den Kampf beenden.

Als één hond zou vallen, zou de roedel het gevecht beëindigen.

Spitz sah, dass Buck schwächer wurde, und begann, den Angriff voranzutreiben.

Spitz zag dat Buck zwakker werd en zette de aanval in.

Er brachte Buck aus dem Gleichgewicht und zwang ihn, um Halt zu kämpfen.

Hij hield Buck uit evenwicht en dwong hem om zijn evenwicht te bewaren.

Einmal stolperte Buck und fiel, und alle Hunde standen auf.

Op een keer struikelde Buck en viel, en alle honden stonden op.

Doch Buck richtete sich mitten im Fall auf und alle sanken wieder zu Boden.

Maar Buck krabbelde halverwege zijn val weer overeind, en iedereen zakte weer in elkaar.

Buck hatte etwas Seltenes – eine Vorstellungskraft, die aus tiefem Instinkt geboren war.

Buck had iets zeldzaams: verbeeldingskracht die voortkwam uit een diep instinct.

Er kämpfte mit natürlichem Antrieb, aber auch mit List.

Hij vocht uit natuurlijke drang, maar hij vocht ook met sluwheid.

Er griff erneut an, als würde er seinen Schulterangriffstrick wiederholen.

Hij stormde opnieuw af, alsof hij zijn schouderaanvalstruc herhaalde.

Doch in der letzten Sekunde ließ er sich fallen und flog unter Spitz hindurch.

Maar op het laatste moment dook hij laag en vloog onder Spitz door.

Seine Zähne schnappten um Spitz' linkes Vorderbein.

Zijn tanden klikten vast op Spitz' linker voorpoot.

Spitz stand nun unsicher da, sein Gewicht ruhte nur noch auf drei Beinen.

Spitz stond nu wankel, zijn gewicht rustte op slechts drie poten.

Buck schlug erneut zu und versuchte dreimal, ihn zu Fall zu bringen.

Buck sloeg opnieuw toe en probeerde hem drie keer omver te werpen.

Beim vierten Versuch nutzte er denselben Zug mit Erfolg

Bij de vierde poging gebruikte hij dezelfde beweging met succes

Diesmal gelang es Buck, Spitz in das rechte Bein zu beißen.

Deze keer lukte het Buck om Spitz in zijn rechterpoot te bijten.

Obwohl Spitz verkrüppelt war und große Schmerzen litt, kämpfte er weiter ums Überleben.

Spitz bleef vechten om te overleven, ook al was hij verlamd en leed hij veel pijn.

Er sah, wie der Kreis der Huskys enger wurde, die Zungen herausstreckten und deren Augen leuchteten.

Hij zag de kring van husky's kleiner worden, met hun tong uit hun bek en hun ogen stralend.

Sie warteten darauf, ihn zu verschlingen, so wie sie es mit anderen getan hatten.

Ze wachtten erop hem te verslinden, net zoals ze bij anderen hadden gedaan.

Dieses Mal stand er im Mittelpunkt: besiegt und verdammt.

Deze keer stond hij in het midden; verslagen en gedoemd.

Für den weißen Hund gab es jetzt keine Möglichkeit mehr zu entkommen.

Voor de witte hond was er nu geen ontsnappingsmogelijkheid meer.

Buck kannte keine Gnade, denn Gnade hatte in der Wildnis nichts zu suchen.

Buck toonde geen genade, want genade hoort niet thuis in de wildernis.

Buck bewegte sich vorsichtig und bereitete sich auf den letzten Angriff vor.

Buck bewoog zich voorzichtig en maakte zich klaar voor de laatste aanval.

Der Kreis der Huskys schloss sich, er spürte ihren warmen Atem.

De kring van husky's sloot zich; hij voelde hun warme adem.

Sie duckten sich und waren bereit, im richtigen Moment zu springen.

Ze hurkten diep, klaar om te springen zodra het moment daar was.

Spitz zitterte im Schnee, knurrte und veränderte seine Haltung.

Spitz trilde in de sneeuw, gromde en veranderde van houding.

Seine Augen funkelten, seine Lippen waren gekräuselt und seine Zähne blitzten in verzweifelter Drohung.

Zijn ogen stonden fel, zijn lippen waren opgetrokken en zijn tanden stonden oog in oog met de dreiging van de dag.

Er taumelte und versuchte immer noch, dem kalten Biss des Todes standzuhalten.

Hij wankelde en probeerde nog steeds de koude, dodelijke beet van zich af te houden.

Er hatte das schon früher erlebt, aber immer von der Gewinnerseite.

Hij had dit al eerder gezien, maar altijd van de winnende kant.

Jetzt war er auf der Verliererseite, der Besiegte, die Beute, der Tod.

Nu was hij aan de verliezende kant; de verslagene; de prooi; de dood.

Buck umkreiste ihn für den letzten Schlag, der Hundekreis rückte näher.

Buck draaide zich om voor de laatste slag, terwijl de kring honden steeds dichterbij kwam.

Er konnte ihren heißen Atem spüren; bereit zum Töten.

Hij kon hun hete ademhaling voelen; klaar om te doden.

Stille breitete sich aus; alles war an seinem Platz; die Zeit war stehen geblieben.

Er ontstond een stilte; alles viel op zijn plaats; de tijd stond stil.

Sogar die kalte Luft zwischen ihnen gefror für einen letzten Moment.

Zelfs de koude lucht tussen hen bevroor voor een laatste moment.

Nur Spitz bewegte sich und versuchte, sein bitteres Ende abzuwenden.

Alleen Spitz bewoog en probeerde zijn bittere einde te bedwingen.

Der Kreis der Hunde schloss sich um ihn, und das war sein Schicksal.

De kring van honden sloot zich om hem heen, en dat was zijn lot.

Er war jetzt verzweifelt, da er wusste, was passieren würde.

Hij was nu wanhopig, want hij wist wat er ging gebeuren.

Buck sprang hinein, Schulter an Schulter traf ein letztes Mal.

Buck sprong naar voren en raakte elkaars schouders nog een keer.

Die Hunde drängten vorwärts und deckten Spitz in der verschneiten Dunkelheit.

De honden stormden naar voren en beschermden Spitz in de duisternis van de sneeuw.

Buck sah zu, aufrecht stehend; der Sieger in einer wilden Welt.

Buck keek toe en stond rechtop; de overwinnaar in een barre wereld.

Das dominante Urtier hatte seine Beute gemacht, und es war gut.

Het dominante oerbeest had zijn prooi gevangen, en het was goed.

Wer die Meisterschaft erlangt hat
Hij die het meesterschap heeft gewonnen

„Wie? Was habe ich gesagt? Ich sage die Wahrheit, wenn ich sage, dass Buck ein Teufel ist."

"Eh? Wat zei ik? Ik spreek de waarheid als ik zeg dat Buck een duivel is."

François sagte dies am nächsten Morgen, nachdem er festgestellt hatte, dass Spitz verschwunden war.

François zei dit de volgende ochtend nadat hij Spitz vermist had aangetroffen.

Buck stand da, übersät mit Wunden aus dem erbitterten Kampf.

Buck stond daar, bedekt met wonden van het hevige gevecht.

François zog Buck zum Feuer und zeigte auf die Verletzungen.

François trok Buck naar het vuur en wees naar de verwondingen.

„Dieser Spitz hat gekämpft wie der Devik", sagte Perrault und beäugte die tiefen Schnittwunden.

"Die Spitz vocht als een Devik," zei Perrault, terwijl hij naar de diepe wonden keek.

„Und dieser Buck hat wie zwei Teufel gekämpft", antwortete François sofort.

"En die Buck heeft gevochten als twee duivels," antwoordde François onmiddellijk.

„Jetzt kommen wir gut voran; kein Spitz mehr, kein Ärger mehr."

"Nu gaan we het goedmaken; geen Spitz meer, geen problemen meer."

Perrault packte die Ausrüstung und belud den Schlitten sorgfältig.

Perrault was bezig met het inpakken van de spullen en het zorgvuldig beladen van de slee.

François spannte die Hunde für den Lauf des Tages an.

François tuigde de honden in ter voorbereiding op de hardloopwedstrijd van die dag.

Buck trabte direkt an die Führungsposition, die einst Spitz innehatte.

Buck draafde rechtstreeks naar de koppositie die ooit door Spitz werd bekleed.

Doch François bemerkte es nicht und führte Solleks nach vorne.

Maar François merkte het niet en leidde Solleks naar voren.

Nach François' Einschätzung war Solleks nun der beste Leithund.

Volgens François was Solleks nu de beste leider.

Buck stürzte sich wütend auf Solleks und trieb ihn aus Protest zurück.

Buck sprong woedend op Solleks af en dwong hem uit protest terug.

Er stand dort, wo einst Spitz gestanden hatte, und beanspruchte die Führungsposition.

Hij stond waar Spitz ooit had gestaan en eiste de leidende positie op.

„Wie? Wie?", rief François und schlug sich amüsiert auf die Schenkel.

"Eh? Eh?" riep François, terwijl hij zich vermaakt op zijn dijen sloeg.

„Sehen Sie sich Buck an – er hat Spitz umgebracht und jetzt will er ihm den Job wegnehmen!"

"Kijk naar Buck, hij heeft Spitz vermoord en nu wil hij de baan!"

„Geh weg, Chook!", schrie er und versuchte, Buck zu vertreiben.

"Ga weg, Chook!" schreeuwde hij, terwijl hij probeerde Buck weg te jagen.

Aber Buck weigerte sich, sich zu bewegen und blieb fest im Schnee stehen.

Maar Buck weigerde te bewegen en bleef stevig in de sneeuw staan.

François packte Buck am Genick und zog ihn beiseite.

François greep Buck bij zijn nekvel en trok hem opzij.

Buck knurrte leise und drohend, griff aber nicht an.

Buck gromde zachtjes en dreigend, maar viel niet aan.

François brachte Solleks wieder in Führung und versuchte, den Streit zu schlichten

François bracht Solleks weer op voorsprong en probeerde het conflict te beslechten

Der alte Hund zeigte Angst vor Buck und wollte nicht bleiben.

De oude hond was bang voor Buck en wilde niet blijven.

Als François ihm den Rücken zuwandte, verjagte Buck Solleks wieder.

Toen François zich omdraaide, joeg Buck Solleks weer weg.

Solleks leistete keinen Widerstand und trat erneut leise zur Seite.

Solleks verzette zich niet en stapte opnieuw stilletjes opzij.

François wurde wütend und schrie: „Bei Gott, ich werde dich heilen!"

François werd boos en schreeuwde: "Bij God, ik maak je beter!"

Er kam mit einer schweren Keule in der Hand auf Buck zu.

Hij liep op Buck af met een zware knuppel in zijn hand.

Buck erinnerte sich gut an den Mann im roten Pullover.

Buck kon zich de man in de rode trui nog goed herinneren.

Er zog sich langsam zurück, beobachtete François, knurrte jedoch tief.

Hij liep langzaam achteruit, keek François aan en gromde diep.

Er eilte nicht zurück, auch nicht, als Solleks an seiner Stelle stand.

Hij haastte zich niet terug, zelfs niet toen Solleks zijn plaats innam.

Buck kreiste knapp außerhalb seiner Reichweite und knurrte wütend und protestierend.

Buck cirkelde net buiten hun bereik en gromde van woede en protest.

Er behielt den Schläger im Auge und war bereit auszuweichen, falls François warf.

Hij hield zijn ogen op de club gericht, klaar om te ontwijken als François zou gooien.

Er war weise und vorsichtig geworden im Umgang mit bewaffneten Männern.

Hij was wijzer en op zijn hoede geworden voor de gewoonten van mannen met wapens.

François gab auf und rief Buck erneut an seinen alten Platz.

François gaf het op en riep Buck weer naar zijn oude plek.

Aber Buck trat vorsichtig zurück und weigerte sich, dem Befehl Folge zu leisten.

Maar Buck deed voorzichtig een stap achteruit en weigerde het bevel op te volgen.

François folgte ihm, aber Buck wich nur ein paar Schritte zurück.

François volgde, maar Buck deed nog maar een paar stappen achteruit.

Nach einiger Zeit warf François frustriert die Waffe hin.

Na een tijdje gooide François uit frustratie het wapen op de grond.

Er dachte, Buck hätte Angst vor einer Tracht Prügel und würde ruhig kommen.

Hij dacht dat Buck bang was voor een pak slaag en stilletjes zou komen.

Aber Buck wollte sich nicht vor einer Strafe drücken – er kämpfte um seinen Rang.

Maar Buck wilde zijn straf niet ontlopen; hij vocht voor zijn rang.

Er hatte sich den Platz als Leithund durch einen Kampf auf Leben und Tod verdient

Hij had de leidende positie verdiend door een gevecht op leven en dood

er würde sich mit nichts Geringerem zufrieden geben, als der Anführer zu sein.

Hij zou met niets minder genoegen nemen dan de leider.

Perrault beteiligte sich an der Verfolgung, um den rebellischen Buck zu fangen.

Perrault bemoeide zich met de achtervolging om de opstandige Buck te vangen.

Gemeinsam ließen sie ihn fast eine Stunde lang durch das Lager laufen.

Samen renden ze hem bijna een uur lang rond in het kamp.

Sie warfen Knüppel nach ihm, aber Buck wich jedem Schlag geschickt aus.

Ze gooiden knuppels naar hem, maar Buck wist ze allemaal behendig te ontwijken.

Sie verfluchten ihn, seine Vorfahren, seine Nachkommen und jedes Haar an ihm.

Ze vervloekten hem, zijn voorouders, zijn nakomelingen en elke haar op hem.

Aber Buck knurrte nur zurück und blieb gerade außerhalb ihrer Reichweite.

Maar Buck grauwde alleen maar en bleef net buiten hun bereik.

Er versuchte nie wegzulaufen, sondern umkreiste das Lager absichtlich.

Hij probeerde nooit weg te rennen, maar liep doelbewust om het kamp heen.

Er machte klar, dass er gehorchen würde, sobald sie ihm gäben, was er wollte.

Hij maakte duidelijk dat hij zou gehoorzamen zodra ze hem gaven wat hij wilde.

Schließlich setzte sich François hin und kratzte sich frustriert am Kopf.

François ging uiteindelijk zitten en krabde gefrustreerd aan zijn hoofd.

Perrault sah auf seine Uhr, fluchte und murmelte etwas über die verlorene Zeit.

Perrault keek op zijn horloge, vloekte en mompelde over de verloren tijd.

Obwohl sie eigentlich auf der Spur sein sollten, war bereits eine Stunde vergangen.

Er was al een uur verstreken terwijl ze eigenlijk al op pad hadden moeten zijn.

François zuckte verlegen mit den Achseln, als der Kurier resigniert seufzte.

François haalde verlegen zijn schouders op naar de koerier, die verslagen zuchtte.

Dann ging François zu Solleks und rief Buck noch einmal.

Toen liep François naar Solleks en riep nogmaals naar Buck.

Buck lachte wie ein Hund, wahrte jedoch vorsichtig seine Distanz.

Buck lachte zoals een hond lacht, maar bleef op een voorzichtige afstand.

François nahm Solleks das Geschirr ab und brachte ihn an seinen Platz zurück.

François deed het harnas van Solleks af en zette hem terug op zijn plek.

Das Schlittenteam stand voll angespannt da, nur ein Platz war unbesetzt.

Het sleeteam stond volledig uitgerust, met slechts één plekje vrij.

Die Führungsposition blieb leer und war eindeutig nur für Buck bestimmt.

De koppositie bleef leeg en was duidelijk alleen voor Buck bedoeld.

François rief erneut, und wieder lachte Buck und blieb standhaft.

François riep nog eens, en opnieuw lachte Buck en hield hij stand.

„Wirf die Keule weg", befahl Perrault ohne zu zögern.

"Gooi de knuppel neer", beval Perrault zonder aarzeling.

François gehorchte und Buck trabte sofort stolz vorwärts.

François gehoorzaamde en Buck draafde meteen trots naar voren.

Er lachte triumphierend und übernahm die Führungsposition.

Hij lachte triomfantelijk en nam de leiding over.

François befestigte seine Leinen und der Schlitten wurde losgerissen.

François stelde zijn sporen veilig en de slee brak los.

Beide Männer liefen neben dem Team her, als es auf den Flusspfad rannte.

Beide mannen renden naast elkaar toen het team richting het rivierpad rende.

François hatte Bucks „zwei Teufel" sehr geschätzt,

François had een hoge dunk van Bucks "twee duivels",

aber er merkte bald, dass er den Hund tatsächlich unterschätzt hatte.

maar al snel besefte hij dat hij de hond eigenlijk had onderschat.

Buck übernahm schnell die Führung und erbrachte hervorragende Leistungen.

Buck nam snel de leiding op zich en presteerde uitstekend.

In puncto Urteilsvermögen, schnelles Denken und schnelles Handeln übertraf Buck Spitz.

Buck overtrof Spitz qua oordeel, snelle denken en snelle actie.

François hatte noch nie einen Hund gesehen, der dem von Buck gleichkam.

François had nog nooit een hond gezien die kon tippen aan wat Buck nu liet zien.

Aber Buck war wirklich herausragend darin, für Ordnung zu sorgen und Respekt zu erlangen.

Maar Buck blonk vooral uit in het handhaven van orde en het afdwingen van respect.

Dave und Solleks akzeptierten die Änderung ohne Bedenken oder Protest.

Dave en Solleks accepteerden de verandering zonder zorgen of protest.

Sie konzentrierten sich nur auf die Arbeit und zogen kräftig die Zügel an.

Ze concentreerden zich alleen op het werk en het hard aanhalen van de teugels.

Es war ihnen egal, wer führte, solange der Schlitten in Bewegung blieb.

Het maakte hen niet uit wie de leiding had, zolang de slee maar bleef rijden.

Billee, der Fröhliche, hätte, soweit es sie interessierte, die Führung übernehmen können.
Billee, de vrolijke dame, had wat hen betreft de leiding kunnen nemen.
Was ihnen wichtig war, waren Frieden und Ordnung in den Reihen.
Wat voor hen telde, was vrede en orde in de gelederen.

Der Rest des Teams war während Spitz' Niedergang unbändig geworden.
De rest van het team was tijdens Spitz' achteruitgang onhandelbaar geworden.
Sie waren schockiert, als Buck sie sofort zur Ordnung rief.
Ze waren geschokt toen Buck hen meteen tot orde riep.
Pike war immer faul gewesen und hatte Buck hinterhergehangen.
Pike was altijd lui en liep altijd achter Buck aan.
Doch nun wurde er von der neuen Führung scharf diszipliniert.
Maar nu werd hij streng aangepakt door de nieuwe leiding.
Und er lernte schnell, seinen Teil zum Team beizutragen.
En hij leerde al snel hoe hij zijn steentje bij kon dragen aan het team.
Am Ende des Tages hatte Pike härter gearbeitet als je zuvor.
Aan het eind van de dag werkte Pike harder dan ooit tevoren.
In dieser Nacht im Lager wurde Joe, der mürrische Hund, endlich beruhigt.
Die nacht in het kamp was Joe, de boze hond, eindelijk onder controle.
Spitz hatte es nicht geschafft, ihn zu disziplinieren, aber Buck versagte nicht.
Spitz had hem niet kunnen disciplineren, maar Buck faalde niet.
Durch die Nutzung seines größeren Gewichts überwältigte Buck Joe in Sekundenschnelle.
Met zijn grotere gewicht overmeesterde Buck Joe binnen enkele seconden.

Er biss und schlug Joe, bis dieser wimmerte und aufhörte, sich zu wehren.

Hij beet en sloeg Joe tot hij begon te janken en zich niet meer verzette.

Von diesem Moment an verbesserte sich das gesamte Team.

Vanaf dat moment ging het hele team vooruit.

Die Hunde erlangten ihre alte Einheit und Disziplin zurück.

De honden herwonnen hun oude eenheid en discipline.

In Rink Rapids kamen zwei neue einheimische Huskies hinzu, Teek und Koona.

Bij Rink Rapids sloten zich twee nieuwe inheemse husky's aan: Teek en Koona.

Bucks schnelle Ausbildung erstaunte sogar François.

Zelfs François was verbaasd hoe snel Buck ze trainde.

„So einen Hund wie diesen Buck hat es noch nie gegeben!", rief er erstaunt.

"Er is nog nooit zo'n hond geweest als die Buck!" riep hij verbaasd.

„Nein, niemals! Er ist tausend Dollar wert, bei Gott!"

"Nee, nooit! Hij is duizend dollar waard, bij God!"

„Wie? Was sagst du dazu, Perrault?", fragte er stolz.

"Eh? Wat zeg je ervan, Perrault?" vroeg hij trots.

Perrault nickte zustimmend und überprüfte seine Notizen.

Perrault knikte instemmend en controleerde zijn aantekeningen.

Wir liegen bereits vor dem Zeitplan und kommen täglich weiter voran.

We liggen al voor op schema en elke dag boeken we meer vooruitgang.

Der Weg war festgestampft und glatt, es lag kein Neuschnee.

Het pad was hard en glad, zonder verse sneeuw.

Es war konstant kalt und lag die ganze Zeit bei minus fünfzig Grad.

Het was voortdurend koud, met temperaturen rond de vijftig graden onder nul.

Die Männer ritten und rannten abwechselnd, um sich warm zu halten und Zeit zu gewinnen.

De mannen reden en renden om de beurt om warm te blijven en tijd te winnen.

Die Hunde rannten schnell, mit wenigen Pausen, immer vorwärts.

De honden renden snel, stopten maar zelden en duwden altijd vooruit.

Der Thirty Mile River war größtenteils zugefroren und leicht zu überqueren.

De Thirty Mile River was grotendeels bevroren en gemakkelijk over te steken.

Was zehn Tage gedauert hatte, wurde an einem Tag verschickt.

Wat eerst tien dagen had geduurd, gingen ze in één dag weg.

Sie legten einen sechsundneunzig Kilometer langen Sprint vom Lake Le Barge nach White Horse zurück.

Ze legden een afstand van honderd kilometer af van Lake Le Barge naar White Horse.

Sie bewegten sich unglaublich schnell über die Seen Marsh, Tagish und Bennett.

Ze bewogen zich ongelooflijk snel over Marsh, Tagish en Bennett Lakes.

Der laufende Mann wird an einem Seil hinter dem Schlitten hergezogen.

De rennende man werd aan een touw achter de slee getrokken.

In der letzten Nacht der zweiten Woche erreichten sie ihr Ziel.

Op de laatste avond van de tweede week kwamen ze op hun bestemming aan.

Sie hatten gemeinsam die Spitze des White Pass erreicht.

Ze bereikten samen de top van White Pass.

Sie sanken auf Meereshöhe hinab, mit den Lichtern von Skaguay unter ihnen.

Ze daalden af naar zeeniveau, met de lichten van Skaguay onder zich.

Es war ein Rekordlauf durch kilometerlange kalte Wildnis.
Het was een recordbrekende tocht door kilometers koude
wildernis.
**An vierzehn aufeinanderfolgenden Tagen legten sie im
Durchschnitt satte vierundsechzig Kilometer zurück.**
Veertien dagen lang legden ze gemiddeld ruim 64 kilometer
af.
**In Skaguay transportierten Perrault und François Fracht
durch die Stadt.**
In Skaguay vervoerden Perrault en François vracht door de
stad.
**Die bewundernde Menge jubelte ihnen zu und bot ihnen
viele Getränke an.**
Ze werden toegejuicht en kregen veel drankjes aangeboden
door de bewonderende menigte.
**Hundefänger und Arbeiter versammelten sich um das
berühmte Hundegespann.**
Hondenbestrijders en werklieden verzamelden zich rond het
beroemde hondenspan.
**Dann kamen Gesetzlose aus dem Westen in die Stadt und
erlitten eine brutale Niederlage.**
Toen kwamen er criminelen uit het westen naar de stad en zij
leden een zware nederlaag.
**Die Leute vergaßen bald das Team und konzentrierten sich
auf neue Dramen.**
Al snel vergaten de mensen het team en richtten zich op het
nieuwe drama.
**Dann kamen die neuen Befehle, die alles auf einen Schlag
veränderten.**
Toen kwamen er nieuwe bevelen die alles in één keer
veranderden.
**François rief Buck zu sich und umarmte ihn mit
tränenreichem Stolz.**
François riep Buck bij zich en omhelsde hem met tranen in zijn
ogen en trots.
**In diesem Moment sah Buck François zum letzten Mal
wieder.**

Dat moment was de laatste keer dat Buck François nog zag.

Wie viele Männer zuvor waren sowohl François als auch Perrault nicht mehr da.

Net als veel mannen daarvoor waren François en Perrault verdwenen.

Ein schottischer Mischling übernahm das Kommando über Buck und seine Schlittenhunde-Kollegen.

Een Schotse halfbloed nam de leiding over Buck en zijn sledehondencollega's.

Mit einem Dutzend anderer Hundegespanne kehrten sie auf dem Weg nach Dawson zurück.

Samen met nog een tiental andere hondenteams keerden ze over het pad terug naar Dawson.

Es war kein Schnelllauf mehr, sondern harte Arbeit mit einer schweren Last jeden Tag.

Het was nu geen snelle run meer, maar gewoon zwaar werk met een zware last elke dag.

Dies war der Postzug, der den Goldsuchern in der Nähe des Pols Nachrichten brachte.

Dit was de posttrein die berichten bracht naar goudzoekers in de buurt van de Noordpool.

Buck mochte die Arbeit nicht, ertrug sie jedoch gut und war stolz auf seine Leistung.

Buck vond het werk niet leuk, maar hij verdroeg het goed en was trots op zijn inzet.

Wie Dave und Solleks zeigte Buck Hingabe bei jeder täglichen Aufgabe.

Net als Dave en Solleks toonde Buck toewijding aan elke dagelijkse taak.

Er stellte sicher, dass jeder seiner Teamkollegen seinen Teil beitrug.

Hij zorgde ervoor dat al zijn teamgenoten hun steentje bijdroegen.

Das Leben auf dem Trail wurde langweilig und wiederholte sich mit der Präzision einer Maschine.

Het leven op de paden werd saai en herhaalde zich met de precisie van een machine.

Jeder Tag fühlte sich gleich an, ein Morgen ging in den nächsten über.

Elke dag voelde hetzelfde, de ene ochtend liep over in de andere.

Zur gleichen Stunde standen die Köche auf, um Feuer zu machen und Essen zuzubereiten.

Op hetzelfde uur begonnen de koks met het stoken van vuren en het bereiden van het eten.

Nach dem Frühstück verließen einige das Lager, während andere die Hunde anspannten.

Na het ontbijt verlieten sommigen het kamp, terwijl anderen de honden inspanden.

Sie machten sich auf den Weg, bevor die schwache Morgendämmerung den Himmel berührte.

Ze bereikten het pad nog voordat de schemering de hemel bereikte.

Nachts hielten sie an, um ihr Lager aufzuschlagen, wobei jeder Mann eine festgelegte Aufgabe hatte.

's Nachts stopten ze om hun kamp op te zetten. Iedere man had een vaste taak.

Einige stellten die Zelte auf, andere hackten Feuerholz und sammelten Kiefernzweige.

Sommigen zetten hun tenten op, anderen hakten brandhout en verzamelden dennentakken.

Zum Abendessen wurde den Köchen Wasser oder Eis mitgebracht.

Voor het avondmaal werd er water of ijs naar de koks gebracht.

Die Hunde wurden gefüttert und das war für sie der schönste Teil des Tages.

De honden kregen eten en voor hen was dit het beste moment van de dag.

Nachdem sie Fisch gegessen hatten, entspannten sich die Hunde und machten es sich in der Nähe des Feuers gemütlich.

Nadat ze vis hadden gegeten, ontspanden de honden zich bij het vuur.

Im Konvoi waren noch hundert andere Hunde, unter die man sich mischen konnte.

Er waren nog honderd andere honden in het konvooi waarmee ze konden omgaan.

Viele dieser Hunde waren wild und kämpften ohne Vorwarnung.

Veel van die honden waren fel en gingen zonder waarschuwing meteen vechten.

Doch nach drei Siegen war Buck selbst den härtesten Kämpfern überlegen.

Maar na drie overwinningen was Buck zelfs de meest geduchte vechters de baas.

Als Buck nun knurrte und die Zähne fletschte, traten sie zur Seite.

Toen Buck gromde en zijn tanden liet zien, deden ze een stap opzij.

Und das Beste war vielleicht, dass Buck es liebte, neben dem flackernden Lagerfeuer zu liegen.

Het allerleukste was misschien nog wel dat Buck het heerlijk vond om bij het knisperende kampvuur te liggen.

Er hockte mit angezogenen Hinterbeinen und nach vorne gestreckten Vorderbeinen.

Hij hurkte neer met zijn achterpoten ingetrokken en zijn voorpoten naar voren gestrekt.

Er hatte den Kopf erhoben und blinzelte sanft in die glühenden Flammen.

Hij hief zijn hoofd op en knipperde zachtjes met zijn ogen naar de gloeiende vlammen.

Manchmal musste er an Richter Millers großes Haus in Santa Clara denken.

Soms dacht hij aan het grote huis van rechter Miller in Santa Clara.

Er dachte an den Zementpool, an Ysabel und den Mops namens Toots.

Hij dacht aan het betonnen zwembad, aan Ysabel en aan de mopshond Toots.

Aber häufiger musste er an die Keule des Mannes mit dem roten Pullover denken.

Maar vaker dacht hij aan de man met de knots van de rode trui.

Er erinnerte sich an Curlys Tod und seinen erbitterten Kampf mit Spitz.

Hij herinnerde zich de dood van Krullend en zijn hevige strijd met Spitz.

Er erinnerte sich auch an das gute Essen, das er gegessen hatte oder von dem er immer noch träumte.

Hij dacht ook terug aan het lekkere eten dat hij had gegeten of waarvan hij nog droomde.

Buck hatte kein Heimweh – das warme Tal war weit weg und unwirklich.

Buck had geen heimwee: de warme vallei was ver weg en onwerkelijk.

Die Erinnerungen an Kalifornien hatten keine große Anziehungskraft mehr auf ihn.

De herinneringen aan Californië hadden geen enkele aantrekkingskracht meer op hem.

Stärker als die Erinnerung waren die tief in seinem Blut verwurzelten Instinkte.

Sterker dan zijn herinnering waren de instincten diep in zijn bloedlijn.

Einst verlorene Gewohnheiten waren zurückgekehrt und durch den Weg und die Wildnis wiederbelebt worden.

Gewoontes die ooit verloren waren gegaan, kwamen terug, nieuw leven ingeblazen door het pad en de wildernis.

Während Buck das Feuerlicht betrachtete, veränderte sich seine Wahrnehmung manchmal.

Terwijl Buck naar het vuurlicht keek, veranderde het soms in iets anders.

Er sah im Feuerschein ein anderes Feuer, älter und tiefer als das gegenwärtige.

Hij zag in het vuurschijnsel een ander vuur, ouder en dieper dan het huidige vuur.

Neben dem anderen Feuer hockte ein Mann, der anders aussah als der Mischlingskoch.

Naast dat andere vuur hurkte een man, die heel anders was dan de halfbloedkok.

Diese Figur hatte kurze Beine, lange Arme und harte, verknotete Muskeln.

Deze figuur had korte benen, lange armen en harde, geknoopte spieren.

Sein Haar war lang und verfilzt und fiel von den Augen nach hinten ab.

Zijn haar was lang en klittig en hing achter zijn ogen.

Er gab seltsame Geräusche von sich und starrte voller Angst in die Dunkelheit.

Hij maakte vreemde geluiden en staarde angstig in de duisternis.

Er hielt eine Steinkeule tief in seiner langen, rauen Hand fest.

Hij hield een stenen knuppel stevig vast in zijn lange, ruwe hand.

Der Mann trug wenig, nur eine verkohlte Haut, die ihm den Rücken hinunterhing.

De man droeg weinig, alleen een verkoolde huid die over zijn rug hing.

Sein Körper war an Armen, Brust und Oberschenkeln mit dichtem Haar bedeckt.

Zijn lichaam was bedekt met dik haar op zijn armen, borst en dijen.

Einige Teile des Haares waren zu rauen Fellbüscheln verfilzt.

Sommige delen van het haar zaten verstrengeld in stukken ruwe vacht.

Er stand nicht gerade, sondern war von der Hüfte bis zu den Knien nach vorne gebeugt.

Hij stond niet rechtop, maar boog voorover van zijn heupen tot zijn knieën.

Seine Schritte waren federnd und katzenartig, als wäre er immer zum Sprung bereit.

Zijn stappen waren veerkrachtig en als van een kat, alsof hij altijd klaar was om te springen.

Er war in höchster Wachsamkeit, als lebte er in ständiger Angst.

Er heerste een scherpe alertheid, alsof hij in voortdurende angst leefde.

Dieser alte Mann schien mit Gefahr zu rechnen, ob er die Gefahr nun sah oder nicht.

Deze oude man leek gevaar te verwachten, of hij het gevaar nu zag of niet.

Manchmal schlief der haarige Mann am Feuer, den Kopf zwischen die Beine gesteckt.

Soms sliep de harige man bij het vuur, met zijn hoofd tussen zijn benen.

Seine Ellbogen ruhten auf seinen Knien, die Hände waren über seinem Kopf gefaltet.

Zijn ellebogen rustten op zijn knieën en zijn handen waren boven zijn hoofd gevouwen.

Wie ein Hund benutzte er seine haarigen Arme, um den fallenden Regen abzuschütteln.

Als een hond gebruikte hij zijn harige armen om de vallende regen van zich af te schudden.

Hinter dem Feuerschein sah Buck zwei Kohlen im Dunkeln glühen.

Buiten het schijnsel van het vuur zag Buck twee gloeiende kooltjes in het donker.

Immer zu zweit, waren sie die Augen der sich anpirschenden Raubtiere.

Altijd twee aan twee, vormden ze de ogen van sluipende roofdieren.

Er hörte, wie Körper durchs Unterholz krachten und Geräusche in der Nacht.

Hij hoorde lichamen door het struikgewas breken en hij hoorde geluiden in de nacht.

Buck lag blinzelnd am Ufer des Yukon und träumte am Feuer.

Buck lag knipperend op de oever van de Yukon en droomde bij het vuur.

Die Anblicke und Geräusche dieser wilden Welt ließen ihm die Haare zu Berge stehen.

De aanblik en de geluiden van die wilde wereld bezorgden hem kippenvel.

Das Fell stand ihm über den Rücken, die Schultern und den Hals hinauf.

De vacht reikte tot op zijn rug, zijn schouders en zijn nek.

Er wimmerte leise oder gab ein tiefes Knurren aus der Brust von sich.

Hij jankte zachtjes of gromde diep in zijn borst.

Dann rief der Mischlingskoch: „Hey, du Buck, wach auf!"

Toen riep de halfbloedkok: "Hé, jij Buck, word wakker!"

Die Traumwelt verschwand und das wirkliche Leben kehrte in Bucks Augen zurück.

De droomwereld verdween en Buck zag weer het echte leven.

Er wollte aufstehen, sich strecken und gähnen, als wäre er aus einem Nickerchen erwacht.

Hij stond op, strekte zich uit en gaapte, alsof hij uit een dutje was ontwaakt.

Die Reise war anstrengend, da sie den Postschlitten hinter sich herziehen mussten.

De tocht was zwaar, met de postslee die achter hen aan sleepte.

Schwere Lasten und harte Arbeit zermürbten die Hunde jeden langen Tag.

Zware lasten en zwaar werk waren voor de honden iedere dag weer een uitdaging.

Sie kamen dünn und müde in Dawson an und brauchten über eine Woche Ruhe.

Ze kwamen uitgeput en moe aan in Dawson, en hadden meer dan een week rust nodig.

Doch nur zwei Tage später machten sie sich erneut auf den Weg den Yukon hinunter.

Maar slechts twee dagen later voeren ze opnieuw de Yukon op.

Sie waren mit weiteren Briefen beladen, die für die Außenwelt bestimmt waren.

Ze waren geladen met nog meer brieven bestemd voor de buitenwereld.

Die Hunde waren erschöpft und die Männer beschwerten sich ständig.

De honden waren uitgeput en de mannen klaagden voortdurend.

Jeden Tag fiel Schnee, der den Weg weicher machte und die Schlitten verlangsamte.

Er viel elke dag sneeuw, waardoor het pad zachter werd en de sleden langzamer gingen rijden.

Dies führte zu einem stärkeren Ziehen und einem größeren Widerstand der Läufer.

Dit zorgde ervoor dat er harder getrokken moest worden en er meer weerstand was voor de lopers.

Trotzdem waren die Fahrer fair und kümmerten sich um ihre Teams.

Desondanks waren de coureurs eerlijk en zorgden ze goed voor hun teams.

Jeden Abend wurden die Hunde gefüttert, bevor die Männer etwas zu essen bekamen.

Elke avond werden de honden gevoerd, voordat de mannen aan de beurt waren.

Kein Mann geht schlafen, ohne vorher die Pfoten seines eigenen Hundes zu kontrollieren.

Niemand sliep voordat hij de poten van zijn eigen hond had gecontroleerd.

Dennoch wurden die Hunde mit jeder zurückgelegten Strecke schwächer.

Toch werden de honden zwakker naarmate de kilometers vorderden.

Sie waren den ganzen Winter über zweitausendachthundert Kilometer gereist.

Ze hadden achttienhonderd mijl afgelegd tijdens de winter.

Sie zogen Schlitten über jede Meile dieser brutalen Distanz.

Ze trokken sleden over elke kilometer van die verschrikkelijke afstand.

Selbst die härtesten Schlittenhunde spüren nach so vielen Kilometern die Belastung.

Zelfs de sterkste sledehonden voelen spanning na zoveel kilometers.

Buck hielt durch, sorgte für die Weiterarbeit seines Teams und sorgte für die nötige Disziplin.

Buck hield vol, hield zijn team aan het werk en handhaafde de discipline.

Aber Buck war müde, genau wie die anderen auf der langen Reise.

Maar Buck was moe, net als de anderen op de lange reis.

Billee wimmerte und weinte jede Nacht ohne Ausnahme im Schlaf.

Billee jankte en huilde iedere nacht onophoudelijk in zijn slaap.

Joe wurde noch verbitterter und Solleks blieb kalt und distanziert.

Joe werd steeds bitterder en Solleks bleef koud en afstandelijk.

Doch Dave war derjenige des gesamten Teams, der am meisten darunter litt.

Maar van het hele team was het vooral Dave die het zwaarst te verduren kreeg.

Irgendetwas in seinem Inneren war schiefgelaufen, doch niemand wusste, was.

Er was iets misgegaan in hem, maar niemand wist wat.

Er wurde launischer und fuhr andere mit wachsender Wut an.

Hij werd humeuriger en viel anderen steeds bozer aan.

Jede Nacht ging er direkt zu seinem Nest und wartete darauf, gefüttert zu werden.

Elke avond ging hij rechtstreeks naar zijn nest, wachtend om gevoed te worden.

Als Dave einmal unten war, stand er bis zum Morgen nicht mehr auf.

Toen Dave eenmaal gevallen was, stond hij pas de volgende
ochtend weer op.

**Plötzliche Rucke oder Anlaufe an den Zügeln ließen ihn vor
Schmerzen aufschreien.**

Plotselinge rukken en schokken aan de teugels zorgden ervoor
dat hij het uitschreeuwde van de pijn.

**Sein Fahrer suchte nach der Ursache, konnte jedoch keine
Verletzungen feststellen.**

Zijn chauffeur zocht naar de oorzaak, maar vond geen
verwondingen bij hem.

Alle Fahrer beobachteten Dave und besprachen seinen Fall.

Alle chauffeurs keken naar Dave en bespraken zijn zaak.

**Sie unterhielten sich beim Essen und während ihrer letzten
Zigarette des Tages.**

Ze praatten tijdens de maaltijden en tijdens hun laatste sigaret
van de dag.

**Eines Nachts hielten sie eine Versammlung ab und brachten
Dave zum Feuer.**

Op een avond hielden ze een vergadering en namen Dave mee
naar het vuur.

**Sie drückten und untersuchten seinen Körper und er schrie
oft.**

Ze drukten en onderzochten zijn lichaam, en hij schreeuwde
voortdurend.

**Offensichtlich stimmte etwas nicht, auch wenn keine
Knochen gebrochen zu sein schienen.**

Er was duidelijk iets mis, al leken er geen botten gebroken te
zijn.

Als sie Cassiar Bar erreichten, war Dave am Umfallen.

Tegen de tijd dat ze Cassiar Bar bereikten, begon Dave te
vallen.

**Der schottische Mischling machte Schluss und nahm Dave
aus dem Team.**

De Schotse halfbloed hield ermee op en haalde Dave uit het
team.

**Er befestigte Solleks an Daves Stelle, ganz vorne am
Schlitten.**

Hij bevestigde Solleks op de plek van Dave, het dichtst bij de voorkant van de slee.

Er wollte Dave ausruhen und ihm die Freiheit geben, hinter dem fahrenden Schlitten herzulaufen.

Hij wilde Dave laten uitrusten en vrij achter de rijdende slee laten rondrennen.

Doch selbst als er krank war, hasste Dave es, von seinem Job geholt zu werden.

Maar zelfs als Dave ziek was, vond hij het vreselijk om ontslagen te worden uit zijn oude baan.

Er knurrte und wimmerte, als ihm die Zügel aus dem Körper gerissen wurden.

Hij gromde en jankte toen de teugels van zijn lichaam werden getrokken.

Als er Solleks an seiner Stelle sah, weinte er vor gebrochenem Herzen.

Toen hij zag dat Solleks in zijn plaats was, huilde hij van gebroken pijn.

Dave war noch immer stolz auf seine Arbeit auf dem Weg, selbst als der Tod nahte.

Dave voelde een diepe trots voor het werk dat hij deed, zelfs toen de dood naderde.

Während der Schlitten fuhr, kämpfte sich Dave durch den weichen Schnee in der Nähe des Pfades.

Terwijl de slee voortbewoog, strompelde Dave door de zachte sneeuw vlak bij het pad.

Er griff Solleks an, biss ihn und stieß ihn von der Seite des Schlittens.

Hij viel Solleks aan, beet hem en duwde hem van de zijkant van de slee.

Dave versuchte, in das Geschirr zu springen und seinen Arbeitsplatz zurückzuerobern.

Dave probeerde in het harnas te springen en zijn werkplek terug te krijgen.

Er schrie, jammerte und weinte, hin- und hergerissen zwischen Schmerz und Stolz auf die Wehen.

Hij gilde, jammerde en huilde, verscheurd tussen de pijn en de trots van de bevalling.

Der Mischling versuchte, Dave mit seiner Peitsche vom Team zu vertreiben.

De halfbloed probeerde Dave met zijn zweep bij het team weg te jagen.

Doch Dave ignorierte den Hieb und der Mann konnte nicht härter zuschlagen.

Maar Dave negeerde de zweepslagen en de man kon hem niet harder slaan.

Dave lehnte den einfacheren Weg hinter dem Schlitten ab, wo der Schnee festgefahren war.

Dave weigerde het gemakkelijkere pad achter de slee te nemen, waar veel sneeuw lag.

Stattdessen kämpfte er sich elend durch den tiefen Schnee neben dem Weg.

In plaats daarvan worstelde hij zich ellendig voort in de diepe sneeuw naast het pad.

Schließlich brach Dave zusammen, blieb im Schnee liegen und schrie vor Schmerzen.

Uiteindelijk zakte Dave in elkaar. Hij lag in de sneeuw en schreeuwde van de pijn.

Er schrie auf, als die lange Schlittenkette einer nach dem anderen an ihm vorbeifuhr.

Hij schreeuwde het uit toen de lange rij sleden hem één voor één passeerde.

Dennoch stand er mit der ihm verbleibenden Kraft auf und stolperte ihnen hinterher.

Toch stond hij, met de kracht die hem nog restte, op en strompelde achter hen aan.

Als der Zug wieder anhielt, holte er ihn ein und fand seinen alten Schlitten.

Toen de trein weer stopte, haalde hij hem in en vond zijn oude slee.

Er kämpfte sich an den anderen Teams vorbei und stand wieder neben Solleks.

Hij liep langs de andere teams en ging weer naast Solleks staan.

Als der Fahrer anhielt, um seine Pfeife anzuzünden, nutzte Dave seine letzte Chance.

Terwijl de chauffeur stopte om zijn pijp op te steken, greep Dave zijn laatste kans.

Als der Fahrer zurückkam und schrie, bewegte sich das Team nicht weiter.

Toen de chauffeur terugkwam en begon te schreeuwen, kwam het team niet verder.

Die Hunde hatten ihre Köpfe gedreht, verwirrt durch den plötzlichen Stopp.

De honden hadden hun kop omgedraaid, verward door de plotselinge stilstand.

Auch der Fahrer war schockiert – der Schlitten hatte sich keinen Zentimeter vorwärts bewegt.

Ook de bestuurder was geschokt: de slee was geen centimeter vooruit gekomen.

Er rief den anderen zu, sie sollten kommen und nachsehen, was passiert sei.

Hij riep de anderen om te komen kijken wat er gebeurd was.

Dave hatte Solleks' Zügel durchgekaut und beide auseinandergerissen.

Dave had de teugels van Solleks doorgebeten en beide paarden waren kapot.

Nun stand er vor dem Schlitten, wieder an seinem rechtmäßigen Platz.

Nu stond hij voor de slee, weer op de plek waar hij hoorde.

Dave blickte zum Fahrer auf und flehte ihn stumm an, in der Spur zu bleiben.

Dave keek op naar de bestuurder en smeekte hem in stilte om in het spoor te blijven.

Der Fahrer war verwirrt und wusste nicht, was er für den zappelnden Hund tun sollte.

De chauffeur was in verwarring en wist niet wat hij met de worstelende hond moest doen.

Die anderen Männer sprachen von Hunden, die beim Rausbringen gestorben waren.
De andere mannen vertelden over honden die waren gestorven toen ze werden uitgelaten.

Sie erzählten von alten oder verletzten Hunden, denen es das Herz brach, als sie zurückgelassen wurden.
Ze vertelden over oude of gewonde honden, wier hart brak toen ze achtergelaten werden.

Sie waren sich einig, dass es Gnade wäre, Dave sterben zu lassen, während er noch im Geschirr steckte.
Ze waren het erover eens dat het genade was om Dave te laten sterven terwijl hij nog in zijn harnas zat.

Er wurde wieder auf dem Schlitten festgeschnallt und Dave zog voller Stolz.
Hij werd weer op de slee vastgemaakt en Dave trok er met trots aan.

Obwohl er manchmal schrie, arbeitete er, als könne man den Schmerz ignorieren.
Hoewel hij af en toe schreeuwde, deed hij alsof de pijn genegeerd kon worden.

Mehr als einmal fiel er und wurde mitgeschleift, bevor er wieder aufstand.
Hij viel meerdere keren en werd meegesleurd voordat hij weer opstond.

Einmal wurde er vom Schlitten überrollt und von diesem Moment an humpelte er.
Op een gegeven moment rolde de slee over hem heen en vanaf dat moment liep hij mank.

Trotzdem arbeitete er, bis das Lager erreicht war, und legte sich dann ans Feuer.
Toch werkte hij door tot het kamp bereikt was en daarna ging hij bij het vuur liggen.

Am Morgen war Dave zu schwach, um zu reisen oder auch nur aufrecht zu stehen.
Tegen de ochtend was Dave te zwak om te reizen of zelfs maar rechtop te staan.

Als es Zeit war, das Geschirr anzulegen, versuchte er mit zitternder Anstrengung, seinen Fahrer zu erreichen.

Terwijl hij zijn harnas omdeed, probeerde hij met trillende kracht zijn chauffeur te bereiken.

Er rappelte sich auf, taumelte und brach auf dem schneebedeckten Boden zusammen.

Hij dwong zichzelf om overeind te komen, wankelde en stortte neer op de besneeuwde grond.

Mithilfe seiner Vorderbeine zog er seinen Körper in Richtung des Angeschirrs.

Met zijn voorpoten sleepte hij zijn lichaam richting het tuiggebied.

Zentimeter für Zentimeter schob er sich auf die Arbeitshunde zu.

Hij kroop vooruit, centimeter voor centimeter, in de richting van de werkhonden.

Er verließ die Kraft, aber er machte mit seinem letzten verzweifelten Vorstoß weiter.

Zijn krachten begaven het, maar hij bleef doorgaan in zijn laatste wanhopige poging.

Seine Teamkollegen sahen ihn im Schnee nach Luft schnappen und sich immer noch danach sehnen, zu ihnen zu kommen.

Zijn teamgenoten zagen hem naar adem snakken in de sneeuw en verlangden ernaar om zich bij hen te voegen.

Sie hörten ihn vor Kummer schreien, als sie das Lager hinter sich ließen.

Ze hoorden hem huilen van verdriet toen ze het kamp achter zich lieten.

Als das Team zwischen den Bäumen verschwand, hallte Daves Schrei hinter ihnen wider.

Terwijl het team tussen de bomen verdween, klonk de echo van Dave's geroep achter hen.

Der Schlittenzug hielt kurz an, nachdem er einen Abschnitt des Flusswalds überquert hatte.

De sleetrein stopte even nadat hij een stuk rivierbos was overgestoken.

Der schottische Mischling ging langsam zurück zum Lager dahinter.

De Schotse halfbloed liep langzaam terug naar het kamp erachter.

Die Männer verstummten, als sie ihn den Schlittenzug verlassen sahen.

De mannen hielden op met praten toen ze hem uit de sleebaan zagen stappen.

Dann ertönte ein einzelner Schuss klar und scharf über den Weg.

Toen klonk er een enkel schot, duidelijk en scherp, over het pad.

Der Mann kam schnell zurück und nahm wortlos seinen Platz ein.

De man kwam snel terug en nam zonder een woord zijn plaats in.

Peitschen knallten, Glöckchen bimmelten und die Schlitten rollten durch den Schnee.

Zwepen knalden, bellen rinkelden en de sleden rolden door de sneeuw.

Aber Buck wusste, was passiert war – und alle anderen Hunde auch.

Maar Buck wist wat er gebeurd was, en alle andere honden ook.

Die Mühen der Zügel und des Trails
De arbeid van teugels en pad

Dreißig Tage nach dem Verlassen von Dawson erreichte die Salt Water Mail Skaguay.
Dertig dagen nadat ze Dawson hadden verlaten, bereikte de Salt Water Mail Skaguay.

Buck und seine Teamkollegen gingen in Führung, kamen aber in einem erbärmlichen Zustand an.
Buck en zijn teamgenoten namen de leiding en arriveerden in erbarmelijke toestand.

Buck hatte von hundertvierzig auf hundertfünfzehn Pfund abgenommen.
Buck was van honderdveertig naar honderdvijftien kilo afgevallen.

Die anderen Hunde hatten, obwohl kleiner, noch mehr Körpergewicht verloren.
De andere honden waren weliswaar kleiner, maar ze waren nog meer afgevallen.

Pike, einst ein vorgetäuschter Hinker, schleppte nun ein wirklich verletztes Bein hinter sich her.
Pike, die ooit een nep-limper was, sleepte nu een echt geblesseerd been achter zich aan.

Solleks humpelte stark und Dub hatte ein verrenktes Schulterblatt.
Solleks liep erg mank en Dub had een schouderbladblessure.

Die Füße aller Hunde im Team waren von den Wochen auf dem gefrorenen Pfad wund.
Alle honden in het team hadden last van hun voeten door de wekenlange tocht over het bevroren pad.

Ihre Schritte waren völlig federnd und bewegten sich nur langsam und schleppend.
Hun stappen waren niet meer veerkrachtig, ze bewogen alleen nog maar langzaam en slepend.

Ihre Füße treffen den Weg hart und jeder Schritt belastet ihren Körper stärker.

Hun voeten komen hard op het pad terecht en elke stap zorgt voor meer belasting van hun lichaam.

Sie waren nicht krank, sondern nur so erschöpft, dass sie sich auf natürliche Weise nicht mehr erholen konnten.

Ze waren niet ziek, maar wel zo uitgeput dat ze niet meer op natuurlijke wijze konden herstellen.

Dies war nicht die Müdigkeit eines harten Tages, die durch eine Nachtruhe geheilt werden konnte.

Dit was niet de vermoeidheid van één zware dag, verholpen door een nachtrust.

Es war eine Erschöpfung, die sich durch monatelange, zermürbende Anstrengungen langsam aufgebaut hatte.

Het was een uitputting die zich langzaam opbouwde door maandenlange, zware inspanningen.

Es waren keine Kraftreserven mehr vorhanden, sie hatten alles aufgebraucht, was sie hatten.

Er was geen reservemacht meer over, ze hadden alles wat ze hadden opgebruikt.

Jeder Muskel, jede Faser und jede Zelle ihres Körpers war erschöpft und abgenutzt.

Elke spier, vezel en cel in hun lichaam was uitgeput en versleten.

Und das hatte seinen Grund: Sie hatten zweitausendfünfhundert Meilen zurückgelegt.

En daar was een reden voor: ze hadden ruim 4000 kilometer afgelegd.

Auf den letzten zweitausendachthundert Kilometern hatten sie sich nur fünf Tage ausgeruht.

Tijdens de laatste achttienhonderd mijl hadden ze slechts vijf dagen rust gehad.

Als sie Skaguay erreichten, sahen sie aus, als könnten sie kaum aufrecht stehen.

Toen ze Skaguay bereikten, konden ze nauwelijks rechtop staan.

Sie hatten Mühe, die Zügel straff zu halten und vor dem Schlitten zu bleiben.

Ze hadden moeite om de teugels strak te houden en voor de slee te blijven.

Auf abschüssigen Hängen konnten sie nur noch vermeiden, überfahren zu werden.

Op de afdaling konden ze alleen ontkomen aan aanrijdingen.

„Weiter, ihr armen, wunden Füße", sagte der Fahrer, während sie weiterhumpelten.

"Loop maar door, arme, pijnlijke voeten," zei de chauffeur terwijl ze mank voortliepen.

„Das ist die letzte Strecke, danach bekommen wir alle auf jeden Fall noch eine lange Pause."

"Dit is het laatste stuk, daarna krijgen we allemaal nog een lange rustpauze, dat is zeker."

„Eine richtig lange Pause", versprach er und sah ihnen nach, wie sie weiter taumelten.

"Eén echt lange rustpauze," beloofde hij, terwijl hij toekeek hoe ze strompelend verder liepen.

Die Fahrer rechneten damit, dass sie nun eine lange, notwendige Pause bekommen würden.

De chauffeurs verwachtten dat ze nu een lange, broodnodige pauze zouden krijgen.

Sie hatten zweitausend Meilen zurückgelegt und nur zwei Tage Pause gemacht.

Ze hadden twintighonderd kilometer afgelegd en hadden slechts twee dagen rust gehad.

Sie waren der Meinung, dass sie sich die Zeit zum Entspannen verdient hätten, und das aus fairen und vernünftigen Gründen.

Eerlijkheidshalve vonden ze dat ze tijd hadden verdiend om te ontspannen.

Aber zu viele waren zum Klondike gekommen und zu wenige waren zu Hause geblieben.

Maar er waren te veel mensen naar de Klondike gekomen en te weinig mensen waren thuisgebleven.

Es gingen unzählige Briefe von Familien ein, die zu Bergen verspäteter Post führten.

Er stroomden brieven van families binnen, waardoor er stapels post ontstonden die te laat waren bezorgd.

Offizielle Anweisungen trafen ein – neue Hudson Bay-Hunde würden die Nachfolge antreten.

Er kwamen officiële bevelen binnen: nieuwe Hudson Bay-honden zouden het overnemen.

Die erschöpften Hunde, die nun als wertlos galten, sollten entsorgt werden.

De uitgeputte honden, die nu waardeloos werden genoemd, moesten worden afgevoerd.

Da Geld wichtiger war als Hunde, sollten sie billig verkauft werden.

Omdat geld belangrijker was dan honden, moesten ze goedkoop verkocht worden.

Drei weitere Tage vergingen, bevor die Hunde spürten, wie schwach sie waren.

Er gingen nog eens drie dagen voorbij voordat de honden beseften hoe zwak ze waren.

Am vierten Morgen kauften zwei Männer aus den Staaten das gesamte Team.

Op de vierde ochtend kochten twee mannen uit de Verenigde Staten het hele team.

Der Verkauf umfasste alle Hunde sowie ihre abgenutzte Geschirrausrüstung.

De verkoop omvatte alle honden, inclusief hun versleten tuig.

Die Männer nannten sich gegenseitig „Hal" und „Charles", als sie den Deal abschlossen.

De mannen noemden elkaar 'Hal' en 'Charles' toen ze de deal rond hadden.

Charles war mittleren Alters, blass, hatte schlaffe Lippen und wilde Schnurrbartspitzen.

Charles was van middelbare leeftijd, bleek, had slappe lippen en een opvallend lange snor.

Hal war ein junger Mann, vielleicht neunzehn, der einen Patronengürtel trug.

Hal was een jongeman, misschien negentien jaar oud, die een riem droeg die gevuld was met patronen.

Am Gürtel befanden sich ein großer Revolver und ein Jagdmesser, beide unbenutzt.

Aan de riem zaten een grote revolver en een jachtmes, beide ongebruikt.

Es zeigte, wie unerfahren und ungeeignet er für das Leben im Norden war.

Het toonde aan hoe onervaren en ongeschikt hij was voor het leven in het noorden.

Keiner der beiden Männer gehörte in die Wildnis; ihre Anwesenheit widersprach jeder Vernunft.

Geen van beide mannen hoorde in de wildernis thuis; hun aanwezigheid tartte alle rede.

Buck beobachtete, wie das Geld zwischen Käufer und Makler den Besitzer wechselte.

Buck keek toe hoe er geld werd uitgewisseld tussen de koper en de makelaar.

Er wusste, dass die Postzugführer sein Leben wie alle anderen verlassen würden.

Hij wist dat de postmachinisten net als de rest van zijn leven een einde aan zijn leven zouden maken.

Sie folgten Perrault und François, die nun unwiederbringlich verschwunden waren.

Ze volgden Perrault en François, die inmiddels onherroepelijk verdwenen waren.

Buck und das Team wurden in das schlampige Lager ihrer neuen Besitzer geführt.

Buck en het team werden naar het slordige kamp van hun nieuwe eigenaren geleid.

Das Zelt hing durch, das Geschirr war schmutzig und alles lag in Unordnung.

De tent was verzakt, de vaat was vies en alles lag in de war.

Buck bemerkte dort auch eine Frau – Mercedes, Charles' Frau und Hals Schwester.

Buck zag daar ook een vrouw: Mercedes, de vrouw van Charles en de zus van Hal.

Sie bildeten eine vollständige Familie, obwohl sie alles andere als für den Wanderpfad geeignet waren.

Ze vormden een compleet gezin, maar waren verre van geschikt voor de tocht.

Buck beobachtete nervös, wie das Trio begann, die Vorräte einzupacken.

Buck keek nerveus toe hoe het drietal begon met het inpakken van de spullen.

Sie arbeiteten hart, aber ohne Ordnung – nur Aufhebens und vergeudete Mühe.

Ze werkten hard, maar zonder orde: alleen maar gedoe en verspilde moeite.

Das Zelt war zu einer sperrigen Form zusammengerollt und viel zu groß für den Schlitten.

De tent was opgerold tot een omvangrijk geheel, veel te groot voor de slee.

Schmutziges Geschirr wurde eingepackt, ohne dass es gespült oder getrocknet worden wäre.

Vuile vaat werd ingepakt zonder dat het werd schoongemaakt of gedroogd.

Mercedes flatterte herum, redete, korrigierte und mischte sich ständig ein.

Mercedes fladderde heen en weer, voortdurend pratend, corrigerend en bemoeiend.

Als ein Sack vorne platziert wurde, bestand sie darauf, dass er hinten drankam.

Toen er een zak op de voorkant werd gelegd, stond ze erop dat deze op de achterkant werd gelegd.

Sie packte den Sack ganz unten rein und im nächsten Moment brauchte sie ihn.

Ze stopte de zak onderin, en het volgende moment had ze hem nodig.

Also wurde der Schlitten erneut ausgepackt, um an die eine bestimmte Tasche zu gelangen.

Dus werd de slee weer uitgepakt om die ene specifieke tas te pakken.

In der Nähe standen drei Männer vor einem Zelt und beobachteten die Szene.

Vlakbij stonden drie mannen voor een tent en keken naar het tafereel.

Sie lächelten, zwinkerten und grinsten über die offensichtliche Verwirrung der Neuankömmlinge.

Ze glimlachten, knipoogden en grijnsden om de duidelijke verwarring van de nieuwkomers.

„Sie haben schon eine ziemlich schwere Last", sagte einer der Männer.

"Je hebt al een zware last te dragen", zei een van de mannen.

„Ich glaube nicht, dass Sie das Zelt tragen sollten, aber es ist Ihre Entscheidung."

"Ik denk niet dat jij die tent moet dragen, maar het is jouw keuze."

„Unvorstellbar!", rief Mercedes und warf verzweifelt die Hände in die Luft.

"Ongekend!" riep Mercedes, terwijl ze haar handen in wanhoop in de lucht gooide.

„Wie könnte ich ohne Zelt reisen, unter dem ich übernachten kann?"

"Hoe zou ik ooit kunnen reizen zonder een tent om onder te overnachten?"

„Es ist Frühling – Sie werden kein kaltes Wetter mehr erleben", antwortete der Mann.

"Het is lente, het zal niet meer koud zijn", antwoordde de man.

Aber sie schüttelte den Kopf und sie stapelten weiterhin Gegenstände auf den Schlitten.

Maar ze schudde haar hoofd, en ze bleven maar spullen op de slee stapelen.

Als sie die letzten Dinge hinzufügten, türmte sich die Ladung gefährlich hoch auf.

Toen ze de laatste dingen toevoegden, was de lading gevaarlijk hoog.

„Glauben Sie, der Schlitten fährt?", fragte einer der Männer mit skeptischem Blick.

"Denk je dat de slee zal rijden?" vroeg een van de mannen met een sceptische blik.

„Warum sollte es nicht?", blaffte Charles mit scharfer Verärgerung zurück.

"Waarom zou dat niet?", snauwde Charles met scherpe ergernis terug.

„Oh, das ist schon in Ordnung", sagte der Mann schnell und wich seiner Beleidigung aus.

"Oh, dat is goed," zei de man snel, terwijl hij zich terugtrok om niet beledigd te worden.

„Ich habe mich nur gewundert – es sah für mich einfach ein bisschen zu kopflastig aus."

"Ik vroeg het me alleen af, het leek me gewoon een beetje te topzwaar."

Charles drehte sich um und band die Ladung so gut fest, wie er konnte.

Charles draaide zich om en bond de lading zo goed mogelijk vast.

Allerdings waren die Zurrgurte locker und die Verpackung insgesamt schlecht ausgeführt.

Maar de bevestigingen zaten los en de verpakking was over het geheel genomen slecht uitgevoerd.

„Klar, die Hunde machen das den ganzen Tag", sagte ein anderer Mann sarkastisch.

"Ja hoor, de honden trekken daar de hele dag aan", zei een andere man sarcastisch.

„Natürlich", antwortete Hal kalt und packte die lange Lenkstange des Schlittens.

"Natuurlijk," antwoordde Hal koud, terwijl hij de lange stok van de slee greep.

Mit einer Hand an der Stange schwang er mit der anderen die Peitsche.

Met één hand op de paal zwaaide hij met de andere hand de zweep.

„Los geht's!", rief er. „Bewegt euch!", und trieb die Hunde zum Aufbruch an.

"Kom op!" riep hij. "Schuif op!" en spoorde de honden aan om te beginnen.

Die Hunde lehnten sich in das Geschirr und spannten sich einige Augenblicke lang an.

De honden leunden een paar ogenblikken tegen het tuig aan en spanden zich in.

Dann blieben sie stehen, da sie den überladenen Schlitten keinen Zentimeter bewegen konnten.

Toen stopten ze, ze konden de overbelaste slee geen centimeter bewegen.

„Diese faulen Bestien!", schrie Hal und hob die Peitsche, um sie zu schlagen.

"Die luie beesten!" schreeuwde Hal, terwijl hij de zweep ophief om ze te slaan.

Doch Mercedes stürzte herein und riss Hal die Peitsche aus der Hand.

Maar Mercedes stormde naar binnen en greep de zweep uit Hals handen.

„Oh, Hal, wage es ja nicht, ihnen wehzutun", rief sie alarmiert.

"Oh, Hal, durf ze geen pijn te doen," riep ze geschrokken.

„Versprich mir, dass du nett zu ihnen bist, sonst gehe ich keinen Schritt weiter."

"Beloof me dat je aardig voor ze zult zijn, anders ga ik geen stap verder."

„Du weißt nichts über Hunde", fuhr Hal seine Schwester an.

"Jij weet helemaal niets over honden," snauwde Hal tegen zijn zus.

„Sie sind faul, und die einzige Möglichkeit, sie zu bewegen, besteht darin, sie zu peitschen."

"Ze zijn lui, en de enige manier om ze te verplaatsen is door ze te geselen."

„Fragen Sie irgendjemanden – fragen Sie einen dieser Männer dort drüben, wenn Sie mir nicht glauben."

"Vraag het maar aan iemand - vraag het maar aan een van die mannen daar als je aan mij twijfelt."

Mercedes sah die Zuschauer mit flehenden, tränennassen Augen an.

Mercedes keek de omstanders met smekende, betraande ogen aan.

Ihr Gesicht zeigte, wie sehr sie den Anblick jeglichen Schmerzes hasste.

Haar gezicht liet zien hoe verschrikkelijk ze het vond om pijn te zien.

„Sie sind schwach, das ist alles", sagte ein Mann. „Sie sind erschöpft."

"Ze zijn zwak, dat is alles," zei een man. "Ze zijn versleten."

„Sie brauchen Ruhe – sie haben zu lange ohne Pause gearbeitet."

"Ze hebben rust nodig, ze hebben te lang zonder pauze gewerkt."

„Der Rest sei verflucht", murmelte Hal mit verzogenen Lippen.

"Vervloekt zij," mompelde Hal met een opgetrokken lip.

Mercedes schnappte nach Luft, sein grobes Wort schmerzte sie sichtlich.

Mercedes snakte naar adem. Het was duidelijk dat ze gekwetst was door zijn grove taal.

Dennoch blieb sie loyal und verteidigte ihren Bruder sofort.

Toch bleef ze loyaal en verdedigde ze haar broer meteen.

„Kümmere dich nicht um den Mann", sagte sie zu Hal. „Das sind unsere Hunde."

"Trek je niets aan van die man," zei ze tegen Hal. "Het zijn onze honden."

„Fahren Sie sie, wie Sie es für richtig halten – tun Sie, was Sie für richtig halten."

"Je rijdt ermee zoals je wilt, doe wat je denkt dat juist is."

Hal hob die Peitsche und schlug die Hunde erneut gnadenlos.

Hal hief de zweep en sloeg de honden opnieuw genadeloos.

Sie stürzten sich nach vorne, die Körper tief gebeugt, die Füße in den Schnee gedrückt.

Ze sprongen naar voren, met hun lichamen laag bij de grond en hun voeten in de sneeuw.

Sie gaben sich alle Mühe, den Schlitten zu ziehen, aber er bewegte sich nicht.

Ze zetten al hun kracht in om te trekken, maar de slee kwam niet van zijn plaats.

Der Schlitten blieb wie ein im Schnee festgefrorener Anker stecken.

De slee bleef vastzitten, als een anker vastgevroren in de vastgevroren sneeuw.

Nach einem zweiten Versuch blieben die Hunde wieder stehen und keuchten schwer.

Na een tweede poging stopten de honden opnieuw, hijgend.

Hal hob die Peitsche noch einmal, gerade als Mercedes erneut eingriff.

Hal hief de zweep opnieuw op, net toen Mercedes opnieuw tussenbeide kwam.

Sie fiel vor Buck auf die Knie und umarmte seinen Hals.

Ze viel op haar knieën voor Buck en sloeg haar armen om zijn nek.

Tränen traten ihr in die Augen, als sie den erschöpften Hund anflehte.

Tranen vulden haar ogen terwijl ze de uitgeputte hond smeekte.

„Ihr Armen", sagte sie, „warum zieht ihr nicht einfach stärker?"

"Jullie arme kinderen," zei ze, "waarom trekken jullie niet gewoon harder?"

„Wenn du ziehst, wirst du nicht so ausgepeitscht."

"Als je trekt, word je niet zo geslagen."

Buck mochte Mercedes nicht, aber er war zu müde, um ihr jetzt zu widerstehen.

Buck had een hekel aan Mercedes, maar hij was te moe om haar nu nog te weerstaan.

Er akzeptierte ihre Tränen als einen weiteren Teil dieses elenden Tages.

Hij accepteerde haar tranen als gewoon onderdeel van de ellendige dag.

Einer der zuschauenden Männer ergriff schließlich das Wort, nachdem er seinen Ärger unterdrückt hatte.

Een van de toekijkende mannen sprak eindelijk, nadat hij zijn woede had ingehouden.

„Es ist mir egal, was mit euch passiert, Leute, aber diese Hunde sind wichtig."

"Het kan me niet schelen wat er met jullie gebeurt, maar die honden zijn belangrijk."

„Wenn du helfen willst, mach den Schlitten los – er ist am Schnee festgefroren."

"Als je wilt helpen, maak dan die slee los - hij zit vastgevroren aan de sneeuw."

„Drücken Sie fest auf die Gee-Stange, rechts und links, und brechen Sie die Eisversiegelung."

"Druk hard op de gee-paal, rechts en links, en breek de ijsafdichting."

Ein dritter Versuch wurde unternommen, diesmal auf Vorschlag des Mannes.

Er werd een derde poging gedaan, ditmaal op voorstel van de man.

Hal schaukelte den Schlitten von einer Seite auf die andere und löste so die Kufen.

Hal wiebelde de slee heen en weer, waardoor de glijders loskwamen.

Obwohl der Schlitten überladen und unhandlich war, machte er schließlich einen Satz nach vorne.

De slee, hoewel overbelast en onhandig, kwam uiteindelijk met een schok vooruit.

Buck und die anderen zogen wild, angetrieben von einem Sturm aus Schleudertraumen.

Buck en de anderen trokken wild, voortgedreven door een stortvloed aan zweepslagen.

Hundert Meter weiter machte der Weg eine Biegung und führte in die Straße hinein.

Honderd meter verderop liep het pad schuin af de straat in.

Um den Schlitten aufrecht zu halten, hätte es eines erfahrenen Fahrers bedurft.

Het zal een bekwame bestuurder zijn geweest om de slee rechtop te houden.

Hal war nicht geschickt und der Schlitten kippte, als er um die Kurve schwang.

Hal was niet zo ervaren, en de slee kantelde toen hij de bocht omging.

Lose Zurrgurte gaben nach und die Hälfte der Ladung ergoss sich auf den Schnee.

Losse kabels lieten los en de helft van de lading belandde in de sneeuw.

Die Hunde hielten nicht an; der leichtere Schlitten flog auf der Seite weiter.

De honden bleven niet stoppen; de lichtere slee vloog op zijn kant verder.

Wütend über die Beschimpfungen und die schwere Last rannten die Hunde noch schneller.

Boos door de mishandeling en de zware last, renden de honden nog harder.

Buck rannte wütend los und das Team folgte ihm.

Woedend begon Buck te rennen, gevolgd door het team.

Hal rief „Whoa! Whoa!", aber das Team beachtete ihn nicht.

Hal riep "Whoa! Whoa!", maar het team schonk geen aandacht aan hem.

Er stolperte, fiel und wurde am Geschirr über den Boden geschleift.

Hij struikelde, viel en werd aan het harnas over de grond gesleurd.

Der umgekippte Schlitten wurde über ihn geworfen, als die Hunde weiterrasten.

De omgevallen slee botste over hem heen terwijl de honden vooruit renden.

Die restlichen Vorräte verteilten sich über die belebte Straße von Skaguay.

De rest van de voorraden lagen verspreid over de drukke straten van Skaguay.

Gutherzige Menschen eilten herbei, um die Hunde anzuhalten und die Ausrüstung einzusammeln.

Vriendelijke mensen schoten te hulp om de honden tegen te houden en de spullen in te pakken.

Sie gaben den neuen Reisenden auch direkte und praktische Ratschläge.

Ze gaven de nieuwe reizigers ook direct en praktisch advies.

„Wenn Sie Dawson erreichen wollen, nehmen Sie die halbe Ladung und die doppelte Anzahl an Hunden mit."

"Als je Dawson wilt bereiken, neem dan de helft van de lading en het dubbele aantal honden."

Hal, Charles und Mercedes hörten zu, wenn auch nicht mit Begeisterung.

Hal, Charles en Mercedes luisterden, maar niet met enthousiasme.

Sie bauten ihr Zelt auf und begannen, ihre Vorräte zu sortieren.

Ze zetten hun tent op en begonnen hun spullen te sorteren.

Heraus kamen Konserven, die die Zuschauer laut lachen ließen.

Er kwam blikvoer tevoorschijn, wat de omstanders hardop deed lachen.

„Konserven auf dem Weg? Bevor die schmelzen, verhungern Sie", sagte einer.

"Ingeblikt voedsel op de route? Je zult verhongeren voordat dat smelt," zei een van hen.

„Hoteldecken? Die wirfst du am besten alle weg."

Hoteldekens? Je kunt ze beter allemaal weggooien.

„Schmeißen Sie auch das Zelt weg, und hier spült niemand mehr Geschirr."

"Verlaat ook de tent, en niemand wast hier af."

„Sie glauben, Sie fahren in einem Pullman-Zug mit Bediensteten an Bord?"

"Denk je dat je in een Pullman-trein zit met bedienden aan boord?"

Der Prozess begann – jeder nutzlose Gegenstand wurde beiseite geworfen.

Het proces begon: alle nutteloze voorwerpen werden aan de kant gegooid.

Mercedes weinte, als ihre Taschen auf den schneebedeckten Boden geleert wurden.

Mercedes huilde toen haar tassen op de besneeuwde grond werden leeggemaakt.

Sie schluchzte ohne Pause über jeden einzelnen hinausgeworfenen Gegenstand.

Ze snikte bij elk voorwerp dat ze weggooide, één voor één, zonder ophouden.

Sie schwor, keinen Schritt weiterzugehen – nicht einmal für zehn Charleses.

Ze beloofde geen stap meer te zetten, zelfs niet voor tien Charleses.

Sie flehte alle Menschen in ihrer Nähe an, ihr ihre wertvollen Sachen zu überlassen.

Ze smeekte iedereen in de buurt om haar dierbare bezittingen te mogen houden.

Schließlich wischte sie sich die Augen und begann, auch die wichtigsten Kleidungsstücke wegzuwerfen.

Uiteindelijk veegde ze haar ogen af en begon zelfs de belangrijkste kleren weg te gooien.

Als sie mit ihrem eigenen fertig war, begann sie, die Vorräte der Männer auszuräumen.

Toen ze klaar was met haar eigen spullen, begon ze de voorraden van de mannen leeg te halen.

Wie ein Wirbelwind verwüstete sie die Habseligkeiten von Charles und Hal.

Als een wervelwind scheurde ze door de spullen van Charles en Hal.

Obwohl die Ladung halbiert wurde, war sie immer noch viel schwerer als nötig.

Hoewel de lading gehalveerd was, was deze nog steeds veel zwaarder dan nodig.

In dieser Nacht gingen Charles und Hal los und kauften sechs neue Hunde.

Die avond gingen Charles en Hal op stap en kochten zes nieuwe honden.

Diese neuen Hunde gesellten sich zu den ursprünglichen sechs, plus Teek und Koona.

Deze nieuwe honden voegden zich bij de oorspronkelijke zes, plus Teek en Koona.

Zusammen bildeten sie ein Gespann aus vierzehn Hunden, die vor den Schlitten gespannt wurden.

Samen vormden ze een team van veertien honden, die voor de slee werden gespannen.

Doch die neuen Hunde waren für die Schlittenarbeit ungeeignet und schlecht ausgebildet.

Maar de nieuwe honden waren ongeschikt en slecht getraind voor sledewerk.

Drei der Hunde waren kurzhaarige Vorstehhunde und einer war ein Neufundländer.

Drie van de honden waren kortharige staande honden en één was een Newfoundlander.

Bei den letzten beiden Hunden handelte es sich um Mischlinge ohne eindeutige Rasse oder Zweckbestimmung.

De laatste twee honden waren bastaarden, waarvan geen enkel ras of doel duidelijk was.

Sie haben den Weg nicht verstanden und ihn nicht schnell gelernt.

Ze begrepen het pad niet en ze leerden het niet snel.

Buck und seine Kameraden beobachteten sie mit Verachtung und tiefer Verärgerung.

Buck en zijn maten keken hen met minachting en diepe irritatie aan.

Obwohl Buck ihnen beibrachte, was sie nicht tun sollten, konnte er ihnen keine Pflicht beibringen.

Buck leerde hun wat ze niet moesten doen, maar hij kon ze niet leren wat plicht was.

Sie kamen mit dem Leben auf dem Wanderpfad und dem Ziehen von Zügeln und Schlitten nicht gut zurecht.

Ze konden niet goed overweg met het leven op de trail en met de trekkracht van teugels en sleden.

Nur die Mischlinge versuchten, sich anzupassen, und selbst ihnen fehlte der Kampfgeist.

Alleen de bastaarden probeerden zich aan te passen, en zelfs zij misten vechtlust.

Die anderen Hunde waren durch ihr neues Leben verwirrt, geschwächt und gebrochen.

De andere honden waren in de war, verzwakt en gebroken door hun nieuwe leven.

Da die neuen Hunde ahnungslos und die alten erschöpft waren, gab es kaum Hoffnung.

De nieuwe honden wisten het niet en de oude waren uitgeput, dus er was weinig hoop.

Bucks Team hatte zweitausendfünfhundert Meilen eines rauen Pfades zurückgelegt.

Bucks team had ruim 4000 kilometer aan ruig parcours afgelegd.

Dennoch waren die beiden Männer fröhlich und stolz auf ihr großes Hundegespann.

Toch waren de twee mannen vrolijk en trots op hun grote hondenspan.

Sie dachten, sie würden mit Stil reisen, mit vierzehn Hunden an der Leine.

Ze dachten dat ze in stijl reisden, met veertien honden aan boord.

Sie hatten gesehen, wie Schlitten nach Dawson aufbrachen und andere von dort ankamen.

Ze hadden sleeën naar Dawson zien vertrekken, en er kwamen er ook andere aan.

Aber noch nie hatten sie eins gesehen, das von bis zu vierzehn Hunden gezogen wurde.

Maar ze hadden nog nooit gezien dat een dier door veertien honden werd voortgetrokken.

Es gab einen Grund, warum solche Teams in der arktischen Wildnis selten waren.

Er was een reden waarom zulke teams zeldzaam waren in de wildernis van het Noordpoolgebied.

Kein Schlitten konnte genug Futter transportieren, um vierzehn Hunde für die Reise zu versorgen.

Geen enkele slee kon genoeg voedsel vervoeren om veertien honden tijdens de reis te voeden.

Aber Charles und Hal wussten das nicht – sie hatten nachgerechnet.

Maar Charles en Hal wisten dat niet; ze hadden het al berekend.

Sie haben das Futter berechnet: so viel pro Hund, so viele Tage, fertig.

Ze berekenden het eten: zoveel per hond, zoveel dagen, en klaar.

Mercedes betrachtete ihre Zahlen und nickte, als ob es Sinn machte.

Mercedes keek naar de cijfers en knikte alsof het logisch was.

Zumindest auf dem Papier erschien ihr alles sehr einfach.

Het leek haar allemaal heel eenvoudig, althans op papier.

Am nächsten Morgen führte Buck das Team langsam die verschneite Straße hinauf.

De volgende morgen leidde Buck het team langzaam door de besneeuwde straat.

Weder er noch die Hunde hinter ihm hatten Energie oder Tatendrang.

Er zat geen energie of enthousiasme in hem en de honden achter hem.

Sie waren von Anfang an todmüde, es waren keine Reserven mehr vorhanden.

Ze waren vanaf het begin al doodop, er was geen reserve meer over.

Buck hatte bereits vier Fahrten zwischen Salt Water und Dawson unternommen.

Buck had al vier keer tussen Salt Water en Dawson gereisd.

Als er nun erneut vor derselben Spur stand, empfand er nichts als Bitterkeit.

Nu hij hetzelfde pad weer moest bewandelen, voelde hij niets dan bitterheid.

Er war nicht mit dem Herzen dabei und die anderen Hunde auch nicht.

Zijn hart was er niet bij, en dat gold ook voor de harten van de andere honden.

Die neuen Hunde waren schüchtern und den Huskys fehlte jegliches Vertrauen.

De nieuwe honden waren schuw en de husky's hadden geen enkel vertrouwen.

Buck spürte, dass er sich auf diese beiden Männer oder ihre Schwester nicht verlassen konnte.

Buck voelde dat hij niet op deze twee mannen of hun zus kon vertrouwen.

Sie wussten nichts und zeigten auf dem Weg keine Anzeichen, etwas zu lernen.

Ze wisten niets en gaven op het pad geen enkel teken van kennis.

Sie waren unorganisiert und es fehlte ihnen jeglicher Sinn für Disziplin.

Ze waren ongeorganiseerd en hadden geen enkel gevoel voor discipline.

Sie brauchten jedes Mal die halbe Nacht, um ein schlampiges Lager aufzubauen.

Ze waren elke keer de halve nacht bezig om een slordig kamp op te zetten.

Und den halben nächsten Morgen verbrachten sie wieder damit, am Schlitten herumzufummeln.

En de helft van de volgende ochtend waren ze weer aan het klooien met de slee.

Gegen Mittag hielten sie oft nur an, um die ungleichmäßige Beladung zu korrigieren.

Tegen de middag stopten ze vaak even om de ongelijkmatige lading te repareren.

An manchen Tagen legten sie insgesamt weniger als sechzehn Kilometer zurück.

Op sommige dagen legden ze in totaal minder dan 16 kilometer af.

An anderen Tagen schafften sie es überhaupt nicht, das Lager zu verlassen.

Op andere dagen lukte het hen helemaal niet om het kamp te verlaten.

Sie kamen nie auch nur annähernd an die geplante Nahrungsdistanz heran.

Ze hebben bij lange na niet de geplande voedselafstand kunnen overbruggen.

Wie erwartet ging das Futter für die Hunde sehr schnell aus.

Zoals verwacht was er al snel te weinig voer voor de honden.

Sie haben die Sache noch schlimmer gemacht, indem sie in den ersten Tagen zu viel gefüttert haben.

Ze maakten de situatie erger door in het begin te veel te voeren.

Mit jeder unvorsichtigen Ration rückte der Hungertod näher.

Met elke onzorgvuldige rantsoenering kwam de hongersnood dichterbij.

Die neuen Hunde hatten nicht gelernt, mit sehr wenig zu überleben.

De nieuwe honden hadden nog niet geleerd om met heel weinig te overleven.

Sie aßen hungrig, ihr Appetit war zu groß für den Weg.

Ze aten hongerig, hun eetlust was te groot voor de tocht.

Als Hal sah, wie die Hunde schwächer wurden, glaubte er, dass das Futter nicht ausreichte.

Toen Hal zag dat de honden zwakker werden, vond hij dat het eten niet genoeg was.

Er verdoppelte die Rationen und verschlimmerte damit den Fehler noch.

Hij verdubbelde de rantsoenen en maakte de fout daardoor nog erger.

Mercedes verschärfte das Problem mit Tränen und leisem Flehen.

Mercedes maakte het probleem nog groter met tranen en zachte smeekbeden.

Als sie Hal nicht überzeugen konnte, fütterte sie die Hunde heimlich.

Toen ze Hal niet kon overtuigen, gaf ze in het geheim de honden te eten.

Sie stahl den Fisch aus den Säcken und gab ihn ihnen hinter seinem Rücken.

Ze stal iets uit de zakken met vis en gaf het achter zijn rug om aan hen.

Doch was die Hunde wirklich brauchten, war nicht mehr Futter, sondern Ruhe.

Maar wat de honden werkelijk nodig hadden was niet meer eten, maar rust.

Sie kamen nur langsam voran, aber der schwere Schlitten schleppte sich trotzdem weiter.

Ze reden niet hard, maar de zware slee sleepte zich voort.

Allein dieses Gewicht zehrte jeden Tag an ihrer verbleibenden Kraft.

Alleen al dat gewicht putte hun laatste krachten uit.

Dann kam es zur Phase der Unterernährung, da die Vorräte zur Neige gingen.

Toen kwam de fase van ondervoeding, omdat de voorraden schaarser werden.

Eines Morgens stellte Hal fest, dass die Hälfte des Hundefutters bereits weg war.

Op een ochtend realiseerde Hal zich dat de helft van het hondenvoer al op was.

Sie hatten nur ein Viertel der gesamten Wegstrecke zurückgelegt.

Ze hadden pas een kwart van de totale afstand van het pad afgelegd.

Es konnten keine Lebensmittel mehr gekauft werden, egal zu welchem Preis.

Er kon geen voedsel meer gekocht worden, welke prijs er ook geboden werd.

Er reduzierte die Portionen der Hunde unter die normale Tagesration.

Hij verlaagde de porties voor de honden tot onder de dagelijkse standaardrantsoenering.

Gleichzeitig forderte er längere Reisemöglichkeiten, um die Verluste auszugleichen.

Tegelijkertijd eiste hij een langere reis om het verlies te compenseren.

Mercedes und Charles unterstützten diesen Plan, scheiterten jedoch bei der Umsetzung.

Mercedes en Charles steunden dit plan, maar de uitvoering mislukte.

Ihr schwerer Schlitten und ihre mangelnden Fähigkeiten machten ein Vorankommen nahezu unmöglich.

Hun zware slee en gebrek aan vaardigheid maakten vooruitgang vrijwel onmogelijk.

Es war einfach, weniger Futter zu geben, aber unmöglich, mehr Anstrengung zu erzwingen.

Het was gemakkelijk om minder voedsel te geven, maar onmogelijk om meer inspanning te leveren.

Sie konnten weder früher anfangen, noch konnten sie Überstunden machen.

Ze konden niet eerder beginnen en ook niet extra uren reizen.

Sie wussten nicht, wie sie mit den Hunden und überhaupt mit sich selbst arbeiten sollten.

Ze wisten niet hoe ze met de honden moesten omgaan, en ze wisten ook niet hoe ze met zichzelf om moesten gaan.

Der erste Hund, der starb, war Dub, der unglückliche, aber fleißige Dieb.

De eerste hond die stierf was Dub, de ongelukkige maar hardwerkende dief.

Obwohl Dub oft bestraft wurde, leistete er ohne zu klagen seinen Beitrag.

Hoewel Dub vaak werd gestraft, had hij zonder te klagen zijn steentje bijgedragen.

Seine Schulterverletzung verschlimmerte sich ohne Pflege und nötige Ruhe.

Zijn geblesseerde schouder werd erger als hij niet verzorgd werd en geen rust kreeg.

Schließlich beendete Hal mit dem Revolver Dubs Leiden.

Uiteindelijk gebruikte Hal de revolver om Dubs lijden te beëindigen.

Ein gängiges Sprichwort besagt, dass normale Hunde an der Husky-Ration sterben.

Er bestaat een bekend gezegde dat normale honden sterven van husky-rantsoenen.

Bucks sechs neue Gefährten bekamen nur die Hälfte des Futteranteils des Huskys.

De zes nieuwe metgezellen van Buck kregen slechts de helft van het voedsel van de husky.

Zuerst starb der Neufundländer, dann die drei kurzhaarigen Vorstehhunde.

De Newfoundlander stierf als eerste, daarna de drie kortharige staande honden.

Die beiden Mischlinge hielten länger durch, kamen aber schließlich wie die anderen um.

De twee bastaarden hielden het langer vol maar gingen uiteindelijk, net als de rest, ten onder.

Zu diesem Zeitpunkt waren alle Annehmlichkeiten und die Sanftheit des Südens verschwunden.

Op dat moment waren alle gemakken en de zachtheid van het Zuiden verdwenen.

Die drei Menschen hatten die letzten Spuren ihrer zivilisierten Erziehung abgelegt.

De drie personen hadden de laatste resten van hun beschaafde opvoeding afgelegd.

Ohne Glamour und Romantik wurde das Reisen in die Arktis zur brutalen Realität.

Zonder enige glamour en romantiek werd reizen naar het Noordpoolgebied een brute realiteit.

Es war eine Realität, die zu hart für ihr Männlichkeits- und Weiblichkeitsgefühl war.

Het was een realiteit die te hard was voor hun gevoel van mannelijkheid en vrouwelijkheid.

Mercedes weinte nicht mehr um die Hunde, sondern nur noch um sich selbst.

Mercedes huilde niet langer om de honden, maar alleen nog om zichzelf.

Sie verbrachte ihre Zeit damit, zu weinen und mit Hal und Charles zu streiten.

Ze bracht haar tijd huilend en ruziemakend met Hal en Charles door.

Streiten war das Einzige, wozu sie nie zu müde waren.

Ruziemaken was het enige waar ze nooit te moe voor waren.

Ihre Gereiztheit rührte vom Elend her, wuchs mit ihm und übertraf es.

Hun prikkelbaarheid ontstond uit ellende, groeide ermee en overwon het.

Die Geduld des Weges, die diejenigen kennen, die sich abmühen und freundlich leiden, kam nie.

Het geduld van de tocht, dat alleen zij kennen die hard werken en mild lijden, kwam nooit.

Diese Geduld, die die Sprache trotz Schmerzen süß hält, war ihnen unbekannt.

Dat geduld, dat het spreken zoet houdt ondanks de pijn, was hen onbekend.

Sie besaßen nicht die geringste Spur von Geduld und schöpften keine Kraft aus dem anmutigen Leiden.

Ze hadden geen enkel spoor van geduld, geen kracht geput uit het met gratie lijden.

Sie waren steif vor Schmerz – ihre Muskeln, Knochen und ihr Herz schmerzten.

Ze waren stijf van de pijn, het voelde pijn in hun spieren, botten en hart.

Aus diesem Grund bekamen sie eine scharfe Zunge und waren schnell im Umgang mit harten Worten.

Daardoor werden ze scherp van tong en snel met harde woorden.

Jeder Tag begann und endete mit wütenden Stimmen und bitteren Klagen.

Elke dag begon en eindigde met boze stemmen en bittere klachten.

Charles und Hal stritten sich, wann immer Mercedes ihnen eine Chance gab.

Charles en Hal begonnen te ruziën wanneer Mercedes hen de kans gaf.

Jeder Mann glaubte, dass er mehr als seinen gerechten Anteil an der Arbeit geleistet hatte.

Beide mannen waren ervan overtuigd dat zij meer dan hun eerlijke deel van het werk hadden gedaan.

Keiner von beiden ließ es sich je entgehen, dies immer wieder zu sagen.

En ze lieten allebei geen kans onbenut om dat steeds weer te zeggen.

Manchmal stand Mercedes auf der Seite von Charles, manchmal auf der Seite von Hal.

Soms koos Mercedes de kant van Charles, soms die van Hal.

Dies führte zu einem großen und endlosen Streit zwischen den dreien.

Dit leidde tot een grote, eindeloze ruzie tussen de drie.

Ein Streit darüber, wer Brennholz hacken sollte, geriet außer Kontrolle.

Er ontstond een dispuut over wie het brandhout mocht hakken.

Bald wurden Väter, Mütter, Cousins und verstorbene Verwandte genannt.

Al snel werden ook de namen van vaders, moeders, neven, nichten en overleden familieleden genoemd.

Hal's Ansichten über Kunst oder die Theaterstücke seines Onkels wurden Teil des Kampfes.

De mening van Hal over kunst of de toneelstukken van zijn oom speelden een rol in de strijd.

Auch Charles' politische Überzeugungen wurden in die Debatte einbezogen.

Ook de politieke opvattingen van Karel kwamen ter sprake.

Für Mercedes schienen sogar die Gerüchte über die Schwester ihres Mannes relevant zu sein.

Voor Mercedes leken zelfs de roddels van de zus van haar man relevant.

Sie äußerte ihre Meinung dazu und zu vielen Fehlern in Charles' Familie.

Ze uitte haar mening hierover en over veel van de gebreken van Charles' familie.

Während sie stritten, blieb das Feuer aus und das Lager war halb fertig.

Terwijl ze ruzieden, bleef het vuur uit en het kamp half bezet.

In der Zwischenzeit waren die Hunde unterkühlt und hatten nichts zu fressen.

Ondertussen bleven de honden koud en zonder voedsel.

Mercedes hegte einen Groll, den sie als zutiefst persönlich betrachtete.

Mercedes koesterde een grief die zij als zeer persoonlijk beschouwde.

Sie fühlte sich als Frau misshandelt und fühlte sich ihrer Privilegien beraubt.

Ze voelde zich als vrouw slecht behandeld en haar privileges werden haar ontzegd.

Sie war hübsch und sanft und pflegte ihr ganzes Leben lang ritterliche Gesten.

Ze was mooi en zacht, en was haar hele leven hoffelijk.

Doch ihr Mann und ihr Bruder begegneten ihr nun mit Ungeduld.

Maar haar man en broer behandelden haar nu met ongeduld.

Sie hatte die Angewohnheit, sich hilflos zu verhalten, und sie begannen, sich zu beschweren.

Ze had de gewoonte zich hulpeloos te gedragen en ze begonnen te klagen.

Sie war davon beleidigt und machte ihnen das Leben noch schwerer.

Ze voelde zich hierdoor beledigd en maakte hun leven alleen maar moeilijker.

Sie ignorierte die Hunde und bestand darauf, den Schlitten selbst zu fahren.

Ze negeerde de honden en stond erop zelf op de slee te rijden.

Obwohl sie von leichter Gestalt war, wog sie fünfundvierzig Kilo.

Hoewel ze er licht uitzag, woog ze 48 kilo.

Diese zusätzliche Belastung war zu viel für die hungernden, schwachen Hunde.

Die extra last was te zwaar voor de uitgehongerde, zwakke honden.

Trotzdem ritt sie tagelang, bis die Hunde in den Zügeln zusammenbrachen.

Toch bleef ze dagenlang rijden, totdat de honden het begaven in de teugels.

Der Schlitten stand still und Charles und Hal baten sie, zu laufen.

De slee bleef stilstaan en Charles en Hal smeekten haar om te lopen.

Sie flehten und flehten, aber sie weinte und nannte sie grausam.

Ze smeekten en smeekten, maar zij huilde en noemde hen wreed.

Einmal zogen sie sie mit purer Kraft und Wut vom Schlitten.

Op een gegeven moment trokken ze haar met grote kracht en woede van de slee.

Nach dem, was damals passiert ist, haben sie es nie wieder versucht.

Na wat er toen gebeurde, hebben ze het nooit meer geprobeerd.

Sie wurde schlaff wie ein verwöhntes Kind und setzte sich in den Schnee.

Ze werd slap als een verwend kind en zat in de sneeuw.

Sie gingen weiter, aber sie weigerte sich aufzustehen oder ihnen zu folgen.

Ze gingen verder, maar zij weigerde op te staan of haar te volgen.

Nach drei Meilen hielten sie an, kehrten um und trugen sie zurück.

Na vijf kilometer stopten ze, keerden terug en droegen haar terug.

Sie luden sie wieder auf den Schlitten, wobei sie erneut rohe Gewalt anwandten.

Ze laadden haar weer op de slee, wederom met brute kracht.

In ihrem tiefen Elend zeigten sie gegenüber dem Leid der Hunde keine Skrupel.

In hun diepe ellende waren ze ongevoelig voor het lijden van de honden.

Hal glaubte, man müsse sich abhärten und zwang anderen diesen Glauben auf.

Hal geloofde dat je verhard moest worden en hij drong dat geloof ook aan anderen op.

Er versuchte zunächst, seiner Schwester seine Philosophie zu predigen

Hij probeerde eerst zijn filosofie aan zijn zus te prediken

und dann predigte er erfolglos seinem Schwager.

en vervolgens preekte hij zonder succes tegen zijn zwager.

Bei den Hunden hatte er mehr Erfolg, aber nur, weil er ihnen weh tat.

Hij had meer succes met de honden, maar dat kwam alleen doordat hij ze pijn deed.

Bei Five Fingers ist das Hundefutter komplett ausgegangen.

Bij Five Fingers was het hondenvoer helemaal op.

Eine zahnlose alte Squaw verkaufte ein paar Pfund gefrorenes Pferdeleder

Een tandeloze oude squaw verkocht een paar kilo bevroren paardenhuid

Hal tauschte seinen Revolver gegen das getrocknete Pferdefell.

Hal ruilde zijn revolver voor het gedroogde paardenhuid.

Das Fleisch stammte von den Pferden der Viehzüchter, die Monate zuvor verhungert waren.

Het vlees was afkomstig van uitgehongerde paarden van veehouders die maanden eerder waren gestorven.

Gefroren war die Haut wie verzinktes Eisen: zäh und ungenießbar.

Bevroren leek het vel op gegalvaniseerd ijzer: taai en oneetbaar.

Die Hunde mussten endlos auf dem Fell herumkauen, um es zu fressen.

De honden moesten eindeloos op de huid kauwen om deze op te eten.

Doch die ledrigen Fäden und das kurze Haar waren kaum Nahrung.

Maar de leerachtige touwtjes en het korte haar waren nauwelijks voedsel.

Das Fell war größtenteils irritierend und kein echtes Nahrungsmittel.

Het grootste deel van de huid was irriterend en absoluut geen voedsel.

Und während all dem taumelte Buck vorne herum, wie in einem Albtraum.

En ondanks alles bleef Buck strompelend vooraan lopen, als in een nachtmerrie.

Er zog, wenn er dazu in der Lage war; wenn nicht, blieb er liegen, bis er mit einer Peitsche oder einem Knüppel hochgehoben wurde.

Als hij kon trekken, dan bleef hij liggen tot hij met een zweep of knuppel werd opgetild.

Sein feines, glänzendes Fell hatte jegliche Steifheit und jeglichen Glanz verloren, den es einst hatte.

Zijn mooie, glanzende vacht was volledig stijf en glanzend geworden.

Sein Haar hing schlaff herunter, war zerzaust und mit getrocknetem Blut von den Schlägen verklebt.

Zijn haar hing slap en in de war, vol met opgedroogd bloed van de slagen.

Seine Muskeln schrumpften zu Sehnen und seine Fleischpolster waren völlig abgenutzt.

Zijn spieren krompen tot koorden en zijn vleeskussentjes waren allemaal weggesleten.

Jede Rippe, jeder Knochen war deutlich durch die Falten der runzligen Haut zu sehen.

Elke rib, elk bot was duidelijk zichtbaar door de plooien van de gerimpelde huid.

Es war herzzerreißend, doch Bucks Herz konnte nicht brechen.

Het was hartverscheurend, maar Bucks hart kon niet breken.

Der Mann im roten Pullover hatte das getestet und vor langer Zeit bewiesen.

De man in de rode trui had dat al lang geleden getest en bewezen.

So wie es bei Buck war, war es auch bei allen seinen übrigen Teamkollegen.

En net als bij Buck, gold dat ook voor al zijn overgebleven teamgenoten.

Insgesamt waren es sieben, jeder einzelne ein wandelndes Skelett des Elends.

Er waren er in totaal zeven. Elk exemplaar was een wandelend skelet van ellende.

Sie waren gegenüber den Peitschenhieben taub geworden und spürten nur noch entfernten Schmerz.

Ze waren verdoofd door de zweepslagen en voelden alleen nog maar pijn in de verte.

Sogar Bild und Ton erreichten sie nur schwach, wie durch dichten Nebel.

Zelfs het zicht en het gehoor bereikten hen vaag, als door een dichte mist.

Sie waren nicht halb lebendig – es waren Knochen mit schwachen Funken darin.

Ze waren niet half levend - het waren botten met vage vonken erin.

Als sie angehalten wurden, brachen sie wie Leichen zusammen, ihre Funken waren fast erloschen.

Toen ze tot stilstand kwamen, stortten ze in elkaar als lijken, de vonken waren bijna verdwenen.

Und als die Peitsche oder der Knüppel erneut zuschlug, sprühten schwache Funken.

En als de zweep of de knuppel weer sloeg, dan spatten de vonken er zachtjes vanaf.

Dann erhoben sie sich, taumelten vorwärts und schleiften ihre Gliedmaßen vor sich her.

Toen stonden ze op, wankelden naar voren en sleepten hun ledematen vooruit.

Eines Tages stürzte der nette Billee und konnte überhaupt nicht mehr aufstehen.

Op een dag viel lieve Billee en kon helemaal niet meer opstaan.

Hal hatte seinen Revolver eingetauscht und benutzte stattdessen eine Axt, um Billee zu töten.

Hal had zijn revolver geruild, dus gebruikte hij een bijl om Billee te doden.

Er schlug ihm auf den Kopf, schnitt dann seinen Körper los und schleifte ihn weg.

Hij sloeg hem op het hoofd, sneed vervolgens zijn lichaam los en sleepte het weg.

Buck sah dies und die anderen auch; sie wussten, dass der Tod nahe war.

Buck zag dit, en de anderen ook; zij wisten dat de dood nabij was.

Am nächsten Tag ging Koona und ließ nur fünf Hunde im hungernden Team zurück.

De volgende dag vertrok Koona en liet slechts vijf honden achter in het uitgehongerde team.

Joe war nicht länger gemein, sondern zu weit weg, um überhaupt noch viel mitzubekommen.

Joe, die niet langer gemeen was, was te ver heen om zich nog ergens van bewust te zijn.

Pike täuschte seine Verletzung nicht länger vor und war kaum bei Bewusstsein.

Pike veinsde niet langer dat hij gewond was en was nauwelijks bij bewustzijn.

Solleks, der immer noch treu war, beklagte, dass er nicht mehr die Kraft hatte, etwas zu geben.

Solleks, die nog steeds trouw was, betreurde dat hij geen kracht meer had om te geven.

Teek wurde am häufigsten geschlagen, weil er frischer war, aber schnell nachließ.

Teek werd het vaakst verslagen omdat hij frisser was, maar hij ging snel achteruit.

Und Buck, der immer noch in Führung lag, sorgte nicht länger für Ordnung und setzte sie auch nicht durch.

En Buck, die nog steeds aan kop lag, hield de orde niet meer in stand en handhaafde die ook niet meer.

Halb blind vor Schwäche folgte Buck der Spur nur nach Gefühl.

Buck was half blind door zwakte en volgde het spoor alleen op gevoel.

Es war schönes Frühlingswetter, aber keiner von ihnen bemerkte es.

Het was prachtig lenteweer, maar niemand merkte dat.

Jeden Tag ging die Sonne früher auf und später unter als zuvor.

Elke dag kwam de zon eerder op en ging later onder dan voorheen.

Um drei Uhr morgens dämmerte es, die Dämmerung dauerte bis neun Uhr.

Om drie uur in de ochtend begon het te schemeren. Het bleef tot negen uur schemeren.

Die langen Tage waren erfüllt von der vollen Strahlkraft des Frühlingssonnenscheins.

De lange dagen werden gevuld met de volle gloed van de lentezon.

Die gespenstische Stille des Winters hatte sich in ein warmes Murmeln verwandelt.

De spookachtige stilte van de winter was veranderd in een warm gemompel.

Das ganze Land erwachte und war erfüllt von der Freude am Leben.

Het hele land ontwaakte, vol vreugde van levende wezens.

Das Geräusch kam von etwas, das den Winter über tot und reglos dagelegen hatte.

Het geluid kwam van wat de hele winter dood en stil had gelegen.

Jetzt bewegten sich diese Dinger wieder und schüttelten den langen Frostschlaf ab.

Nu bewogen de dingen weer en schudden de lange vorstslaap van zich af.

Saft stieg durch die dunklen Stämme der wartenden Kiefern.

Sap steeg op door de donkere stammen van de wachtende dennenbomen.

An jedem Zweig von Weiden und Espen treiben leuchtende junge Knospen aus.

Wilgen en espen krijgen aan elk twijgje jonge, helder gekleurde knoppen.

Sträucher und Weinreben erstrahlten in frischem Grün, als der Wald zum Leben erwachte.

Struiken en wijnranken kleurden frisgroen toen het bos tot leven kwam.

Nachts zirpten Grillen und in der Sonne krabbelten Käfer.

's Nachts tjirpten krekels en overdag kropen insecten in de zon.

Rebhühner dröhnten und Spechte klopften tief in den Bäumen.

Patrijzen schreeuwden en spechten klopten diep in de bomen.

Eichhörnchen schnatterten, Vögel sangen und Gänse schnatterten über den Hunden.

Eekhoorns kwetterden, vogels zongen en ganzen jaagden op de honden.

Das Wildgeflügel kam in scharfen Keilen und flog aus dem Süden heran.

De wilde vogels kwamen in scherpe wiggen aanvliegen vanuit het zuiden.

Von jedem Hügel ertönte die Musik verborgener, rauschender Bäche.

Van iedere heuvel klonk de muziek van verborgen, stromende beekjes.

Alles taute auf, brach, bog sich und geriet wieder in Bewegung.

Alles ontdooide en knapte, boog door en kwam weer in beweging.

Der Yukon bemühte sich, die Kälteketten des gefrorenen Eises zu durchbrechen.

De Yukon deed zijn best om de koudeketens van bevroren ijs te verbreken.

Das Eis schmolz von unten, während die Sonne es von oben zum Schmelzen brachte.

Het ijs smolt aan de onderkant, terwijl de zon het aan de bovenkant deed smelten.

Luftlöcher öffneten sich, Risse breiteten sich aus und Brocken fielen in den Fluss.

Er ontstonden luchtgaten, er ontstonden scheuren en stukken materiaal vielen in de rivier.

Inmitten dieses pulsierenden und lodernden Lebens taumelten die Reisenden.

Te midden van al dit bruisende en brandende leven, waggelden de reizigers.

Zwei Männer, eine Frau und ein Rudel Huskys liefen wie die Toten.

Twee mannen, een vrouw en een roedel husky's liepen als doden.

Die Hunde fielen, Mercedes weinte, fuhr aber immer noch Schlitten.

De honden vielen, Mercedes huilde, maar bleef toch op de slee rijden.

Hal fluchte schwach und Charles blinzelte mit tränenden Augen.

Hal vloekte zwakjes en Charles knipperde met zijn tranende ogen.

Sie stolperten in John Thorntons Lager an der Mündung des White River.

Ze kwamen het kamp van John Thornton tegen bij de monding van de White River.

Als sie anhielten, fielen die Hunde flach um, als wären sie alle tot.

Toen ze stopten, vielen de honden plat op de grond, alsof ze allemaal dood waren.

Mercedes wischte sich die Tränen ab und sah zu John Thornton hinüber.

Mercedes veegde haar tranen weg en keek naar John Thornton.

Charles saß langsam und steif auf einem Baumstamm, mit Schmerzen vom Weg.

Charles zat traag en stijf op een boomstam, met pijn van het pad.

Hal redete, während Thornton das Ende eines Axtstiels schnitzte.

Hal voerde het woord terwijl Thornton het uiteinde van een bijlsteel uithakte.

Er schnitzte Birkenholz und antwortete mit kurzen, bestimmten Antworten.

Hij sneed berkenhout en antwoordde met korte, krachtige antwoorden.

Wenn man ihn fragte, gab er Ratschläge, war sich jedoch sicher, dass diese nicht befolgt würden.

Toen hem ernaar werd gevraagd, gaf hij advies, ook al was hij er zeker van dat dit advies toch niet opgevolgd zou worden.

Hal erklärte: „Sie sagten uns, dass das Eis auf dem Weg schmelzen würde."

Hal legde uit: "Ze vertelden ons dat het ijs op de paden aan het afnemen was."

„Sie sagten, wir sollten bleiben, wo wir waren – aber wir haben es bis nach White River geschafft."

"Ze zeiden dat we moesten blijven, maar we hebben White River bereikt."

Er schloss mit höhnischem Ton, als wolle er einen Sieg in der Not für sich beanspruchen.

Hij eindigde met een spottende toon, alsof hij de overwinning ondanks alle tegenslagen wilde claimen.

„Und sie haben dir die Wahrheit gesagt", antwortete John Thornton Hal ruhig.

"En ze hebben je de waarheid verteld," antwoordde John Thornton zachtjes aan Hal.

„Das Eis kann jeden Moment nachgeben – es ist kurz davor, abzufallen."

"Het ijs kan elk moment bezwijken – het staat op het punt eruit te vallen."

„Nur durch blindes Glück und ein paar Narren wäre es möglich gewesen, lebend so weit zu kommen."

"Alleen blind geluk en dwazen hadden het zo ver kunnen schoppen."

„Ich sage es Ihnen ganz offen: Ich würde mein Leben nicht für alles Gold Alaskas riskieren."

"Ik zeg je eerlijk: ik zou mijn leven niet riskeren voor al het goud van Alaska."

„Das liegt wohl daran, dass Sie kein Narr sind", antwortete Hal.

"Dat komt omdat je niet dom bent, denk ik," antwoordde Hal.

„Trotzdem fahren wir weiter nach Dawson." Er rollte seine Peitsche ab.

"Maar goed, we gaan door naar Dawson." Hij rolde zijn zweep af.

„Komm rauf, Buck! Hallo! Steh auf! Los!", rief er barsch.

"Kom daar, Buck! Hoi! Sta op! Ga door!" riep hij hard.

Thornton schnitzte weiter, wohl wissend, dass Narren nicht auf Vernunft hören.

Thornton bleef snijden, wetende dat dwazen niet naar rede luisteren.

Einen Narren aufzuhalten war sinnlos – und zwei oder drei Narren änderten nichts.

Het was zinloos om een dwaas te stoppen, en twee of drie dwazen veranderden niets.

Doch als das Team Hal's Befehl hörte, bewegte es sich nicht.

Maar het team kwam niet in beweging toen ze Hals bevel hoorden.

Jetzt konnten sie nur noch durch Schläge wieder auf die Beine kommen und weiterkommen.

Nu konden ze alleen nog met klappen omhoog komen en vooruit worden getrokken.

Immer wieder knallte die Peitsche über die geschwächten Hunde.

De zweep sloeg steeds weer tegen de verzwakte honden.

John Thornton presste die Lippen fest zusammen und sah schweigend zu.

John Thornton klemde zijn lippen op elkaar en keek zwijgend toe.

Solleks war der Erste, der unter der Peitsche auf die Beine kam.

Solleks was de eerste die onder de zweep overeind kroop.

Dann folgte Teek zitternd. Joe schrie auf, als er stolperte.

Toen volgde Teek, trillend. Joe gilde terwijl hij overeind kwam.

Pike versuchte aufzustehen, scheiterte zweimal und stand schließlich unsicher da.

Pike probeerde overeind te komen, maar het lukte hem twee keer niet en uiteindelijk bleef hij wankel staan.

Aber Buck blieb liegen, wo er hingefallen war, und bewegte sich dieses Mal überhaupt nicht.

Maar Buck bleef liggen waar hij was gevallen, en bewoog deze keer helemaal niet.

Die Peitsche schlug immer wieder auf ihn ein, aber er gab keinen Laut von sich.

De zweep sloeg hem herhaaldelijk, maar hij maakte geen enkel geluid.

Er zuckte nicht zusammen und wehrte sich nicht, sondern blieb einfach still und ruhig.

Hij deinsde niet terug en verzette zich niet. Hij bleef gewoon stil en rustig.

Thornton rührte sich mehr als einmal, als wolle er etwas sagen, tat es aber nicht.

Thornton bewoog zich meermaals, alsof hij wilde spreken, maar deed dat niet.

Seine Augen wurden feucht und immer noch knallte die Peitsche gegen Buck.

Zijn ogen werden vochtig en de zweep bleef tegen Buck knallen.

Schließlich begann Thornton langsam auf und ab zu gehen, unsicher, was er tun sollte.

Uiteindelijk begon Thornton langzaam heen en weer te lopen, onzeker over wat hij moest doen.

Es war das erste Mal, dass Buck versagt hatte, und Hal wurde wütend.

Het was de eerste keer dat Buck faalde en Hal werd woedend.

Er warf die Peitsche weg und nahm stattdessen die schwere Keule.

Hij gooide de zweep neer en pakte in plaats daarvan de zware knuppel op.

Der Holzknüppel schlug hart auf, aber Buck stand immer noch nicht auf, um sich zu bewegen.

De houten knuppel kwam hard neer, maar Buck kwam nog steeds niet overeind.

Wie seine Teamkollegen war er zu schwach – aber mehr als das.

Net als zijn teamgenoten was hij te zwak, maar meer dan dat.

Buck hatte beschlossen, sich nicht zu bewegen, egal was als Nächstes passieren würde.

Buck had besloten om niet te verhuizen, wat er ook zou gebeuren.

Er spürte, wie etwas Dunkles und Bestimmtes direkt vor ihm schwebte.

Hij voelde iets donkers en zekers vlak voor zich zweven.

Diese Angst hatte ihn ergriffen, sobald er das Flussufer erreicht hatte.

Die angst had hem bevangen zodra hij de oever van de rivier bereikte.

Dieses Gefühl hatte ihn nicht verlassen, seit er das Eis unter seinen Pfoten dünner werden fühlte.

Het gevoel was niet meer verdwenen sinds hij het ijs onder zijn poten dun voelde worden.

Etwas Schreckliches wartete – er spürte es gleich weiter unten auf dem Weg.

Er stond hem iets verschrikkelijks te wachten. Hij voelde het verderop op het pad.

Er würde nicht auf das Schreckliche vor ihm zugehen
Hij zou niet naar dat vreselijke ding voor zich toe lopen
Er würde keinem Befehl gehorchen, der ihn zu diesem Ding führte.
Hij zou geen enkel bevel opvolgen dat hem daarheen bracht.
Der Schmerz der Schläge war für ihn kaum noch spürbar, er war zu weit weg.
De pijn van de slagen deed hem nauwelijks nog pijn; hij was te ver heen.
Der Funke des Lebens flackerte schwach und erlosch unter jedem grausamen Schlag.
De vonk van het leven flikkerde zwakjes en doofde onder elke wrede klap.
Seine Glieder fühlten sich fremd an, sein ganzer Körper schien einem anderen zu gehören.
Zijn ledematen voelden afstandelijk aan; zijn hele lichaam leek wel van iemand anders.
Er spürte eine seltsame Taubheit, als der Schmerz vollständig nachließ.
Hij voelde een vreemde verdoving terwijl de pijn volledig verdween.
Aus der Ferne spürte er, dass er geschlagen wurde, aber er wusste es kaum.
Hij voelde al van ver dat hij geslagen werd, maar hij besefte het nauwelijks.
Er konnte die Schläge schwach hören, aber sie taten nicht mehr wirklich weh.
Hij kon de doffe geluiden nog vaag horen, maar ze deden niet echt pijn meer.
Die Schläge trafen, aber sein Körper schien nicht mehr sein eigener zu sein.
De klappen waren raak, maar zijn lichaam voelde niet langer als het zijne.
Dann stieß John Thornton plötzlich und ohne Vorwarnung einen wilden Schrei aus.
Toen, plotseling, zonder waarschuwing, gaf John Thornton een wilde kreet.

Es war unartikuliert, eher der Schrei eines Tieres als eines Menschen.

Het klonk onverstaanbaar, meer als de schreeuw van een dier dan van een mens.

Er sprang mit der Keule auf den Mann zu und stieß Hal nach hinten.

Hij sprong op de man met de knuppel af en sloeg Hal achterover.

Hal flog, als wäre er von einem Baum getroffen worden, und landete hart auf dem Boden.

Hal vloog door de lucht alsof hij door een boom was geraakt en landde hard op de grond.

Mercedes schrie laut vor Panik und umklammerte ihr Gesicht.

Mercedes schreeuwde luid van paniek en greep naar haar gezicht.

Charles sah nur zu, wischte sich die Augen und blieb sitzen.

Charles keek alleen maar toe, veegde zijn tranen af en bleef zitten.

Sein Körper war vor Schmerzen zu steif, um aufzustehen oder beim Kampf mitzuhelfen.

Zijn lichaam was te stijf van de pijn om op te staan of mee te vechten.

Thornton stand über Buck, zitterte vor Wut und konnte nicht sprechen.

Thornton stond boven Buck, trillend van woede, en kon niet spreken.

Er zitterte vor Wut und kämpfte darum, trotz allem seine Stimme wiederzufinden.

Hij beefde van woede en probeerde er zijn stem doorheen te vinden.

„Wenn du den Hund noch einmal schlägst, bringe ich dich um", sagte er schließlich.

"Als je die hond nog een keer slaat, maak ik je af," zei hij uiteindelijk.

Hal wischte sich das Blut aus dem Mund und kam wieder nach vorne.

Hal veegde het bloed uit zijn mond en kwam weer naar voren.

„Es ist mein Hund", murmelte er. „Geh mir aus dem Weg, sonst kriege ich dich wieder in Ordnung."

"Het is mijn hond," mompelde hij. "Ga uit de weg, of ik maak je af."

„Ich gehe nach Dawson und Sie halten mich nicht auf", fügte er hinzu.

"Ik ga naar Dawson, en jij houdt me niet tegen," voegde hij toe.

Thornton stand fest zwischen Buck und dem wütenden jungen Mann.

Thornton stond stevig tussen Buck en de boze jongeman.

Er hatte nicht die Absicht, zur Seite zu treten oder Hal vorbeizulassen.

Hij had niet de intentie om opzij te stappen of Hal te laten passeren.

Hal zog sein Jagdmesser heraus, das lang und gefährlich in der Hand lag.

Hal haalde zijn jachtmes tevoorschijn, lang en gevaarlijk in zijn hand.

Mercedes schrie, dann weinte sie und lachte dann in wilder Hysterie.

Mercedes schreeuwde, huilde en lachte toen uitzinnig van woede.

Thornton schlug mit dem Axtstiel hart und schnell auf Hals Hand.

Thornton sloeg Hal hard en snel met de steel van zijn bijl op zijn hand.

Das Messer wurde aus Hals Griff gerissen und flog zu Boden.

Het mes schoot los uit Hals greep en vloog op de grond.

Hal versuchte, das Messer aufzuheben, und Thornton klopfte erneut auf seine Fingerknöchel.

Hal probeerde het mes op te pakken, maar Thornton sloeg opnieuw met zijn knokkels.

Dann bückte sich Thornton, griff nach dem Messer und hielt es fest.

Toen boog Thornton zich voorover, pakte het mes en hield het vast.

Mit zwei schnellen Hieben des Axtstiels zerschnitt er Bucks Zügel.

Met twee snelle klappen met de bijlsteel sneed hij Bucks teugels door.

Hal hatte keine Kraft mehr, sich zu wehren, und trat von dem Hund zurück.

Hal had geen enkele strijdlust meer en deed een stap achteruit, weg van de hond.

Außerdem brauchte Mercedes jetzt beide Arme, um aufrecht zu bleiben.

Bovendien had Mercedes nu beide armen nodig om overeind te blijven.

Buck war dem Tod zu nahe, um noch einmal einen Schlitten ziehen zu können.

Buck was te dicht bij de dood om nog langer een slee te kunnen trekken.

Ein paar Minuten später legten sie ab und fuhren flussabwärts.

Een paar minuten later vertrokken ze en voeren de rivier af.

Buck hob schwach den Kopf und sah ihnen nach, wie sie die Bank verließen.

Buck hief zwakjes zijn hoofd op en keek toe hoe ze de oever verlieten.

Pike führte das Team an, mit Solleks am Ende des Feldes.

Pike leidde het team, met Solleks achteraan op de wielbasis.

Joe und Teek gingen dazwischen, beide humpelten vor Erschöpfung.

Joe en Teek liepen ertussen, beiden mank van vermoeidheid.

Mercedes saß auf dem Schlitten und Hal hielt die lange Lenkstange fest.

Mercedes zat op de slee en Hal greep de lange gee-stok vast.

Charles stolperte hinterher, seine Schritte waren unbeholfen und unsicher.

Charles strompelde achter hen aan, zijn stappen waren onhandig en onzeker.

Thornton kniete neben Buck und tastete vorsichtig nach gebrochenen Knochen.

Thornton knielde naast Buck en voelde voorzichtig naar gebroken botten.

Seine Hände waren rau, bewegten sich aber mit Freundlichkeit und Sorgfalt.

Zijn handen waren ruw, maar hij bewoog ze met vriendelijkheid en zorg.

Bucks Körper wies Blutergüsse auf, wies jedoch keine bleibenden Verletzungen auf.

Bucks lichaam was gekneusd maar vertoonde geen blijvende schade.

Zurück blieben schrecklicher Hunger und nahezu völlige Schwäche.

Wat overbleef was verschrikkelijke honger en bijna totale zwakte.

Als dies klar wurde, war der Schlitten bereits weit flussabwärts gefahren.

Tegen de tijd dat dit duidelijk werd, was de slee al een heel eind stroomafwaarts gevaren.

Mann und Hund sahen zu, wie der Schlitten langsam über das knackende Eis kroch.

Man en hond keken toe hoe de slee langzaam over het krakende ijs kroop.

Dann sahen sie, wie der Schlitten in eine Mulde sank.

Toen zagen ze de slee in een holte zakken.

Die Gee-Stange flog in die Höhe, und Hal klammerte sich immer noch vergeblich daran fest.

De paal vloog omhoog, terwijl Hal zich er nog steeds tevergeefs aan vastklampte.

Mercedes' Schrei erreichte sie über die kalte Ferne.

De schreeuw van Mercedes bereikte hen over de koude afstand.

Charles drehte sich um und trat zurück – aber er war zu spät.

Charles draaide zich om en deed een stap achteruit, maar het was te laat.

Eine ganze Eisdecke brach nach und sie alle fielen hindurch.

Een hele ijskap bezweek en ze zakten er allemaal doorheen.

Hunde, Schlitten und Menschen verschwanden im schwarzen Wasser darunter.

Honden, sleeën en mensen verdwenen in het zwarte water.

An der Stelle, an der sie vorbeigekommen waren, war nur ein breites Loch im Eis zurückgeblieben.

Op de plek waar ze waren gepasseerd, was alleen een groot gat in het ijs overgebleven.

Der Boden des Pfades war nach unten abgesunken – genau wie Thornton gewarnt hatte.

Het pad liep naar beneden, precies zoals Thornton had gewaarschuwd.

Thornton und Buck sahen sich einen Moment lang schweigend an.

Thornton en Buck keken elkaar aan en bleven een moment zwijgen.

„Du armer Teufel", sagte Thornton leise und Buck leckte ihm die Hand.

"Jij arme duivel," zei Thornton zachtjes, en Buck likte zijn hand.

Aus Liebe zu einem Mann
Voor de liefde van een man

John Thornton erfror in der Kälte des vergangenen Dezembers seine Füße.
John Thornton had last van bevroren voeten in de kou van de voorgaande decembermaand.

Seine Partner machten es ihm bequem und ließen ihn allein genesen.
Zijn partners stelden hem op zijn gemak en lieten hem alleen herstellen.

Sie fuhren den Fluss hinauf, um ein Floß mit Sägestämmen für Dawson zu holen.
Ze gingen de rivier op om een vlot met zaagblokken voor Dawson te verzamelen.

Er humpelte noch leicht, als er Buck vor dem Tod rettete.
Hij liep nog een beetje mank toen hij Buck van de dood redde.

Aber bei anhaltend warmem Wetter verschwand sogar dieses Hinken.
Maar toen het warmer werd, verdween zelfs die mankement.

Buck ruhte sich an langen Frühlingstagen am Flussufer aus.
Tijdens de lange lentedagen lag Buck te rusten aan de oever van de rivier.

Er beobachtete das fließende Wasser und lauschte den Vögeln und Insekten.
Hij keek naar het stromende water en luisterde naar de vogels en insecten.

Langsam erlangte Buck unter Sonne und Himmel seine Kraft zurück.
Langzaam kwam Buck weer op krachten onder de zon en de hemel.

Nach einer Reise von dreitausend Meilen war eine Pause ein wunderbares Gefühl.
Na drieduizend mijl gereisd te hebben, was het heerlijk om even uit te rusten.

Buck wurde träge, als seine Wunden heilten und sein Körper an Gewicht zunahm.

Buck werd lui terwijl zijn wonden genazen en zijn lichaam voller werd.

Seine Muskeln wurden fester und das Fleisch bedeckte wieder seine Knochen.

Zijn spieren werden sterker en zijn botten werden weer bedekt met vlees.

Sie ruhten sich alle aus – Buck, Thornton, Skeet und Nig.

Ze waren allemaal aan het rusten: Buck, Thornton, Skeet en Nig.

Sie warteten auf das Floß, das sie nach Dawson bringen sollte.

Ze wachtten op het vlot dat hen naar Dawson zou brengen.

Skeet war ein kleiner Irish Setter, der sich mit Buck anfreundete.

Skeet was een kleine Ierse setter die vriendschap sloot met Buck.

Buck war zu schwach und krank, um ihr bei ihrem ersten Treffen Widerstand zu leisten.

Buck was te zwak en ziek om haar tijdens hun eerste ontmoeting te weerstaan.

Skeet hatte die Heilereigenschaft, die manche Hunde von Natur aus besitzen.

Skeet had de helende eigenschap die sommige honden van nature bezitten.

Wie eine Katzenmutter leckte und reinigte sie Bucks offene Wunden.

Als een moederkat likte en maakte ze Bucks open wonden schoon.

Jeden Morgen nach dem Frühstück wiederholte sie ihre sorgfältige Arbeit.

Iedere ochtend na het ontbijt herhaalde ze haar zorgvuldige werk.

Buck erwartete ihre Hilfe ebenso sehr wie die von Thornton.

Buck verwachtte net zo veel hulp van haar als van Thornton.

Nig war auch freundlich, aber weniger offen und weniger liebevoll.

Nig was ook vriendelijk, maar minder open en minder aanhankelijk.

Nig war ein großer schwarzer Hund, halb Bluthund, halb Hirschhund.

Nig was een grote zwarte hond, half bloedhond en half deerhound.

Er hatte lachende Augen und eine unendlich gute Seele.

Hij had lachende ogen en een eindeloos goed karakter.

Zu Bucks Überraschung zeigte keiner der Hunde Eifersucht ihm gegenüber.

Tot Bucks verbazing toonde geen van beide honden jaloezie jegens hem.

Sowohl Skeet als auch Nig erfuhren die Freundlichkeit von John Thornton.

Zowel Skeet als Nig waren net zo vriendelijk als John Thornton.

Als Buck stärker wurde, verleiteten sie ihn zu albernen Hundespielen.

Naarmate Buck sterker werd, verleidden ze hem tot domme hondenspelletjes.

Auch Thornton spielte oft mit ihnen und konnte ihrer Freude nicht widerstehen.

Thornton speelde ook vaak met hen, hij kon hun vreugde niet weerstaan.

Auf diese spielerische Weise gelang Buck der Übergang von der Krankheit in ein neues Leben.

Op deze speelse manier ging Buck van zijn ziekte over naar een nieuw leven.

Endlich hatte er Liebe gefunden – wahre, brennende und leidenschaftliche Liebe.

Eindelijk was de liefde aan hem toegekomen: ware, brandende en hartstochtelijke liefde.

Auf Millers Anwesen hatte er diese Art von Liebe nie erlebt.

Deze vorm van liefde had hij op Millers landgoed nog nooit meegemaakt.

Mit den Söhnen des Richters hatte er Arbeit und Abenteuer geteilt.

Met de zonen van de rechter deelde hij werk en avontuur.

Bei den Enkeln sah er steifen und prahlerischen Stolz.

Bij de kleinzonen zag hij een stijve en opschepperige trots.

Mit Richter Miller selbst verband ihn eine respektvolle Freundschaft.

Met rechter Miller zelf had hij een respectvolle vriendschap.

Doch mit Thornton kam eine Liebe, die Feuer, Wahnsinn und Anbetung war.

Maar met Thornton kwam ook de liefde die vuur, waanzin en aanbidding was.

Dieser Mann hatte Bucks Leben gerettet, und das allein bedeutete sehr viel.

Deze man had Bucks leven gered, en dat alleen al betekende veel.

Aber darüber hinaus war John Thornton der ideale Meistertyp.

Maar belangrijker nog, John Thornton was de ideale meester.

Andere Männer kümmerten sich aus Pflichtgefühl oder geschäftlicher Notwendigkeit um Hunde.

Andere mannen zorgden voor honden uit plichtsbesef of uit zakelijke noodzaak.

John Thornton kümmerte sich um seine Hunde, als wären sie seine Kinder.

John Thornton zorgde voor zijn honden alsof het zijn kinderen waren.

Er kümmerte sich um sie, weil er sie liebte und einfach nicht anders konnte.

Hij gaf om hen omdat hij van hen hield en hij kon er niets aan doen.

John Thornton sah sogar weiter, als die meisten Menschen jemals sehen konnten.

John Thornton zag nog verder dan de meeste mensen ooit konden zien.

Er vergaß nie, sie freundlich zu grüßen oder ein aufmunterndes Wort zu sagen.

Hij vergat nooit hen vriendelijk te begroeten of een opbeurend woord te spreken.

Er liebte es, mit den Hunden zusammenzusitzen und lange zu reden, oder, wie er sagte, „gasy".
Hij hield ervan om lang met de honden te zitten praten, of 'gassy' te zijn, zoals hij het zelf noemde.
Er packte Bucks Kopf gern grob zwischen seinen starken Händen.
Hij hield ervan Bucks hoofd ruw tussen zijn sterke handen te grijpen.
Dann lehnte er seinen Kopf an Bucks und schüttelte ihn sanft.
Toen legde hij zijn hoofd tegen dat van Buck en schudde hem zachtjes.
Die ganze Zeit über beschimpfte er Buck mit unhöflichen Namen, die für ihn Liebe bedeuteten.
Ondertussen schold hij Buck uit voor grove dingen, terwijl hij voor hem juist liefde bedoelde.
Buck bereiteten diese grobe Umarmung und diese Worte große Freude.
Voor Buck brachten die ruwe omhelzing en die woorden diepe vreugde.
Sein Herz schien bei jeder Bewegung vor Glück zu beben.
Bij elke beweging leek zijn hart van geluk te trillen.
Als er anschließend aufsprang, sah sein Mund aus, als würde er lachen.
Toen hij daarna opsprong, zag hij eruit alsof zijn mond lachte.
Seine Augen leuchteten hell und seine Kehle zitterte vor unausgesprochener Freude.
Zijn ogen straalden en zijn keel trilde van onuitgesproken vreugde.
Sein Lächeln blieb in diesem Zustand der Ergriffenheit und glühenden Zuneigung stehen.
Zijn glimlach stond stil in die staat van emotie en gloeiende genegenheid.
Dann rief Thornton nachdenklich aus: „Gott! Er kann fast sprechen!"
Toen riep Thornton nadenkend uit: "God! Hij kan bijna praten!"

Buck hatte eine seltsame Art, Liebe auszudrücken, die beinahe Schmerzen verursachte.

Buck had een vreemde manier om zijn liefde te uiten, die bijna pijn deed.

Er umklammerte Thorntons Hand oft sehr fest mit seinen Zähnen.

Vaak klemde hij Thorntons hand heel hard tussen zijn tanden.

Der Biss würde tiefe Spuren hinterlassen, die noch einige Zeit blieben.

De beet zou diepe littekens achterlaten die nog een tijdje zichtbaar zouden blijven.

Buck glaubte, dass diese Eide Liebe waren, und Thornton wusste das auch.

Buck geloofde dat die eden liefde betekenden, en Thornton wist dat ook.

Meistens zeigte sich Bucks Liebe in stiller, fast stummer Verehrung.

Meestal uitte Bucks liefde zich in stille, bijna geluidloze aanbidding.

Obwohl er sich freute, wenn man ihn berührte oder ansprach, suchte er nicht nach Aufmerksamkeit.

Hoewel hij blij was als hij werd aangeraakt of aangesproken, zocht hij geen aandacht.

Skeet schob ihre Nase unter Thorntons Hand, bis er sie streichelte.

Skeet duwde haar neus onder Thorntons hand tot hij haar aaide.

Nig kam leise herbei und legte seinen großen Kopf auf Thorntons Knie.

Nig liep rustig naar hem toe en legde zijn grote hoofd op Thorntons knie.

Buck hingegen war zufrieden damit, aus respektvoller Distanz zu lieben.

Buck vond het daarentegen prima om op een respectvolle afstand lief te hebben.

Er lag stundenlang zu Thorntons Füßen, wachsam und aufmerksam beobachtend.

Hij lag urenlang aan Thorntons voeten, alert en nauwlettend.

Buck studierte jedes Detail des Gesichts seines Herrn und jede kleinste Bewegung.

Buck bestudeerde elk detail van het gezicht van zijn meester en elke beweging.

Oder er blieb weiter weg liegen und betrachtete schweigend die Gestalt des Mannes.

Of hij lag verderop en bestudeerde in stilte de gestalte van de man.

Buck beobachtete jede kleine Bewegung, jede Veränderung seiner Haltung oder Geste.

Buck observeerde elke kleine beweging, elke verandering in houding of gebaar.

Diese Verbindung war so stark, dass sie Thorntons Blick oft auf sich zog.

Deze verbinding was zo krachtig dat Thornton er vaak naar keek.

Er begegnete Bucks Blick ohne Worte, Liebe schimmerte deutlich hindurch.

Hij keek Buck in de ogen, zonder woorden, maar de liefde scheen er duidelijk doorheen.

Nach seiner Rettung ließ Buck Thornton lange Zeit nicht aus den Augen.

Lange tijd nadat Buck gered was, verloor hij Thornton niet uit het oog.

Immer wenn Thornton das Zelt verließ, folgte Buck ihm dicht auf den Fersen.

Telkens wanneer Thornton de tent verliet, volgde Buck hem nauwlettend naar buiten.

All die strengen Herren im Nordland hatten Buck Angst gemacht, zu vertrauen.

Al die strenge meesters in het Noorden hadden ervoor gezorgd dat Buck bang was om te vertrouwen.

Er befürchtete, dass kein Mann länger als kurze Zeit sein Herr bleiben könnte.

Hij vreesde dat niemand langer dan een korte tijd zijn meester zou kunnen blijven.

Er befürchtete, dass John Thornton wie Perrault und François verschwinden würde.

Hij vreesde dat John Thornton, net als Perrault en François, zou verdwijnen.

Sogar nachts quälte die Angst, ihn zu verlieren, Buck mit unruhigem Schlaf.

Zelfs 's nachts bleef Buck onrustig slapen, ondanks de angst hem te verliezen.

Als Buck aufwachte, kroch er in die Kälte hinaus und ging zum Zelt.

Toen Buck wakker werd, sloop hij de kou in en ging naar de tent.

Er lauschte aufmerksam auf das leise Geräusch des Atmens in seinem Inneren.

Hij luisterde aandachtig of hij het zachte geluid van ademhaling van binnenuit hoorde.

Trotz Bucks tiefer Liebe zu John Thornton blieb die Wildnis am Leben.

Ondanks Bucks grote liefde voor John Thornton bleef de wildernis in leven.

Dieser im Norden erwachte primitive Instinkt ist nicht verschwunden.

Dat primitieve instinct, ontwaakt in het Noorden, is niet verdwenen.

Liebe brachte Hingabe, Treue und die warme Verbundenheit des Kaminfeuers.

Liefde bracht toewijding, loyaliteit en de warme band van het haardvuur met zich mee.

Aber Buck behielt auch seine wilden Instinkte, scharf und stets wachsam.

Maar Buck behield ook zijn wilde instincten, scherp en altijd alert.

Er war nicht nur ein gezähmtes Haustier aus den sanften Ländern der Zivilisation.

Hij was niet zomaar een tam huisdier uit de zachte streken van de beschaving.

Buck war ein wildes Wesen, das hereingekommen war, um an Thorntons Feuer zu sitzen.

Buck was een wild wezen dat bij het vuur van Thornton kwam zitten.

Er sah aus wie ein Südlandhund, aber in ihm lebte Wildheit.

Hij zag eruit als een hond uit het zuiden, maar hij had een wild karakter.

Seine Liebe zu Thornton war zu groß, um zuzulassen, dass er den Mann bestohlen hätte.

Zijn liefde voor Thornton was te groot om diefstal van de man toe te staan.

Aber in jedem anderen Lager würde er dreist und ohne Pause stehlen.

Maar in elk ander kamp zou hij brutaal en zonder ophouden stelen.

Er war beim Stehlen so geschickt, dass ihn niemand erwischen oder beschuldigen konnte.

Hij was zo slim in het stelen dat niemand hem kon betrappen of beschuldigen.

Sein Gesicht und sein Körper waren mit Narben aus vielen vergangenen Kämpfen übersät.

Zijn gezicht en lichaam zaten onder de littekens van de vele gevechten uit het verleden.

Buck kämpfte immer noch erbittert, aber jetzt kämpfte er mit mehr List.

Buck vocht nog steeds fel, maar nu met meer sluwheid.

Skeet und Nig waren zu sanft, um zu kämpfen, und sie gehörten Thornton.

Skeet en Nig waren te zachtaardig om te vechten, en zij waren van Thornton.

Aber jeder fremde Hund, egal wie stark oder mutig, wich zurück.

Maar elke vreemde hond, hoe sterk of dapper ook, gaf toe.

Ansonsten kämpfte der Hund gegen Buck und um sein Leben.

Anders zou de hond met Buck moeten vechten, vechtend voor zijn leven.

Buck kannte keine Gnade, wenn er sich entschied, gegen einen anderen Hund zu kämpfen.

Buck kende geen genade toen hij besloot om met een andere hond te vechten.

Er hatte das Gesetz der Keule und des Reißzahns im Nordland gut gelernt.

Hij had de wetten van de knuppel en de slagtand uit het Noorden goed geleerd.

Er gab nie einen Vorteil auf und wich nie einer Schlacht aus.

Hij gaf nooit een voordeel uit handen en deinsde nooit terug voor de strijd.

Er hatte Spitz und die wildesten Post- und Polizeihunde studiert.

Hij had Spitz en de gevaarlijkste post- en politiehonden bestudeerd.

Er wusste genau, dass es im wilden Kampf keinen Mittelweg gab.

Hij wist heel goed dat er in een wilde strijd geen middenweg bestond.

Er musste herrschen oder beherrscht werden; Gnade zu zeigen, hieße, Schwäche zu zeigen.

Hij moest heersen of geregeerd worden; genade tonen betekende zwakte tonen.

In der rauen und brutalen Welt des Überlebens kannte man keine Gnade.

Genade was onbekend in de ruwe en wrede wereld van overleving.

Gnade zu zeigen wurde als Angst angesehen und Angst führte schnell zum Tod.

Genade tonen werd gezien als angst, en angst leidde snel tot de dood.

Das alte Gesetz war einfach: töten oder getötet werden, essen oder gefressen werden.

De oude wet was simpel: dood of gedood worden, eet of gegeten worden.

Dieses Gesetz stammte aus längst vergangenen Zeiten und Buck befolgte es vollständig.

Die wet stamt uit de oudheid en Buck hield zich er strikt aan.

Buck war älter als sein Alter und die Anzahl seiner Atemzüge.

Buck was ouder dan zijn jaren en het aantal ademhalingen dat hij nam.

Er verband die ferne Vergangenheit klar mit der Gegenwart.

Hij legde een helder verband tussen het verre verleden en het heden.

Die tiefen Rhythmen der Zeitalter bewegten sich durch ihn wie die Gezeiten.

De diepe ritmes van de eeuwen bewogen door hem heen als de getijden.

Die Zeit pulsierte in seinem Blut so sicher, wie die Jahreszeiten die Erde bewegen.

De tijd pulseerde in zijn bloed, net zo zeker als de seizoenen de aarde bewogen.

Er saß mit starker Brust und weißen Reißzähnen an Thorntons Feuer.

Hij zat bij het vuur van Thornton, met zijn sterke borstkas en witte tanden.

Sein langes Fell wehte, aber hinter ihm beobachteten ihn die Geister wilder Hunde.

Zijn lange vacht wapperde, maar achter hem keken de geesten van wilde honden toe.

Halbwölfe und Vollwölfe regten sich in seinem Herzen und seinen Sinnen.

In zijn hart en zintuigen roerden zich de gevoelens van halfwolven en echte wolven aan.

Sie probierten sein Fleisch und tranken dasselbe Wasser wie er.

Ze proefden zijn vlees en dronken hetzelfde water als hij.

Sie schnupperten neben ihm den Wind und lauschten dem Wald.

Ze snuffelden met hem mee aan de wind en luisterden naar het bos.

Sie flüsterten die Bedeutung der wilden Geräusche in der Dunkelheit.

Ze fluisterden de betekenissen van de wilde geluiden in de duisternis.

Sie prägten seine Stimmungen und leiteten jede seiner stillen Reaktionen.

Ze beïnvloedden zijn stemmingen en stuurden zijn stille reacties.

Sie lagen bei ihm, während er schlief, und wurden Teil seiner tiefen Träume.

Ze lagen bij hem terwijl hij sliep en werden onderdeel van zijn diepe dromen.

Sie träumten mit ihm, über ihn hinaus und bildeten seinen Geist.

Zij droomden met hem, voorbij hem, en vormden zijn geest.

Die Geister der Wildnis riefen so stark, dass Buck sich hingezogen fühlte.

De geesten van de wildernis riepen zo sterk dat Buck zich aangetrokken voelde.

Mit jedem Tag wurden die Menschheit und ihre Ansprüche in Bucks Herzen schwächer.

Elke dag werden de mensheid en haar aanspraken zwakker in Bucks hart.

Tief im Wald würde ein seltsamer und aufregender Ruf erklingen.

Diep in het bos zou een vreemde en opwindende roep klinken.

Jedes Mal, wenn er den Ruf hörte, verspürte Buck einen Drang, dem er nicht widerstehen konnte.

Elke keer dat Buck de roep hoorde, voelde hij een drang die hij niet kon weerstaan.

Er wollte sich vom Feuer und den ausgetretenen menschlichen Pfaden abwenden.

Hij ging zich afkeren van het vuur en van de gebaande menselijke paden.

Er wollte in den Wald eintauchen und weitergehen, ohne zu wissen, warum.

Hij wilde het bos in springen, zonder te weten waarom.

Er hinterfragte diese Anziehungskraft nicht, denn der Ruf war tief und kraftvoll.

Hij betwijfelde deze aantrekkingskracht niet, want de roep was diep en krachtig.

Oft erreichte er den grünen Schatten und die weiche, unberührte Erde

Vaak bereikte hij de groene schaduw en de zachte, ongerepte aarde

Doch dann zog ihn die große Liebe zu John Thornton zurück zum Feuer.

Maar toen trok zijn sterke liefde voor John Thornton hem weer terug naar het vuur.

Nur John Thornton hatte Bucks wildes Herz wirklich in seiner Gewalt.

Alleen John Thornton had werkelijk de macht over Bucks wilde hart.

Der Rest der Menschheit hatte für Buck keinen bleibenden Wert oder keine bleibende Bedeutung.

De rest van de mensheid had voor Buck geen blijvende waarde of betekenis.

Fremde könnten ihn loben oder ihm mit freundlichen Händen über das Fell streicheln.

Vreemden prezen hem soms of aaiden hem met hun vriendelijke handen over zijn vacht.

Buck blieb ungerührt und ging vor lauter Zuneigung davon.

Buck bleef onberoerd en liep weg omdat hij te veel aanhankelijkheid voelde.

Hans und Pete kamen mit dem lange erwarteten Floß

Hans en Pete arriveerden met het langverwachte vlot

Buck ignorierte sie, bis er erfuhr, dass sie sich in der Nähe von Thornton befanden.

Buck negeerde ze totdat hij hoorde dat ze dicht bij Thornton waren.

Danach tolerierte er sie, zeigte ihnen jedoch nie seine volle Zuneigung.

Daarna tolereerde hij ze nog wel, maar toonde hij ze nooit zijn volledige warmte.

Er nahm Essen oder Freundlichkeiten von ihnen an, als täte er ihnen einen Gefallen.

Hij nam eten of vriendelijkheid van hen aan, alsof hij hen een gunst bewees.

Sie waren wie Thornton – einfach, ehrlich und klar im Denken.

Ze waren net als Thornton: eenvoudig, eerlijk en helder van geest.

Gemeinsam reisten sie zu Dawsons Sägewerk und dem großen Wirbel

Samen reisden ze naar Dawson's zagerij en de grote draaikolk

Auf ihrer Reise lernten sie Bucks Wesen tiefgründig kennen.

Tijdens hun reis leerden ze Bucks aard beter begrijpen.

Sie versuchten nicht, sich näherzukommen, wie es Skeet und Nig getan hatten.

Ze probeerden niet dichter naar elkaar toe te groeien zoals Skeet en Nig hadden gedaan.

Doch Bucks Liebe zu John Thornton wurde mit der Zeit immer stärker.

Maar Bucks liefde voor John Thornton werd met de tijd alleen maar groter.

Nur Thornton könnte Buck im Sommer eine Last auf die Schultern laden.

Alleen Thornton kon in de zomer een rugzak op Bucks rug plaatsen.

Was auch immer Thornton befahl, Buck war bereit, es uneingeschränkt zu tun.

Wat Thornton ook beval, Buck was bereid om volledig te doen.

Eines Tages, nachdem sie Dawson in Richtung der Quellgewässer des Tanana verlassen hatten,

Op een dag, nadat ze Dawson hadden verlaten voor de bovenloop van de Tanana,

die Gruppe saß auf einer Klippe, die dreihundert Fuß bis zum nackten Fels abfiel.

De groep zat op een klif die bijna een meter afdaalde tot aan de kale rotsbodem.

John Thornton saß nahe der Kante und Buck ruhte sich neben ihm aus.

John Thornton zat aan de rand en Buck rustte naast hem.

Thornton hatte plötzlich eine Idee und rief die Männer auf sich aufmerksam.

Thornton kreeg plotseling een ingeving en trok de aandacht van de mannen.

Er deutete über den Abgrund und gab Buck einen einzigen Befehl.

Hij wees naar de overkant van de kloof en gaf Buck één bevel.

„Spring, Buck!", sagte er und schwang seinen Arm über den Abgrund.

"Spring, Buck!" zei hij, terwijl hij zijn arm over de afgrond zwaaide.

Einen Moment später musste er Buck packen, der sofort lossprang, um zu gehorchen.

Hij moest Buck onmiddellijk grijpen, die meteen opsprong om te gehoorzamen.

Hans und Pete eilten nach vorne und zogen beide in Sicherheit.

Hans en Pete renden naar voren en trokken ze allebei in veiligheid.

Nachdem alles vorbei war und sie wieder zu Atem gekommen waren, ergriff Pete das Wort.

Toen alles voorbij was en ze op adem waren gekomen, sprak Pete.

„Die Liebe ist unheimlich", sagte er, erschüttert von der wilden Hingabe des Hundes.

"De liefde is wonderbaarlijk", zei hij, geschokt door de felle toewijding van de hond.

Thornton schüttelte den Kopf und antwortete mit ruhiger Ernsthaftigkeit.

Thornton schudde zijn hoofd en antwoordde met kalme ernst.

„Nein, die Liebe ist großartig", sagte er, „aber auch schrecklich."

"Nee, de liefde is prachtig," zei hij, "maar ook verschrikkelijk."

„Manchmal, das muss ich zugeben, macht mir diese Art von Liebe Angst."

"Soms moet ik toegeven dat dit soort liefde mij bang maakt."

Pete nickte und sagte: „Ich möchte nicht der Mann sein, der dich berührt."

Pete knikte en zei: "Ik zou niet de man willen zijn die jou aanraakt."

Er sah Buck beim Sprechen ernst und voller Respekt an.

Hij keek Buck aan terwijl hij sprak, serieus en vol respect.

„Py Jingo!", sagte Hans schnell. „Ich auch nicht, nein, Sir."

"Py Jingo!" zei Hans snel. "Ik ook niet, meneer."

Noch vor Jahresende wurden Petes Befürchtungen in Circle City wahr.

Nog voor het einde van het jaar werden Petes angsten werkelijkheid bij Circle City.

Ein grausamer Mann namens Black Burton hat in der Bar eine Schlägerei angezettelt.

Een wrede man genaamd Black Burton begon ruzie in de bar.

Er war wütend und bösartig und ging auf einen Neuling los.

Hij was boos en gemeen en viel een nieuwe beginneling aan.

John Thornton schritt ein, ruhig und gutmütig wie immer.

John Thornton stapte in, kalm en goedgehumeurd als altijd.

Buck lag mit gesenktem Kopf in einer Ecke und beobachtete Thornton aufmerksam.

Buck lag in een hoek, met zijn hoofd naar beneden, en hield Thornton nauwlettend in de gaten.

Burton schlug plötzlich zu und sein Schlag ließ Thornton herumwirbeln.

Burton sloeg plotseling toe en Thornton begon te tollen.

Nur die Stangenreling verhinderte, dass er hart auf den Boden stürzte.

Alleen de leuning van de bar voorkwam dat hij hard op de grond viel.

Die Beobachter hörten ein Geräusch, das weder Bellen noch Jaulen war

De waarnemers hoorden een geluid dat geen geblaf of gejank was

Ein tiefes Brüllen kam von Buck, als er auf den Mann zustürzte.

Een diep gebrul klonk uit Buck terwijl hij op de man afstormde.

Burton riss seinen Arm hoch und rettete nur knapp sein eigenes Leben.

Burton gooide zijn arm in de lucht en redde ternauwernood zijn eigen leven.

Buck prallte gegen ihn und warf ihn flach auf den Boden.

Buck botste tegen hem aan, waardoor hij plat op de grond viel.

Buck biss tief in den Arm des Mannes und stürzte sich dann auf die Kehle.

Buck beet diep in de arm van de man en greep hem vervolgens bij de keel.

Burton konnte den Angriff nur teilweise blocken und sein Hals wurde aufgerissen.

Burton kon de aanval slechts gedeeltelijk blokkeren en zijn nek scheurde open.

Männer stürmten mit erhobenen Knüppeln herein und vertrieben Buck von dem blutenden Mann.

Mannen renden naar binnen, hielden hun knuppels geheven en joegen Buck weg van de bloedende man.

Ein Chirurg arbeitete schnell, um den Blutausfluss zu stoppen.

Een chirurg kwam snel in actie om te voorkomen dat het bloed wegstroomde.

Buck ging auf und ab und knurrte, während er immer wieder versuchte anzugreifen.

Buck liep heen en weer en gromde, terwijl hij steeds opnieuw probeerde aan te vallen.

Nur schwingende Knüppel hielten ihn davon ab, Burton zu erreichen.

Alleen zwaaiende clubs weerhielden hem ervan Burton te bereiken.

Eine Bergarbeiterversammlung wurde einberufen und noch vor Ort abgehalten.

Er werd ter plekke een vergadering van de mijnwerkers belegd en gehouden.

Sie waren sich einig, dass Buck provoziert worden war, und stimmten für seine Freilassung.

Ze waren het erover eens dat Buck was geprovoceerd en stemden voor zijn vrijlating.

Doch Bucks wilder Name hallte nun durch jedes Lager in Alaska.

Maar de felle naam van Buck klonk nu in elk kamp in Alaska.

Später im Herbst rettete Buck Thornton erneut auf eine neue Art und Weise.

Later die herfst redde Buck Thornton opnieuw, maar dan op een nieuwe manier.

Die drei Männer steuerten ein langes Boot durch wilde Stromschnellen.

De drie mannen bestuurden een lange boot door ruwe stroomversnellingen.

Thornton steuerte das Boot und rief Anweisungen zur Küste.

Thornton bestuurde de boot en riep de weg naar de kustlijn.

Hans und Pete rannten an Land und hielten sich an einem Seil fest, das sie von Baum zu Baum führte.

Hans en Pete renden over land, met een touw in hun handen van boom tot boom.

Buck hielt am Ufer Schritt und behielt seinen Herrn immer im Auge.

Buck hield gelijke tred met de oever en hield zijn baasje voortdurend in de gaten.

An einer ungünstigen Stelle ragten Felsen aus dem schnellen Wasser hervor.

Op een vervelende plek staken er rotsen uit onder het snelstromende water.

Hans ließ das Seil los und Thornton steuerte das Boot weit.

Hans liet het touw los en Thornton stuurde de boot wijd.

Hans sprintete, um das Boot an den gefährlichen Felsen vorbei wieder zu erreichen.

Hans rende om de boot weer te pakken en passeerde de gevaarlijke rotsen.

Das Boot passierte den Felsvorsprung, geriet jedoch in eine stärkere Strömung.

De boot kwam over de rand heen, maar stuitte op een sterker deel van de stroming.

Hans griff zu schnell nach dem Seil und brachte das Boot aus dem Gleichgewicht.

Hans greep het touw te snel vast en bracht de boot uit balans.

Das Boot kenterte und prallte mit dem Hinterteil nach oben gegen das Ufer.

De boot sloeg om en belandde met de onderkant naar boven op de oever.

Thornton wurde hinausgeworfen und in den wildesten Teil des Wassers geschwemmt.

Thornton werd eruit geslingerd en meegesleurd in het wildste deel van het water.

Kein Schwimmer hätte in diesen tödlichen, reißenden Gewässern überleben können.

Geen enkele zwemmer zou hebben kunnen overleven in dat dodelijke, razende water.

Buck sprang sofort hinein und jagte seinen Herrn den Fluss hinunter.

Buck sprong meteen in het water en achtervolgde zijn baasje de rivier af.

Nach dreihundert Metern erreichte er endlich Thornton.

Na driehonderd meter bereikte hij eindelijk Thornton.

Thornton packte Buck am Schwanz und Buck drehte sich zum Ufer um.

Thornton greep Buck bij zijn staart en Buck liep naar de kust.

Er schwamm mit voller Kraft und kämpfte gegen den wilden Sog des Wassers an.

Hij zwom met volle kracht en verzette zich tegen de sterke weerstand van het water.

Sie bewegten sich schneller flussabwärts, als sie das Ufer erreichen konnten.

Ze bewogen zich sneller stroomafwaarts dan ze de kust konden bereiken.

Vor ihnen toste der Fluss immer lauter und stürzte in tödliche Stromschnellen.

Voor ons bulderde de rivier nog luider terwijl deze in dodelijke stroomversnellingen stortte.

Felsen schnitten durch das Wasser wie die Zähne eines riesigen Kamms.

Rotsen sneden door het water als de tanden van een enorme kam.

Die Anziehungskraft des Wassers in der Nähe des Tropfens war wild und unausweichlich.

De aantrekkingskracht van het water bij de waterval was enorm en onontkoombaar.

Thornton wusste, dass sie das Ufer nie rechtzeitig erreichen würden.

Thornton wist dat ze de kust nooit op tijd zouden bereiken.

Er schrammte über einen Felsen, zerschmetterte einen zweiten,

Hij schraapte over een rots, sloeg over een tweede,

Und dann prallte er gegen einen dritten Felsen, den er mit beiden Händen festhielt.

Vervolgens botste hij tegen een derde rots, die hij met beide handen vastgreep.

Er ließ Buck los und übertönte das Gebrüll: „Los, Buck! Los!"

Hij liet Buck los en riep boven het gebrul uit: "Ga, Buck! Ga!"

Buck konnte sich nicht über Wasser halten und wurde von der Strömung mitgerissen.

Buck kon niet blijven drijven en werd door de stroming meegesleurd.

Er kämpfte hart und versuchte, sich umzudrehen, kam aber überhaupt nicht voran.

Hij verzette zich hevig en probeerde zich om te draaien, maar kwam geen stap vooruit.

Dann hörte er, wie Thornton den Befehl über das Tosen des Flusses hinweg wiederholte.

Toen hoorde hij Thornton het bevel herhalen, boven het gebulder van de rivier uit.

Buck erhob sich aus dem Wasser und hob den Kopf, als wolle er einen letzten Blick werfen.

Buck kwam uit het water en hief zijn kop op alsof hij hem nog een laatste keer wilde zien.

dann drehte er sich um und gehorchte und schwamm entschlossen auf das Ufer zu.

draaide zich om en gehoorzaamde, en zwom vastberaden naar de oever.

Pete und Hans zogen ihn im letzten Moment an Land.

Op het allerlaatste moment trokken Pete en Hans hem aan land.

Sie wussten, dass Thornton sich nur noch wenige Minuten am Felsen festklammern konnte.

Ze wisten dat Thornton zich nog maar een paar minuten aan de rots kon vastklampen.

Sie rannten das Ufer hinauf zu einer Stelle weit oberhalb der Stelle, an der er hing.

Ze renden de oever op naar een plek ver boven de plek waar hij hing.

Sie befestigten die Bootsleine sorgfältig an Bucks Hals und Schultern.

Ze maakten de lijn van de boot zorgvuldig vast aan Bucks nek en schouders.

Das Seil saß eng, war aber locker genug zum Atmen und für Bewegung.

Het touw zat strak, maar was los genoeg om te kunnen ademen en bewegen.

Dann warfen sie ihn erneut in den reißenden, tödlichen Fluss.

Daarna gooiden ze hem weer in de snelstromende, dodelijke rivier.

Buck schwamm mutig, verpasste jedoch seinen Winkel in die Kraft des Stroms.

Buck zwom dapper, maar miste de kracht van de stroming.

Er sah zu spät, dass er an Thornton vorbeiziehen würde.

Hij zag te laat dat hij Thornton voorbij zou drijven.

Hans riss das Seil fest, als wäre Buck ein kenterndes Boot.

Hans trok het touw strak, alsof Buck een kapseizende boot was.

Die Strömung zog ihn nach unten und er verschwand unter der Oberfläche.

Hij werd door de stroming meegesleurd en verdween onder het wateroppervlak.

Sein Körper schlug gegen das Ufer, bevor Hans und Pete ihn herauszogen.

Zijn lichaam sloeg tegen de oever voordat Hans en Pete hem eruit konden trekken.

Er war halb ertrunken und sie haben das Wasser aus ihm herausgeprügelt.

Hij was half verdronken, en ze sloegen het water uit hem.

Buck stand auf, taumelte und brach erneut auf dem Boden zusammen.

Buck stond op, wankelde en viel weer op de grond.

Dann hörten sie Thorntons Stimme, die schwach vom Wind getragen wurde.

Toen hoorden ze Thorntons stem zwakjes door de wind worden meegevoerd.

Obwohl die Worte undeutlich waren, wussten sie, dass er dem Tode nahe war.

Ook al waren de woorden onduidelijk, ze wisten dat hij bijna dood was.

Der Klang von Thorntons Stimme traf Buck wie ein elektrischer Schlag.

Het geluid van Thorntons stem trof Buck als een elektrische schok.

Er sprang auf, rannte das Ufer hinauf und kehrte zum Startpunkt zurück.

Hij sprong op, rende de oever op en keerde terug naar het vertrekpunt.

Wieder banden sie Buck das Seil fest und wieder betrat er den Bach.

Opnieuw bonden ze het touw aan Buck vast, en opnieuw stapte hij de beek in.

Diesmal schwamm er direkt und entschlossen in das rauschende Wasser.

Deze keer zwom hij rechtstreeks en vastberaden het stromende water in.

Hans ließ das Seil langsam los, während Pete darauf achtete, dass es sich nicht verhedderte.

Hans liet het touw rustig los en Pete zorgde ervoor dat het niet in de knoop raakte.

Buck schwamm schnell, bis er direkt über Thornton auf einer Linie lag.

Buck zwom hard tot hij vlak boven Thornton lag.

Dann drehte er sich um und raste wie ein Zug mit voller Geschwindigkeit nach unten.

Toen draaide hij zich om en rende er als een trein op volle snelheid vandoor.

Thornton sah ihn kommen, machte sich bereit und schlang die Arme um seinen Hals.

Thornton zag hem aankomen, schrapte zich schrap en sloeg zijn armen om zijn nek.

Hans band das Seil fest um einen Baum, als beide unter Wasser gezogen wurden.

Hans bond het touw vast om een boom terwijl ze beiden naar beneden werden getrokken.

Sie stürzten unter Wasser und zerschellten an Felsen und Flusstrümmern.

Ze stortten onder water neer en kwamen tegen de rotsen en het rivierafval terecht.

In einem Moment war Buck oben, im nächsten erhob sich Thornton keuchend.

Het ene moment zat Buck bovenop, het volgende moment stond Thornton hijgend op.

Zerschlagen und erstickend steuerten sie auf das Ufer zu und waren in Sicherheit.

Gehavend en stikkend, zochten ze hun toevlucht tot de oever, op zoek naar veiligheid.

Thornton erlangte sein Bewusstsein wieder und lag quer über einem Treibholzbaumstamm.

Thornton kwam weer bij bewustzijn terwijl hij op een drijfboomstam lag.

Hans und Pete haben hart gearbeitet, um ihm Atem und Leben zurückzugeben.

Hans en Pete hebben hard gewerkt om hem weer op adem te brengen en leven te geven.

Sein erster Gedanke galt Buck, der regungslos und schlaff dalag.

Zijn eerste gedachte ging uit naar Buck, die roerloos en slap op de grond lag.

Nig heulte über Bucks Körper und Skeet leckte sanft sein Gesicht.

Nig huilde over Bucks lichaam en Skeet likte zachtjes zijn gezicht.

Thornton, wund und verletzt, untersuchte Buck mit vorsichtigen Händen.

Thornton, pijnlijk en gekneusd, onderzocht Buck voorzichtig.

Er stellte fest, dass der Hund drei Rippen gebrochen hatte, jedoch keine tödlichen Wunden aufwies.

Hij constateerde dat de hond drie gebroken ribben had, maar geen dodelijke verwondingen.

„Damit ist die Sache geklärt", sagte Thornton. „Wir zelten hier." Und das taten sie.

"Dat is het dan," zei Thornton. "We kamperen hier." En dat deden ze.

Sie blieben, bis Bucks Rippen verheilt waren und er wieder laufen konnte.

Ze bleven totdat Bucks ribben genezen waren en hij weer kon lopen.

In diesem Winter vollbrachte Buck eine Leistung, die seinen Ruhm noch weiter steigerte.

Die winter leverde Buck een prestatie die zijn roem verder vergrootte.

Es war weniger heroisch als Thornton zu retten, aber genauso beeindruckend.

Het was minder heldhaftig dan het redden van Thornton, maar net zo indrukwekkend.

In Dawson benötigten die Partner Vorräte für eine weite Reise.

In Dawson hadden de partners proviand nodig voor een verre reis.

Sie wollten nach Osten reisen, in unberührte Wildnisgebiete.

Ze wilden naar het oosten reizen, naar de ongerepte wildernis.

Bucks Tat im Eldorado Saloon machte diese Reise möglich.

Buck's act in de Eldorado Saloon maakte die reis mogelijk.

Es begann damit, dass Männer bei einem Drink mit ihren Hunden prahlten.

Het begon met mannen die tijdens een drankje opschepten over hun honden.

Bucks Ruhm machte ihn zur Zielscheibe von Herausforderungen und Zweifeln.

Door zijn roem werd Buck het doelwit van uitdagingen en twijfels.

Thornton blieb stolz und ruhig und verteidigte Bucks Namen standhaft.

Thornton, trots en kalm, bleef standvastig de naam van Buck verdedigen.

Ein Mann sagte, sein Hund könne problemlos zweihundertsechsunddreißig kg ziehen.

Een man zei dat zijn hond met gemak 227 kilo kon trekken.

Ein anderer sagte sechshundert und ein dritter prahlte mit siebenhundert.

Een ander zei zeshonderd, en een derde pochte zevenhonderd.

„Pfft!", sagte John Thornton, „Buck kann einen fünfhundert kg schweren Schlitten ziehen."

"Pfft!" zei John Thornton, "Buck kan een slee van duizend pond trekken."

Matthewson, ein Bonanza-König, beugte sich vor und forderte ihn heraus.

Matthewson, een Bonanza King, boog zich naar voren en daagde hem uit.

„Glauben Sie, er kann so viel Gewicht in Bewegung setzen?"

"Denk je dat hij zoveel gewicht in beweging kan zetten?"

„Und Sie glauben, er kann das Gewicht volle hundert Meter weit ziehen?"

"En denk je dat hij dat gewicht een volle honderd meter kan trekken?"

Thornton antwortete kühl: „Ja. Buck ist Hund genug, um das zu tun."

Thornton antwoordde koeltjes: "Ja. Buck is hond genoeg om het te doen."

„Er wird tausend Pfund in Bewegung setzen und es hundert Meter weit ziehen."

"Hij zet duizend kilo in beweging en trekt het honderd meter verder."

Matthewson lächelte langsam und stellte sicher, dass alle Männer seine Worte hörten.

Matthewson glimlachte langzaam en zorgde ervoor dat iedereen zijn woorden kon horen.

„Ich habe tausend Dollar, die sagen, dass er es nicht kann. Da ist es."

"Ik heb duizend dollar waarop staat dat hij het niet kan. Daar is het."

Er knallte einen Sack Goldstaub von der Größe einer Wurst auf die Theke.

Hij gooide een zak goudstof, ter grootte van een worst, op de bar.

Niemand sagte ein Wort. Die Stille um sie herum wurde drückend und angespannt.

Niemand zei een woord. De stilte om hen heen werd zwaar en gespannen.

Thorntons Bluff – wenn es denn einer war – war ernst genommen worden.

Thorntons bluf – als het er een was – werd serieus genomen.

Er spürte, wie ihm die Hitze im Gesicht aufstieg und das Blut in seine Wangen schoss.

Hij voelde de hitte in zijn gezicht toenemen en het bloed stroomde naar zijn wangen.

In diesem Moment war seine Zunge seiner Vernunft voraus.

Op dat moment was zijn tong zijn verstand voorbijgestreefd.

Er wusste wirklich nicht, ob Buck fünfhundert kg bewegen konnte.

Hij wist werkelijk niet of Buck duizend pond kon verplaatsen.

Eine halbe Tonne! Allein die Größe ließ ihm das Herz schwer werden.

Een halve ton! Alleen al de omvang ervan maakte hem zwaar op de maag.

Er hatte Vertrauen in Bucks Stärke und hielt ihn für fähig.

Hij had vertrouwen in Bucks kracht en achtte hem capabel.

Doch einer solchen Herausforderung war er noch nie begegnet, nicht auf diese Art und Weise.

Maar hij was nog nooit voor een dergelijke uitdaging komen te staan.

Ein Dutzend Männer beobachteten ihn still und warteten darauf, was er tun würde.

Een tiental mannen keken hem stilletjes aan en wachtten af wat hij zou doen.

Er hatte das Geld nicht – Hans und Pete auch nicht.

Hij had het geld niet, en Hans en Pete ook niet.

„Ich habe draußen einen Schlitten", sagte Matthewson kalt und direkt.

"Ik heb buiten een slee staan," zei Matthewson koud en direct.

„Es ist mit zwanzig Säcken zu je fünfzig Pfund beladen, alles Mehl.

"Hij is geladen met twintig zakken van vijftig pond per stuk, allemaal meel.

Lassen Sie sich also jetzt nicht von einem fehlenden Schlitten als Ausrede ausreden", fügte er hinzu.

"Laat een vermiste slee dus niet langer uw excuus zijn", voegde hij eraan toe.

Thornton stand still da. Er wusste nicht, was er sagen sollte.
Thornton bleef stil. Hij wist niet welke woorden hij moest
gebruiken.
**Er blickte sich die Gesichter an, ohne sie deutlich zu
erkennen.**
Hij keek rond naar de gezichten, maar zag ze niet duidelijk.
**Er sah aus wie ein Mann, der in Gedanken erstarrt war und
versuchte, neu zu starten.**
Hij zag eruit als een man die in gedachten verzonken was en
probeerde opnieuw te beginnen.
**Dann sah er Jim O'Brien, einen Freund aus der Mastodon-
Zeit.**
Toen zag hij Jim O'Brien, een vriend uit de Mastodon-tijd.
**Dieses vertraute Gesicht gab ihm Mut, von dem er nicht
wusste, dass er ihn hatte.**
Dat bekende gezicht gaf hem moed waarvan hij niet wist dat
hij het had.
**Er drehte sich um und fragte mit leiser Stimme: „Können Sie
mir tausend leihen?"**
Hij draaide zich om en vroeg met gedempte stem: "Kun je mij
duizend lenen?"
**„Sicher", sagte O'Brien und ließ bereits einen schweren
Sack neben dem Gold fallen.**
"Tuurlijk," zei O'Brien, terwijl hij alvast een zware zak bij het
goud liet vallen.
**„Aber ehrlich gesagt, John, ich glaube nicht, dass das Biest
das tun kann."**
"Maar eerlijk gezegd, John, geloof ik niet dat het beest dit kan."
**Alle im Eldorado Saloon strömten nach draußen, um sich
die Veranstaltung anzusehen.**
Iedereen in de Eldorado Saloon haastte zich naar buiten om
het evenement te zien.
**Sie ließen Tische und Getränke zurück und sogar die Spiele
wurden unterbrochen.**
Er werden tafels en drankjes neergezet en zelfs de spelen
werden stilgelegd.

Dealer und Spieler kamen, um das Ende der kühnen Wette mitzuerleben.

Gokkers en dealers kwamen om het einde van de gewaagde weddenschap te aanschouwen.

Hunderte versammelten sich auf der vereisten Straße um den Schlitten.

Honderden mensen verzamelden zich rond de slee op de ijzige, open straat.

Matthewsons Schlitten stand mit einer vollen Ladung Mehlsäcke da.

De slee van Matthewson stond vol met zakken meel.

Der Schlitten stand stundenlang bei Minustemperaturen.

De slee had urenlang bij temperaturen onder het vriespunt stilgestaan.

Die Kufen des Schlittens waren fest am festgetretenen Schnee festgefroren.

De glijders van de slee zaten vastgevroren aan de aangestampte sneeuw.

Die Männer wetteten zwei zu eins, dass Buck den Schlitten nicht bewegen könne.

De mannen gaven een quotering van twee tegen één dat Buck de slee niet kon verplaatsen.

Es kam zu einem Streit darüber, was „ausbrechen" eigentlich bedeutet.

Er ontstond een meningsverschil over de vraag wat 'uitbreken' precies betekende.

O'Brien sagte, Thornton solle die festgefrorene Basis des Schlittens lösen.

O'Brien zei dat Thornton de bevroren basis van de slee los moest maken.

Buck könnte dann aus einem soliden, bewegungslosen Start „ausbrechen".

Buck kon toen 'uitbreken' vanuit een solide, beweginagloze start.

Matthewson argumentierte, dass der Hund auch die Läufer befreien müsse.

Matthewson stelde dat de hond ook de renners moest bevrijden.

Die Männer, die von der Wette gehört hatten, stimmten Matthewsons Ansicht zu.

De mannen die van de weddenschap hadden gehoord, waren het eens met Matthewsons standpunt.

Mit dieser Entscheidung stiegen die Chancen auf drei zu eins gegen Buck.

Met deze uitspraak steeg de odds naar drie tegen één in het nadeel van Buck.

Niemand trat vor, um die wachsende Drei-zu-eins-Chance auf sich zu nehmen.

Niemand durfde de groeiende kans van drie tegen één te accepteren.

Kein einziger Mann glaubte, dass Buck diese große Leistung vollbringen könnte.

Niemand geloofde dat Buck deze grote prestatie zou kunnen leveren.

Thornton war zu der Wette gedrängt worden, obwohl er voller Zweifel war.

Thornton was overhaast met de weddenschap begonnen, vol twijfels.

Nun blickte er auf den Schlitten und das zehnköpfige Hundegespann daneben.

Nu keek hij naar de slee en het span van tien honden ernaast.

Als ich die Realität der Aufgabe sah, erschien sie noch unmöglicher.

Toen ik de werkelijkheid onder ogen zag, leek het steeds onmogelijker.

Matthewson war in diesem Moment voller Stolz und Selbstvertrauen.

Matthewson was op dat moment vervuld van trots en zelfvertrouwen.

„Drei zu eins!", rief er. „Ich wette noch tausend, Thornton!"

"Drie tegen één!" riep hij. "Ik wed nog eens duizend, Thornton!

Was sagst du dazu?", fügte er laut genug hinzu, dass es alle hören konnten.

"Wat zeg je?" voegde hij eraan toe, luid genoeg zodat iedereen het kon horen.

Thorntons Gesicht zeigte seine Zweifel, aber sein Geist war aufgeblüht.

Thorntons gezicht verraadde zijn twijfels, maar zijn geest was opgestaan.

Dieser Kampfgeist ignorierte alle Widrigkeiten und fürchtete sich überhaupt nicht.

Die vechtlust negeerde alle tegenslagen en was nergens bang voor.

Er forderte Hans und Pete auf, ihr gesamtes Bargeld auf den Tisch zu bringen.

Hij belde Hans en Pete en vroeg of ze al hun geld op tafel wilden leggen.

Ihnen blieb nicht mehr viel übrig – insgesamt nur zweihundert Dollar.

Ze hadden bijna niets meer over: samen nog maar tweehonderd dollar.

Diese kleine Summe war ihr gesamtes Vermögen in schweren Zeiten.

Dit kleine bedrag was hun totale fortuin tijdens moeilijke tijden.

Dennoch setzten sie ihr gesamtes Vermögen auf Matthewsons Wette.

Toch zetten ze hun hele fortuin in tegen Matthewsons weddenschap.

Das zehnköpfige Hundegespann wurde abgekoppelt und vom Schlitten wegbewegt.

Het span van tien honden werd afgekoppeld en liep weg van de slee.

Buck wurde in die Zügel genommen und trug sein vertrautes Geschirr.

Buck werd aan de teugels gezet, zijn vertrouwde tuig om.

Er hatte die Energie der Menge aufgefangen und die Spannung gespürt.

Hij had de energie van het publiek opgevangen en voelde de spanning.

Irgendwie wusste er, dass er etwas für John Thornton tun musste.

Op de een of andere manier wist hij dat hij iets moest doen voor John Thornton.

Die Leute murmelten voller Bewunderung über die stolze Gestalt des Hundes.

Mensen mompelden vol bewondering toen ze de trotse gestalte van de hond zagen.

Er war schlank und stark und hatte kein einziges Gramm Fleisch zu viel.

Hij was slank en sterk, zonder ook maar een grammetje teveel vlees.

Sein Gesamtgewicht von hundertfünfzig Pfund bestand nur aus Kraft und Ausdauer.

Zijn totale gewicht van honderdvijftig kilo was niets dan kracht en uithoudingsvermogen.

Bucks Fell glänzte wie Seide und strotzte vor Gesundheit und Kraft.

Bucks vacht glansde als zijde, dik van gezondheid en kracht.

Das Fell an seinem Hals und seinen Schultern schien sich aufzurichten und zu sträuben.

De vacht op zijn nek en schouders leek overeind te gaan staan.

Seine Mähne bewegte sich leicht, jedes Haar war voller Energie.

Zijn manen bewogen een beetje, elk haartje leefde op door zijn grote energie.

Seine breite Brust und seine starken Beine passten zu seinem schweren, robusten Körperbau.

Zijn brede borstkas en sterke benen pasten bij zijn zware, stoere lichaam.

Unter seinem Mantel spannten sich Muskeln, straff und fest wie geschmiedetes Eisen.

Onder zijn jas rimpelden spieren, strak en stevig als gebonden ijzer.

Männer berührten ihn und schworen, er sei gebaut wie eine Stahlmaschine.

Mannen raakten hem aan en zwoeren dat hij gebouwd was als een stalen machine.

Die Quoten sanken leicht auf zwei zu eins gegen den großen Hund.

De kans dat de grote hond zou winnen daalde lichtjes naar twee tegen één.

Ein Mann von den Skookum Benches drängte sich stotternd nach vorne.

Een man van de Skookum-banken duwde stotterend naar voren.

„Gut, Sir! Ich biete achthundert für ihn – vor der Prüfung, Sir!"

"Goed, meneer! Ik bied hem achthonderd dollar - vóór de test, meneer!"

„Achthundert, so wie er jetzt dasteht!", beharrte der Mann.

"Achthonderd, zoals hij er nu staat!" hield de man vol.

Thornton trat vor, lächelte und schüttelte ruhig den Kopf.

Thornton stapte naar voren, glimlachte en schudde kalm zijn hoofd.

Matthewson schritt schnell mit warnender Stimme und einem Stirnrunzeln ein.

Matthewson kwam snel tussenbeide met een waarschuwende stem en een frons.

„Sie müssen Abstand von ihm halten", sagte er. „Geben Sie ihm Raum."

"Je moet bij hem vandaan gaan," zei hij. "Geef hem de ruimte."

Die Menge verstummte; nur die Spieler boten noch zwei zu eins.

De menigte werd stil; alleen gokkers boden nog twee tegen één aan.

Alle bewunderten Bucks Körperbau, aber die Last schien zu groß.

Iedereen bewonderde Bucks bouw, maar de lading leek te groot.

Zwanzig Säcke Mehl – jeder fünfzig Pfund schwer – schienen viel zu viel.

Twintig zakken meel, elk 23 kilo zwaar, leek me veel te veel.

Niemand war bereit, seinen Geldbeutel zu öffnen und sein Geld zu riskieren.

Niemand wilde zijn buidel openen en zijn geld riskeren.

Thornton kniete neben Buck und nahm seinen Kopf in beide Hände.

Thornton knielde naast Buck en nam zijn hoofd in beide handen.

Er drückte seine Wange an Bucks und sprach in sein Ohr.

Hij drukte zijn wang tegen die van Buck en sprak in zijn oor.

Es gab jetzt kein spielerisches Schütteln oder geflüsterte liebevolle Beleidigungen.

Er was nu geen sprake meer van speels schudden of gefluisterde, liefdevolle beledigingen.

Er murmelte nur leise: „So sehr du mich liebst, Buck."

Hij mompelde alleen zachtjes: "Zoveel als je van me houdt, Buck."

Buck stieß ein leises Winseln aus, seine Begierde konnte er kaum zurückhalten.

Buck liet een zacht gejank horen, zijn enthousiasme nauwelijks te beteugelen.

Die Zuschauer beobachteten neugierig, wie Spannung in der Luft lag.

De omstanders keken nieuwsgierig toe hoe de spanning in de lucht hing.

Der Moment fühlte sich fast unwirklich an, wie etwas jenseits der Vernunft.

Het voelde een bijna onwerkelijk moment, als iets wat de rede te boven ging.

Als Thornton aufstand, nahm Buck sanft seine Hand zwischen die Kiefer.

Toen Thornton opstond, pakte Buck zachtjes zijn hand vast.

Er drückte mit den Zähnen nach unten und ließ dann langsam und sanft los.

Hij drukte met zijn tanden op de tanden en liet ze toen langzaam en voorzichtig los.

Es war eine stille Antwort der Liebe, nicht ausgesprochen, aber verstanden.

Het was een stil antwoord van liefde, niet uitgesproken, maar begrepen.

Thornton trat weit von dem Hund zurück und gab das Signal.

Thornton deed een stap op afstand van de hond en gaf het signaal.

„Jetzt, Buck", sagte er und Buck antwortete mit konzentrierter Ruhe.

"Nou, Buck," zei hij, en Buck reageerde met geconcentreerde kalmte.

Buck spannte die Leinen und lockerte sie dann um einige Zentimeter.

Buck spande de sporen aan, en draaide ze daarna een paar centimeter losser.

Dies war die Methode, die er gelernt hatte; seine Art, den Schlitten zu zerbrechen.

Dit was de methode die hij had geleerd; zijn manier om de slee te breken.

„Mensch!", rief Thornton mit scharfer Stimme in der schweren Stille.

"Jee!" riep Thornton, zijn stem scherp in de zware stilte.

Buck drehte sich nach rechts und stürzte sich mit seinem gesamten Gewicht nach vorn.

Buck draaide zich naar rechts en haalde met zijn hele gewicht uit.

Das Spiel verschwand und Bucks gesamte Masse traf die straffen Leinen.

De speling verdween en Bucks volle massa kwam in de nauwe doorgangen terecht.

Der Schlitten zitterte und die Kufen machten ein knackendes, knisterndes Geräusch.

De slee trilde en de lopers maakten een krakend geluid.

„Haw!", befahl Thornton und änderte erneut Bucks Richtung.

"Ha!" beval Thornton, terwijl hij Buck weer van richting veranderde.

Buck wiederholte die Bewegung und zog diesmal scharf nach links.

Buck herhaalde de beweging, maar deze keer trok hij scherp naar links.

Das Knacken des Schlittens wurde lauter, die Kufen knackten und verschoben sich.

De slee kraakte steeds harder, de renners knapten en bewogen.

Die schwere Last rutschte leicht seitwärts über den gefrorenen Schnee.

De zware last gleed lichtjes zijwaarts over de bevroren sneeuw.

Der Schlitten hatte sich aus der Umklammerung des eisigen Pfades gelöst!

De slee was losgebroken uit de greep van het ijzige pad!

Die Männer hielten den Atem an, ohne zu merken, dass sie nicht einmal atmeten.

De mannen hielden hun adem in, zich er niet van bewust dat ze niet ademden.

„Jetzt ZIEHEN!", rief Thornton durch die eisige Stille.

"Nu, TREK!" riep Thornton door de bevroren stilte.

Thorntons Befehl klang scharf wie ein Peitschenknall.

Thorntons bevel klonk scherp, als het geluid van een zweep.

Buck stürzte sich mit einem heftigen und heftigen Ausfallschritt nach vorne.

Buck wierp zich naar voren met een felle en schokkende uitval.

Sein ganzer Körper war aufgrund der enormen Belastung angespannt und verkrampft.

Zijn hele lichaam spande zich aan en werd onrustig door de enorme druk.

Unter seinem Fell spannten sich Muskeln wie lebendig werdende Schlangen.

Spieren rimpelden onder zijn vacht alsof er slangen tot leven kwamen.

Seine breite Brust war tief, der Kopf nach vorne zum Schlitten gestreckt.

Zijn grote borst was laag en hij had zijn hoofd vooruit gericht, richting de slee.

Seine Pfoten bewegten sich blitzschnell und seine Krallen zerschnitten den gefrorenen Boden.

Zijn poten bewogen als bliksemschichten, zijn klauwen sneden door de bevroren grond.

Er kämpfte um jeden Zentimeter Bodenhaftung und hinterließ tiefe Rillen.

Hij sneed diepe groeven in de grond terwijl hij vocht voor elke centimeter grip.

Der Schlitten schaukelte, zitterte und begann eine langsame, unruhige Bewegung.

De slee schommelde, trilde en begon langzaam en onrustig te bewegen.

Ein Fuß rutschte aus und ein Mann in der Menge stöhnte laut auf.

Eén voet gleed uit en een man in de menigte kreunde luid.

Dann machte der Schlitten mit einer ruckartigen, heftigen Bewegung einen Satz nach vorne.

Toen schoot de slee met een schokkende, ruwe beweging naar voren.

Es hörte nicht wieder auf – noch einen halben Zoll ... einen Zoll ... zwei Zoll mehr.

Het stopte niet opnieuw - een halve inch... een inch... twee inches meer.

Die Stöße wurden kleiner, als der Schlitten an Geschwindigkeit zunahm.

Naarmate de slee meer snelheid kreeg, werden de schokken minder.

Bald zog Buck mit sanfter, gleichmäßiger Rollkraft.

Al snel trok Buck met soepele, gelijkmatige, rollende kracht.

Die Männer schnappten nach Luft und erinnerten sich schließlich wieder daran zu atmen.

Mannen snakten naar adem en konden pas weer ademhalen.

Sie hatten nicht bemerkt, dass ihnen vor Ehrfurcht der Atem stockte.

Ze hadden niet gemerkt dat hun adem stokte van ontzag.

Thornton rannte hinterher und rief kurze, fröhliche Befehle.

Thornton rende achter hen aan en riep korte, vrolijke commando's.

Vor uns lag ein Stapel Brennholz, der die Entfernung markierte.

Voor ons lag een stapel brandhout die de afstand markeerde.

Als Buck sich dem Haufen näherte, wurde der Jubel immer lauter.

Terwijl Buck de stapel naderde, werd het gejuich steeds luider.

Der Jubel schwoll zu einem Brüllen an, als Buck den Endpunkt passierte.

Het gejuich groeide uit tot een gebrul toen Buck het eindpunt passeerde.

Männer sprangen auf und schrien, sogar Matthewson grinste.

Mannen sprongen en schreeuwden, zelfs Matthewson begon te grijnzen.

Hüte flogen durch die Luft, Fäustlinge wurden gedankenlos und ziellos herumgeworfen.

Hoeden vlogen door de lucht, wanten werden gedachteloos en doelloos weggegooid.

Männer packten einander und schüttelten sich die Hände, ohne zu wissen, wer es war.

Mannen pakten elkaar vast en schudden elkaar de hand, zonder dat ze wisten wie.

Die ganze Menge war in wilder, freudiger Stimmung.

De hele menigte was uitgelaten en uitgelaten in feestvreugde.

Thornton fiel mit zitternden Händen neben Buck auf die Knie.

Thornton knielde met trillende handen naast Buck neer.

Er drückte seinen Kopf an Bucks und schüttelte ihn sanft hin und her.

Hij drukte zijn hoofd tegen dat van Buck en schudde hem zachtjes heen en weer.

Diejenigen, die näher kamen, hörten, wie er den Hund mit stiller Liebe verfluchte.

Degenen die dichterbij kwamen hoorden hem met stille liefde
de hond vervloeken.

Er beschimpfte Buck lange – leise, herzlich und emotional.

Hij vloekte langdurig tegen Buck, zacht, warm en emotioneel.

**„Gut, Sir! Gut, Sir!", rief der König der Skookum-Bank
hastig.**

"Goed, meneer! Goed, meneer!" riep de koning van de
Skookum Bench haastig.

**„Ich gebe Ihnen tausend – nein, zwölfhundert – für diesen
Hund, Sir!"**

"Ik geef u duizend, nee, twaalfhonderd, voor die hond,
meneer!"

**Thornton stand langsam auf, seine Augen glänzten vor
Emotionen.**

Thornton stond langzaam op, zijn ogen straalden van emotie.

Tränen strömten ihm ohne jede Scham über die Wangen.

Tranen stroomden schaamteloos over zijn wangen.

**„Sir", sagte er zum König der Skookum-Bank, ruhig und
bestimmt**

"Meneer," zei hij tegen de koning van de Skookum Bench,
standvastig en vastberaden

**„Nein, Sir. Sie können zur Hölle fahren, Sir. Das ist meine
endgültige Antwort."**

"Nee, meneer. U kunt naar de hel lopen, meneer. Dat is mijn
definitieve antwoord."

**Buck packte Thorntons Hand sanft mit seinen starken
Kiefern.**

Buck greep Thorntons hand zachtjes vast met zijn sterke
kaken.

**Thornton schüttelte ihn spielerisch, ihre Bindung war so tief
wie eh und je.**

Thornton schudde hem speels; hun band was nog steeds
hecht.

**Die Menge, bewegt von diesem Moment, trat schweigend
zurück.**

De menigte, ontroerd door het moment, deed in stilte een stap
achteruit.

Von da an wagte es niemand mehr, diese heilige Zuneigung zu unterbrechen.
Vanaf dat moment durfde niemand meer zo'n heilige genegenheid te onderbreken.

Der Klang des Rufs
Het geluid van de roep

Buck hatte in fünf Minuten Sechzehnhundert Dollar verdient.
Buck had in vijf minuten zestienhonderd dollar verdiend.
Mit dem Geld konnte John Thornton einen Teil seiner Schulden begleichen.
Met het geld kon John Thornton een deel van zijn schulden afbetalen.
Mit dem restlichen Geld machte er sich mit seinen Partnern auf den Weg nach Osten.
Met de rest van het geld vertrok hij met zijn partners naar het oosten.
Sie suchten nach einer sagenumwobenen verlorenen Mine, die so alt ist wie das Land selbst.
Ze zochten naar een legendarische verloren mijn, die net zo oud was als het land zelf.
Viele Männer hatten nach der Mine gesucht, aber nur wenige hatten sie je gefunden.
Veel mannen hadden naar de mijn gezocht, maar weinigen hadden hem ooit gevonden.
Während der gefährlichen Suche waren nicht wenige Männer verschwunden.
Tijdens de gevaarlijke zoektocht waren er nogal wat mannen verdwenen.
Diese verlorene Mine war sowohl in Geheimnisse als auch in eine alte Tragödie gehüllt.
Deze verloren mijn was omgeven door mysterie en oude tragedie.
Niemand wusste, wer der erste Mann war, der die Mine entdeckt hatte.
Niemand wist wie de eerste man was die de mijn had gevonden.
In den ältesten Geschichten wird niemand namentlich erwähnt.
In de oudste verhalen wordt niemand bij naam genoemd.

Dort hatte immer eine alte, baufällige Hütte gestanden.
Er heeft altijd een oude, bouwvallige hut gestaan.

Sterbende Männer hatten geschworen, dass sich neben dieser alten Hütte eine Mine befand.
Stervende mannen hadden gezworen dat er naast die oude hut een mijn lag.

Sie bewiesen ihre Geschichten mit Gold, wie es nirgendwo sonst zu finden ist.
Ze bewezen hun verhalen met goud, zoals je dat nergens anders kunt vinden.

Keine lebende Seele hatte den Schatz von diesem Ort jemals geplündert.
Geen enkel levend wezen had ooit de schat van die plek meegenomen.

Die Toten waren tot, und Tote erzählen keine Geschichten.
De doden waren dood, en dode mannen vertellen geen verhalen.

Also machten sich Thornton und seine Freunde auf den Weg in den Osten.
Thornton en zijn vrienden vertrokken dus naar het oosten.

Pete und Hans kamen mit Buck und sechs starken Hunden.
Pete en Hans gingen mee en brachten Buck en zes sterke honden mee.

Sie begaben sich auf einen unbekannten Weg, an dem andere gescheitert waren.
Ze gingen een onbekend pad op, waar anderen faalden.

Sie rodelten siebzig Meilen den zugefrorenen Yukon River hinauf.
Ze sleeën honderd kilometer over de bevroren Yukon rivier.

Sie bogen links ab und folgten dem Pfad bis zum Stewart.
Ze sloegen linksaf en volgden het pad naar de Stewart.

Sie passierten Mayo und McQuestion und drängten weiter.
Ze passeerden de Mayo en McQuestion en liepen steeds verder.

Der Stewart schrumpfte zu einem Strom, der sich durch zerklüftete Gipfel schlängelte.
De Stewart kromp tot een stroom met grillige pieken.

Diese scharfen Gipfel markierten das Rückgrat des Kontinents.

Deze scherpe pieken vormden de ruggengraat van het continent.

John Thornton verlangte wenig von den Menschen oder der Wildnis.

John Thornton stelde weinig eisen aan de mensen of aan de wildernis.

Er fürchtete nichts in der Natur und begegnete der Wildnis mit Leichtigkeit.

Hij was nergens bang voor in de natuur en trotseerde de wildernis met gemak.

Nur mit Salz und einem Gewehr konnte er reisen, wohin er wollte.

Met alleen zout en een geweer kon hij reizen waarheen hij wilde.

Wie die Eingeborenen jagte er auf seiner Reise nach Nahrung.

Net als de inheemse bevolking ging hij op jacht naar voedsel tijdens zijn reizen.

Wenn er nichts fing, machte er weiter und vertraute auf sein Glück.

Als hij niets ving, ging hij gewoon door, vertrouwend op het geluk dat hem te wachten stond.

Auf dieser langen Reise war Fleisch die Hauptnahrungsquelle.

Tijdens deze lange reis was vlees het belangrijkste voedsel.

Der Schlitten enthielt Werkzeuge und Munition, jedoch keinen strengen Zeitplan.

De slee bevatte gereedschap en munitie, maar er was geen sprake van een vast tijdschema.

Buck liebte dieses Herumwandern, die endlose Jagd und das Fischen.

Buck hield van dit omzwervingen; van het eindeloze jagen en vissen.

Wochenlang waren sie Tag für Tag unterwegs.

Wekenlang waren ze dag in dag uit op reis.

Manchmal schlugen sie Lager auf und blieben wochenlang dort.

Soms zetten ze kampen op en bleven dan wekenlang stil.

Die Hunde ruhten sich aus, während die Männer im gefrorenen Dreck gruben.

De honden rustten uit terwijl de mannen door de bevroren grond groeven.

Sie erwärmten Pfannen über dem Feuer und suchten nach verborgenem Gold.

Ze verwarmden pannen op vuren en zochten naar verborgen goud.

An manchen Tagen hungerten sie, an anderen feierten sie Feste.

Soms leden ze honger, en andere dagen vierden ze feest.

Ihre Mahlzeiten hingen vom Wild und vom Jagdglück ab.

Hun maaltijden waren afhankelijk van het wild en het geluk bij de jacht.

Als der Sommer kam, trugen Männer und Hunde schwere Lasten auf ihren Rücken.

Toen de zomer aanbrak, namen mannen en honden allerlei lasten op hun rug.

Sie fuhren mit dem Floß über blaue Seen, die in Bergwäldern versteckt waren.

Ze raften over blauwe meren die verborgen lagen in de bergbossen.

Sie segelten in schmalen Booten auf Flüssen, die noch nie von Menschen kartiert worden waren.

Ze voeren in smalle bootjes over rivieren die nog nooit door iemand in kaart waren gebracht.

Diese Boote wurden aus Bäumen gebaut, die sie in der Wildnis gesägt haben.

Die boten waren gemaakt van bomen die ze in het wild hadden omgezaagd.

Die Monate vergingen und sie schlängelten sich durch die wilden, unbekannten Länder.

De maanden verstreken en ze kronkelden door de wilde,
onbekende streken.

**Es waren keine Männer dort, doch alte Spuren deuteten
darauf hin, dass Männer dort gewesen waren.**

Er waren geen mannen aanwezig, maar oude sporen wezen
erop dat er wel mannen waren geweest.

**Wenn die verlorene Hütte echt war, dann waren einst andere
hier entlang gekommen.**

Als de Lost Cabin echt is, dan zijn er ook anderen langs
gekomen.

**Sie überquerten hohe Pässe bei Schneestürmen, sogar im
Sommer.**

Ze staken tijdens sneeuwstormen hoge bergpassen over, zelfs
in de zomer.

**Sie zitterten unter der Mitternachtssonne auf kahlen
Berghängen.**

Ze rilden onder de middernachtzon op de kale berghellingen.

**Zwischen der Baumgrenze und den Schneefeldern stiegen
sie langsam auf.**

Tussen de boomgrens en de sneeuwvelden klommen ze
langzaam.

**In warmen Tälern schlugen sie nach Schwärmen aus
Mücken und Fliegen.**

In warme valleien sloegen ze op wolken muggen en vliegen
af.

**Sie pflückten süße Beeren in der Nähe von Gletschern in
voller Sommerblüte.**

Ze plukten zoete bessen vlak bij gletsjers die in de zomer
volop in bloei stonden.

**Die Blumen, die sie fanden, waren genauso schön wie die
im Süden.**

De bloemen die ze vonden waren net zo mooi als die in het
Zuiden.

**Im Herbst erreichten sie eine einsame Region voller stiller
Seen.**

Die herfst bereikten ze een eenzaam gebied vol stille meren.

Das Land war traurig und leer, einst voller Vögel und Tiere.

Het land was triest en leeg. Ooit was het een plek vol vogels en dieren.

Jetzt gab es kein Leben mehr, nur noch den Wind und das Eis, das sich in Pfützen bildete.

Er was geen leven meer, alleen de wind en het ijs dat zich vormde in de plassen.

Mit einem sanften, traurigen Geräusch schlugen die Wellen gegen die leeren Ufer.

Golven klotsten tegen de lege kusten met een zacht, treurig geluid.

Ein weiterer Winter kam und sie folgten erneut schwachen, alten Spuren.

Er brak een nieuwe winter aan en ze volgden weer vage, oude paden.

Dies waren die Spuren von Männern, die schon lange vor ihnen gesucht hatten.

Dit waren de sporen van mannen die al lang vóór hen op zoek waren.

Einmal fanden sie einen Pfad, der tief in den dunklen Wald hineinreichte.

Op een dag vonden ze een pad diep in het donkere bos.

Es war ein alter Pfad und sie hatten das Gefühl, dass die verlorene Hütte ganz in der Nähe war.

Het was een oud pad en ze hadden het gevoel dat de verloren hut dichtbij was.

Doch die Spur führte nirgendwo hin und verlor sich im dichten Wald.

Maar het pad leidde nergens heen en verdween in het dichte bos.

Wer auch immer die Spur angelegt hat und warum, das wusste niemand.

Wie het pad ook had aangelegd en waarom, niemand wist het.

Später fanden sie das Wrack einer Hütte, versteckt zwischen den Bäumen.

Later vonden ze het wrak van een hut, verscholen tussen de bomen.

Verrottende Decken lagen verstreut dort, wo einst jemand geschlafen hatte.

Rottende dekens lagen verspreid op de plek waar ooit iemand had geslapen.

John Thornton fand darin ein Steinschlossgewehr mit langem Lauf.

John Thornton vond er een vuursteengeweer met een lange loop in begraven.

Er wusste, dass es sich um eine Waffe von Hudson Bay aus den frühen Handelstagen handelte.

Hij wist al vanaf het begin dat dit een Hudson Bay-geweer was.

Damals wurden solche Gewehre gegen Stapel von Biberfellen eingetauscht.

In die tijd werden zulke geweren geruild voor stapels bevervellen.

Das war alles – von dem Mann, der die Hütte gebaut hatte, gab es keine Spur mehr.

Dat was alles. Er was geen spoor meer over van de man die de lodge had gebouwd.

Der Frühling kam wieder und sie fanden keine Spur von der verlorenen Hütte.

De lente brak weer aan en er was geen spoor te bekennen van de Verloren Hut.

Stattdessen fanden sie ein breites Tal mit einem seichten Bach.

In plaats daarvan vonden ze een brede vallei met een ondiepe beek.

Gold lag wie glatte, gelbe Butter auf dem Pfannenboden.

Het goud lag op de bodem van de pannen, als gladde, gele boter.

Sie hielten dort an und suchten nicht weiter nach der Hütte.

Ze bleven daar staan en zochten niet verder naar de hut.

Jeden Tag arbeiteten sie und fanden Tausende in Goldstaub.

Elke dag werkten ze en vonden duizenden exemplaren in goudstof.

Sie packten das Gold in Säcke aus Elchhaut, jeder Fünfzig Pfund schwer.

Ze verpakten het goud in zakken van elandenhuid, elk 50 kilo zwaar.

Die Säcke waren wie Brennholz vor ihrer kleinen Hütte gestapelt.

De zakken stonden als brandhout opgestapeld buiten hun kleine hut.

Sie arbeiteten wie Giganten und die Tage vergingen wie im Flug.

Ze werkten als reuzen en de dagen vlogen voorbij als dromen die snel voorbijgingen.

Sie häuften Schätze an, während die endlosen Tage schnell vorbeizogen.

Ze verzamelden schatten terwijl de eindeloze dagen snel voorbijgingen.

Außer ab und zu Fleisch zu schleppen, gab es für die Hunde nicht viel zu tun.

De honden hadden weinig anders te doen dan af en toe vlees te slepen.

Thornton jagte und tötete das Wild, und Buck lag am Feuer.

Thornton jaagde en doodde het wild, terwijl Buck bij het vuur lag.

Er verbrachte viele Stunden schweigend, versunken in Gedanken und Erinnerungen.

Hij bracht lange uren in stilte door, verloren in gedachten en herinneringen.

Das Bild des haarigen Mannes kam Buck immer häufiger in den Sinn.

Het beeld van de harige man kwam steeds vaker in gedachten bij Buck.

Jetzt, wo es kaum noch Arbeit gab, träumte Buck, während er ins Feuer blinzelte.

Nu het werk schaars was, droomde Buck terwijl hij met zijn ogen knipperend naar het vuur keek.

In diesen Träumen wanderte Buck mit dem Mann in eine andere Welt.

In die dromen zwierf Buck met de man rond in een andere wereld.

Angst schien das stärkste Gefühl in dieser fernen Welt zu sein.

Angst leek het sterkste gevoel in die verre wereld.

Buck sah, wie der haarige Mann mit gesenktem Kopf schlief.

Buck zag de harige man slapen met zijn hoofd gebogen.

Seine Hände waren gefaltet und sein Schlaf war unruhig und unterbrochen.

Hij had zijn handen gevouwen en sliep onrustig en onderbroken.

Er wachte immer ruckartig auf und starrte ängstlich in die Dunkelheit.

Hij schrok vaak wakker en staarde angstig in de duisternis.

Dann warf er mehr Holz ins Feuer, um die Flamme hell zu halten.

Dan gooide hij meer hout op het vuur om de vlam brandend te houden.

Manchmal spazierten sie an einem Strand entlang, der an einem grauen, endlosen Meer entlangführte.

Soms liepen ze langs een strand met een eindeloze, grijze zee.

Der haarige Mann sammelte Schalentiere und aß sie im Gehen.

De harige man verzamelde schelpdieren en at ze terwijl hij liep.

Seine Augen suchten immer nach verborgenen Gefahren in den Schatten.

Zijn ogen zochten voortdurend naar verborgen gevaren in de schaduwen.

Seine Beine waren immer bereit, beim ersten Anzeichen einer Bedrohung loszusprinten.

Zijn benen stonden altijd klaar om te sprinten zodra er sprake was van dreiging.

Sie schlichen still und vorsichtig Seite an Seite durch den Wald.

Ze slopen zij aan zij, stil en op hun hoede, door het bos.

Buck folgte ihm auf den Fersen und beide blieben wachsam.

Buck volgde hem op de hielen en ze bleven allebei alert.

Ihre Ohren zuckten und bewegten sich, ihre Nasen schnüffelten in der Luft.

Hun oren trilden en bewogen, hun neuzen snuffelden in de lucht.

Der Mann konnte den Wald genauso gut hören und riechen wie Buck.

De man kon het bos net zo scherp horen en ruiken als Buck.

Der haarige Mann schwang sich mit plötzlicher Geschwindigkeit durch die Bäume.

De harige man zwaaide met plotselinge snelheid door de bomen.

Er sprang von Ast zu Ast, ohne jemals den Halt zu verlieren.

Hij sprong van tak naar tak, zonder zijn grip te verliezen.

Er bewegte sich über dem Boden genauso schnell wie auf ihm.

Hij bewoog zich net zo snel boven de grond als erop.

Buck erinnerte sich an lange Nächte, in denen er unter den Bäumen Wache hielt.

Buck herinnert zich de lange nachten dat hij onder de bomen de wacht hield.

Der Mann schlief auf seiner Stange in den Zweigen und klammerte sich fest.

De man sliep terwijl hij zich stevig vastklampte aan de takken.

Diese Vision des haarigen Mannes war eng mit dem tiefen Ruf verbunden.

Dit beeld van de harige man was nauw verbonden met de diepe roep.

Der Ruf klang noch immer mit eindringlicher Kraft durch den Wald.

De roep klonk nog steeds met een spookachtige kracht door het bos.

Der Anruf erfüllte Buck mit Sehnsucht und einem rastlosen Gefühl der Freude.

De oproep vervulde Buck met verlangen en een rusteloos gevoel van vreugde.

Er spürte seltsame Triebe und Regungen, die er nicht benennen konnte.
Hij voelde vreemde verlangens en bewegingen die hij niet kon benoemen.
Manchmal folgte er dem Ruf tief in die Stille des Waldes.
Soms volgde hij de roep tot diep in het stille bos.
Er suchte nach dem Ruf und bellte dabei leise oder scharf.
Hij zocht naar de roep en blafte zachtjes of hard terwijl hij verder ging.
Er roch am Moos und der schwarzen Erde, wo die Gräser wuchsen.
Hij besnuffelde het mos en de zwarte aarde waar het gras groeide.
Er schnaubte entzückt über den reichen Geruch der tiefen Erde.
Hij snoof van genot bij het ruiken van de rijke geuren uit de diepe aarde.
Er hockte stundenlang hinter pilzbefallenen Baumstämmen.
Hij hurkte urenlang achter met schimmel bedekte stammen.
Er blieb still und lauschte mit großen Augen jedem noch so kleinen Geräusch.
Hij bleef stil zitten en luisterde met grote ogen naar elk klein geluidje.
Vielleicht hoffte er, das Wesen, das den Ruf auslöste, zu überraschen.
Misschien hoopte hij hiermee het wezen dat de oproep deed te verrassen.
Er wusste nicht, warum er so handelte – er tat es einfach.
Hij wist niet waarom hij zo handelde. Hij deed het gewoon.
Die Triebe kamen aus der Tiefe, jenseits von Denken und Vernunft.
De aandrang kwam van diep van binnen, voorbij het denken en de rede.
Unwiderstehliche Triebe überkamen Buck ohne Vorwarnung oder Grund.
Zonder waarschuwing of reden werd Buck overvallen door onweerstaanbare verlangens.

Manchmal döste er träge im Lager in der Mittagshitze.

Soms lag hij lui te doezelen in het kamp, in de middaghitte.

Plötzlich hob er den Kopf und stellte aufmerksam die Ohren auf.

Opeens hief hij zijn hoofd op en richtte zijn oren zich op de waarschuwingssignalen.

Dann sprang er auf und stürmte ohne Pause in die Wildnis.

Toen sprong hij overeind en rende zonder aarzelen de wildernis in.

Er rannte stundenlang durch Waldwege und offene Flächen.

Hij rende urenlang door bospaden en open ruimtes.

Er liebte es, trockenen Bachläufen zu folgen und Vögel in den Bäumen zu beobachten.

Hij hield ervan om droge kreekbeddingen te observeren en vogels in de bomen te bespieden.

Er könnte den ganzen Tag versteckt liegen und den Rebhühnern beim Herumstolzieren zusehen.

Hij zou de hele dag verborgen kunnen blijven en naar de rondparaderende patrijzen kunnen kijken.

Sie trommelten und marschierten, ohne Bucks Anwesenheit zu bemerken.

Ze trommelden en marcheerden, zich niet bewust van de stille aanwezigheid van Buck.

Doch am meisten liebte er das Laufen in der Sommerdämmerung.

Maar het allerleukste vond hij hardlopen in de schemering van de zomer.

Das schwache Licht und die schläfrigen Waldgeräusche erfüllten ihn mit Freude.

Het schemerige licht en de slaperige geluiden van het bos vervulden hem met vreugde.

Er las die Zeichen des Waldes so deutlich, wie ein Mann ein Buch liest.

Hij las de aanwijzingen in het bos zo duidelijk als een man een boek leest.

Und er suchte immer nach dem seltsamen Ding, das ihn rief.

En hij bleef zoeken naar het vreemde ding dat hem riep.

Dieser Ruf hörte nie auf – er erreichte ihn im Wachzustand und im Schlaf.

Die roeping hield nooit op; hij bleef hem roepen, of hij nu wakker was of sliep.

Eines Nachts erwachte er mit einem Ruck, die Augen waren scharf und die Ohren gespitzt.

Op een nacht werd hij met een schok wakker, met scherpe ogen en gespitste oren.

Seine Nasenlöcher zuckten, während seine Mähne in Wellen sträubte.

Zijn neusgaten trilden en zijn manen stonden in golven overeind.

Aus der Tiefe des Waldes ertönte erneut der alte Ruf.

Diep uit het bos klonk weer het geluid, de oude roep.

Diesmal war der Ton klar und deutlich zu hören, ein langes, eindringliches, vertrautes Heulen.

Deze keer klonk het geluid duidelijk, een lang, spookachtig en bekend gehuil.

Es klang wie der Schrei eines Huskys, aber mit einem seltsamen und wilden Ton.

Het klonk als de roep van een husky, maar dan vreemd en wild van toon.

Buck erkannte das Geräusch sofort – er hatte das genaue Geräusch vor langer Zeit gehört.

Buck herkende het geluid meteen: hij had het geluid al lang geleden gehoord.

Er sprang durch das Lager und verschwand schnell im Wald.

Hij sprong door het kamp en verdween snel in het bos.

Als er sich dem Geräusch näherte, wurde er langsamer und bewegte sich vorsichtig.

Toen hij dichterbij het geluid kwam, vertraagde hij zijn pas en bewoog hij zich voorzichtig voort.

Bald erreichte er eine Lichtung zwischen dichten Kiefern.

Al snel bereikte hij een open plek tussen de dichte pijnbomen.

Dort saß aufrecht auf seinen Hinterbeinen ein großer, schlanker Timberwolf.

Daar, rechtop zittend, zat een grote, magere wolf.

Die Nase des Wolfes zeigte zum Himmel und hallte noch immer den Ruf wider.

De neus van de wolf wees naar de hemel en bleef de roep echoën.

Buck hatte keinen Laut von sich gegeben, doch der Wolf blieb stehen und lauschte.

Buck maakte geen enkel geluid, maar de wolf bleef staan en luisterde.

Der Wolf spürte etwas, spannte sich an und suchte die Dunkelheit ab.

Toen de wolf iets voelde, spande hij zich in en begon de duisternis af te zoeken.

Buck schlich ins Blickfeld, mit gebeugtem Körper und ruhigen Füßen auf dem Boden.

Buck kwam in beeld, zijn lichaam gebogen, zijn voeten stil op de grond.

Sein Schwanz war gerade, sein Körper vor Anspannung zusammengerollt.

Zijn staart was recht en zijn lichaam was strak gespannen.

Er zeigte sowohl eine bedrohliche als auch eine Art raue Freundschaft.

Hij toonde zowel dreiging als een soort ruwe vriendschap.

Es war die vorsichtige Begrüßung, die wilde Tiere einander entgegenbrachten.

Het was de voorzichtige begroeting van wilde dieren.

Aber der Wolf drehte sich um und floh, sobald er Buck sah.

Maar de wolf draaide zich om en vluchtte zodra hij Buck zag.

Buck nahm die Verfolgung auf und sprang wild um sich, begierig darauf, es einzuholen.

Buck zette de achtervolging in en sprong wild, in de hoop hem in te halen.

Er folgte dem Wolf in einen trockenen Bach, der durch einen Holzstau blockiert war.

Hij volgde de wolf een droge kreek in, die geblokkeerd werd door een stuk hout.

In die Enge getrieben, wirbelte der Wolf herum und blieb stehen.

In het nauw gedreven draaide de wolf zich om en bleef staan.

Der Wolf knurrte und schnappte wie ein gefangener Husky im Kampf.

De wolf gromde en beet als een gevangen husky in een gevecht.

Die Zähne des Wolfes klickten schnell, sein Körper strotzte vor wilder Wut.

De tanden van de wolf klikten snel en zijn lichaam straalde van woede.

Buck griff nicht an, sondern umkreiste den Wolf mit vorsichtiger Freundlichkeit.

Buck viel niet aan, maar liep met voorzichtige en vriendelijke handjes om de wolf heen.

Durch langsame, harmlose Bewegungen versuchte er, seine Flucht zu verhindern.

Hij probeerde zijn ontsnapping te blokkeren met langzame, ongevaarlijke bewegingen.

Der Wolf war vorsichtig und verängstigt – Buck war dreimal so schwer wie er.

De wolf was op zijn hoede en bang. Buck was drie keer zo zwaar als hij.

Der Kopf des Wolfes reichte kaum bis zu Bucks massiver Schulter.

De kop van de wolf reikte nauwelijks tot aan Bucks enorme schouder.

Der Wolf hielt Ausschau nach einer Lücke, rannte los und die Jagd begann von neuem.

De wolf zocht naar een opening, ging ervandoor en de achtervolging begon opnieuw.

Buck drängte ihn mehrere Male in die Enge und der Tanz wiederholte sich.

Buck dreef hem meerdere malen in het nauw, en de dans herhaalde zich.

Der Wolf war dünn und schwach, sonst hätte Buck ihn nicht fangen können.

De wolf was mager en zwak, anders had Buck hem niet kunnen vangen.

Jedes Mal, wenn Buck näher kam, wirbelte der Wolf herum und sah ihn voller Angst an.

Elke keer dat Buck dichterbij kwam, draaide de wolf zich om en keek hem angstig aan.

Dann rannte er bei der ersten Gelegenheit erneut in den Wald.

Toen hij de eerste de beste kans kreeg, rende hij opnieuw het bos in.

Aber Buck gab nicht auf und schließlich fasste der Wolf Vertrauen zu ihm.

Maar Buck gaf niet op en uiteindelijk kreeg de wolf vertrouwen in hem.

Er schnüffelte an Bucks Nase und die beiden wurden verspielt und aufmerksam.

Hij snoof aan Bucks neus en de twee werden speels en alert.

Sie spielten wie wilde Tiere, wild und doch schüchtern in ihrer Freude.

Ze speelden als wilde dieren, woest maar toch verlegen van vreugde.

Nach einer Weile trabte der Wolf zielstrebig und ruhig davon.

Na een tijdje draafde de wolf kalm en vastberaden weg.

Er machte Buck deutlich, dass er beabsichtigte, verfolgt zu werden.

Hij maakte Buck duidelijk dat hij gevolgd wilde worden.

Sie rannten Seite an Seite durch die Dämmerung.

Ze renden zij aan zij door de duisternis van de schemering.

Sie folgten dem Bachbett hinauf in die felsige Schlucht.

Ze volgden de kreekbedding tot in de rotsachtige kloof.

Sie überquerten eine kalte Wasserscheide, wo der Bach entsprungen war.

Ze staken een koude waterscheiding over waar de beek begon.

Am gegenüberliegenden Hang fanden sie ausgedehnte Wälder und viele Bäche.

Op de verre helling vonden ze uitgestrekte bossen en veel beken.

Durch dieses weite Land rannten sie stundenlang ohne Pause.

Ze renden urenlang door dit uitgestrekte land, zonder te stoppen.

Die Sonne stieg höher, die Luft wurde wärmer, aber sie rannten weiter.

De zon kwam hoger op, de lucht werd warmer, maar ze renden verder.

Buck war voller Freude – er wusste, dass er seiner Berufung folgte.

Buck was vervuld van vreugde: hij wist dat hij zijn roeping volgde.

Er rannte neben seinem Waldbruder her, näher an die Quelle des Rufs.

Hij rende naast zijn bosbroeder, dichter bij de bron van de oproep.

Alte Gefühle kehrten zurück, stark und schwer zu ignorieren.

Oude gevoelens kwamen terug, krachtig en moeilijk te negeren.

Dies waren die Wahrheiten hinter den Erinnerungen aus seinen Träumen.

Dit waren de waarheden achter de herinneringen uit zijn dromen.

All dies hatte er schon einmal in einer fernen, schattenhaften Welt getan.

Hij had dit allemaal al eerder gedaan in een verre, duistere wereld.

Jetzt tat er es wieder und rannte wild herum, während der Himmel über ihm frei war.

Nu deed hij dit nog een keer, hij rende wild rond in de open lucht.

Sie hielten an einem Bach an, um aus dem kalten, fließenden Wasser zu trinken.

Ze hielden halt bij een beek om van het koude, stromende water te drinken.

Während er trank, erinnerte sich Buck plötzlich an John Thornton.

Terwijl hij dronk, herinnerde Buck zich plotseling John Thornton.

Er saß schweigend da, hin- und hergerissen zwischen der Anziehungskraft der Loyalität und der Berufung.

Hij ging in stilte zitten, verscheurd door de aantrekkingskracht van loyaliteit en de roeping.

Der Wolf trabte weiter, kam aber zurück, um Buck anzutreiben.

De wolf draafde verder, maar kwam later terug om Buck aan te sporen verder te gaan.

Er rümpfte die Nase und versuchte, ihn mit sanften Gesten zu beruhigen.

Hij snoof aan zijn neus en probeerde hem met zachte gebaren te verleiden.

Aber Buck drehte sich um und machte sich auf den Rückweg.

Maar Buck draaide zich om en liep dezelfde weg terug.

Der Wolf lief lange Zeit neben ihm her und winselte leise.

De wolf rende een hele tijd naast hem en jankte zachtjes.

Dann setzte er sich hin, hob die Nase und stieß ein langes Heulen aus.

Toen ging hij zitten, hief zijn neus op en liet een langgerekte huil horen.

Es war ein trauriger Schrei, der leiser wurde, als Buck wegging.

Het was een treurige kreet, die zachter werd toen Buck wegliep.

Buck lauschte, als der Schrei langsam in der Stille des Waldes verklang.

Buck luisterde terwijl het geluid van de kreet langzaam overging in de stilte van het bos.

John Thornton aß gerade zu Abend, als Buck ins Lager stürmte.

John Thornton was aan het eten toen Buck het kamp
binnenstormde.

Buck sprang wild auf ihn zu, leckte, biss und warf ihn um.

Buck sprong wild op hem, likte, beet en gooide hem omver.

Er warf ihn um, kletterte darauf und küsste sein Gesicht.

Hij gooide hem omver, klom erop en kuste zijn gezicht.

**Thornton nannte dies liebevoll „den allgemeinen Narren
spielen".**

Thornton noemde dit met liefde 'de generaal de dwaas
uithangen'.

**Die ganze Zeit verfluchte er Buck sanft und schüttelte ihn
hin und her.**

Ondertussen vervloekte hij Buck zachtjes en schudde hem
heen en weer.

**Zwei ganze Tage und Nächte lang verließ Buck das Lager
kein einziges Mal.**

Twee hele dagen en nachten verliet Buck het kamp niet.

Er blieb in Thorntons Nähe und ließ ihn nie aus den Augen.

Hij bleef dicht bij Thornton en verloor hem geen moment uit
het oog.

**Er folgte ihm bei der Arbeit und beobachtete ihn beim
Essen.**

Hij volgde hem terwijl hij werkte en keek hem na terwijl hij at.

**Er begleitete Thornton abends in seine Decken und jeden
Morgen wieder heraus.**

Hij zag Thornton 's nachts onder zijn dekens en elke ochtend
er weer uit.

**Doch bald kehrte der Ruf des Waldes zurück, lauter als je
zuvor.**

Maar al snel kwam de roep van het bos terug, luider dan ooit
tevoren.

**Buck wurde wieder unruhig, aufgewühlt von Gedanken an
den wilden Wolf.**

Buck werd weer onrustig, hij dacht alleen maar aan de wilde
wolf.

**Er erinnerte sich an das offene Land und daran, wie sie Seite
an Seite gelaufen waren.**

Hij herinnerde zich het open land en het naast elkaar leven.

Er begann erneut, allein und wachsam in den Wald zu wandern.

Hij begon opnieuw door het bos te dwalen, alleen en alert.

Aber der wilde Bruder kam nicht zurück und das Heulen war nicht zu hören.

Maar de wilde broer kwam niet terug, en het gehuil werd niet gehoord.

Buck begann, draußen zu schlafen und blieb tagelang weg.

Buck begon buiten te slapen en bleef soms dagenlang weg.

Einmal überquerte er die hohe Wasserscheide, wo der Bach entsprungen war.

Toen hij de hoge waterscheiding overstak waar de kreek begon.

Er betrat das Land des dunklen Waldes und der breiten, fließenden Ströme.

Hij betrad het land van het donkere bos en de brede stromende beken.

Eine Woche lang streifte er umher und suchte nach Spuren seines wilden Bruders.

Een week lang zwierf hij rond, op zoek naar sporen van zijn wilde broer.

Er tötete sein eigenes Fleisch und reiste mit langen, unermüdlichen Schritten.

Hij slachtte zijn eigen vlees en reisde met lange, onvermoeibare stappen.

Er fischte in einem breiten Fluss, der bis ins Meer reichte, nach Lachs.

Hij viste op zalm in een brede rivier die tot aan de zee reikte.

Dort kämpfte er gegen einen von Insekten verrückt gewordenen Schwarzbären und tötete ihn.

Daar vocht hij tegen een zwarte beer die gek was geworden van insecten, en doodde hem.

Der Bär war beim Angeln und rannte blind durch die Bäume.

De beer was aan het vissen en rende blind door de bomen.

Der Kampf war erbittert und weckte Bucks tiefen Kampfgeist.

Het was een heftige strijd, die Bucks vechtlust aanwakkerde.

Als Buck zwei Tage später zurückkam, fand er Vielfraße an seiner Beute vor.

Twee dagen later keerde Buck terug en trof veelvraten aan bij zijn prooi.

Ein Dutzend von ihnen stritten sich lautstark und wütend um das Fleisch.

Een tiental van hen begonnen luidruchtig en woedend ruzie te maken over het vlees.

Buck griff an und zerstreute sie wie Blätter im Wind.

Buck stormde erop af en verspreidde ze als bladeren in de wind.

Zwei Wölfe blieben zurück – still, leblos und für immer regungslos.

Twee wolven bleven achter – stil, levenloos en onbeweeglijk voor altijd.

Der Blutdurst wurde stärker denn je.

De bloeddorst werd groter dan ooit.

Buck war ein Jäger, ein Killer, der sich von Lebewesen ernährte.

Buck was een jager, een moordenaar die zich voedde met levende wezens.

Er überlebte allein und verließ sich auf seine Kraft und seine scharfen Sinne.

Hij overleefde alleen, vertrouwend op zijn kracht en scherpe zintuigen.

Er gedieh in der Wildnis, wo nur die Zähesten überleben konnten.

Hij gedijde in de wildernis, waar alleen de sterkste dieren konden leven.

Daraus erwuchs ein großer Stolz, der Bucks ganzes Wesen erfüllte.

Hieruit ontstond een grote trots die Bucks hele wezen vulde.

Sein Stolz war in jedem seiner Schritte und in der Anspannung jedes einzelnen Muskels zu erkennen.

Zijn trots was zichtbaar in iedere stap die hij zette, in de bewegingen van iedere spier.

Sein Stolz war so deutlich wie seine Sprache und spiegelte sich in seiner Haltung wider.

Zijn trots was duidelijk te merken aan de manier waarop hij zich gedroeg.

Sogar sein dickes Fell sah majestätischer aus und glänzte heller.

Zelfs zijn dikke vacht zag er majestueuzer uit en glansde helderder.

Man hätte Buck mit einem riesigen Timberwolf verwechseln können.

Buck zou aangezien kunnen worden voor een gigantische wolf.

Außer dem Braun an seiner Schnauze und den Flecken über seinen Augen.

Behalve bruin op zijn snuit en vlekken boven zijn ogen.

Und der weiße Fellstreifen, der mitten auf seiner Brust verlief.

En de witte streep vacht die over het midden van zijn borst liep.

Er war sogar größer als der größte Wolf dieser wilden Rasse.

Hij was zelfs groter dan de grootste wolf van dat woeste ras.

Sein Vater, ein Bernhardiner, verlieh ihm Größe und einen schweren Körperbau.

Zijn vader, een Sint-Bernard, gaf hem zijn formaat en zware postuur.

Seine Mutter, eine Schäferin, formte diesen Körper zu einer wolfsähnlichen Gestalt.

Zijn moeder, een herderin, vormde dat lichaam tot een wolfachtige vorm.

Er hatte die lange Schnauze eines Wolfes, war allerdings schwerer und breiter.

Hij had de lange snuit van een wolf, maar was ook zwaarder en breder.

Sein Kopf war der eines Wolfes, aber von massiver, majestätischer Gestalt.

Zijn kop was die van een wolf, maar dan enorm en majestueus.

Bucks List war die List des Wolfes und der Wildnis.

Bucks sluwheid was vergelijkbaar met de sluwheid van de wolf en de wildernis.

Seine Intelligenz hat er sowohl vom Deutschen Schäferhund als auch vom Bernhardiner.

Zijn intelligentie kwam van zowel de Duitse herder als de Sint-Bernard.

All dies und harte Erfahrungen machten ihn zu einer furchterregenden Kreatur.

Dit alles, plus zijn zware ervaringen, maakten hem tot een angstaanjagend wezen.

Er war so furchterregend wie jedes andere Tier, das in der Wildnis des Nordens umherstreifte.

Hij was even geducht als elk ander dier dat in de noordelijke wildernis rondzwierf.

Buck ernährte sich ausschließlich von Fleisch und erreichte den Höhepunkt seiner Kraft.

Buck bereikte het toppunt van zijn kracht door alleen van vlees te leven.

Jede Faser seines Körpers strotzte vor Kraft und männlicher Stärke.

Hij straalde kracht en mannelijke energie uit in elke vezel van hem.

Als Thornton seinen Rücken streichelte, funkelten seine Haare vor Energie.

Toen Thornton over zijn rug streek, begonnen zijn haren te stralen van energie.

Jedes Haar knisterte, aufgeladen durch die Berührung lebendigen Magnetismus.

Elk haartje knetterde, geladen met een vleugje levend magnetisme.

Sein Körper und sein Gehirn waren auf die höchstmögliche Tonhöhe eingestellt.

Zijn lichaam en hersenen stonden op de hoogst mogelijke toonhoogte.

Jeder Nerv, jede Faser und jeder Muskel arbeitete in perfekter Harmonie.

Elke zenuw, vezel en spier werkte in perfecte harmonie samen.

Auf jedes Geräusch oder jeden Anblick, der eine Aktion erforderte, reagierte er sofort.

Op elk geluid of beeld dat om actie vroeg, reageerde hij onmiddellijk.

Wenn ein Husky zum Angriff ansetzte, konnte Buck doppelt so schnell springen.

Als een husky zou aanvallen, kon Buck twee keer zo snel springen.

Er reagierte schneller, als andere es sehen oder hören konnten.

Hij reageerde sneller dan anderen konden zien of horen.

Wahrnehmung, Entscheidung und Handlung erfolgten alle in einem fließenden Moment.

Perceptie, beslissing en actie kwamen allemaal op één vloeiend moment tot stand.

Tatsächlich geschahen diese Handlungen getrennt voneinander, aber zu schnell, um es zu bemerken.

Eigenlijk vonden deze handelingen los van elkaar plaats, maar ze vonden te snel plaats om op te merken.

Die Abstände zwischen diesen Akten waren so kurz, dass sie wie ein einziger Akt wirkten.

De periodes tussen de acts waren zo kort dat het leek alsof ze één waren.

Seine Muskeln und sein Körper waren wie straff gespannte Federn.

Zijn spieren en lichaam leken op strak opgerolde veren.

Sein Körper strotzte vor Leben, wild und freudig in seiner Kraft.

Zijn lichaam bruiste van leven, wild en vreugdevol in zijn kracht.

Manchmal hatte er das Gefühl, als würde die Kraft völlig aus ihm herausbrechen.

Soms had hij het gevoel dat de kracht volledig uit hem zou barsten.

„So einen Hund hat es noch nie gegeben", sagte Thornton eines ruhigen Tages.

"Er is nog nooit zo'n hond geweest", zei Thornton op een rustige dag.

Die Partner sahen zu, wie Buck stolz aus dem Lager schritt.

De partners keken toe hoe Buck trots het kamp verliet.

„Als er erschaffen wurde, veränderte er, was ein Hund sein kann", sagte Pete.

"Toen hij werd gemaakt, veranderde hij wat een hond kan zijn", zei Pete.

„Bei Gott! Das glaube ich auch", stimmte Hans schnell zu.

"Jeetje! Dat denk ik zelf ook," beaamde Hans snel.

Sie sahen ihn abmarschieren, aber nicht die Veränderung, die danach kam.

Ze zagen hem wegmarcheren, maar niet de verandering die daarop volgde.

Sobald er den Wald betrat, verwandelte sich Buck völlig.

Zodra Buck het bos inkwam, veranderde hij volledig.

Er marschierte nicht mehr, sondern bewegte sich wie ein wilder Geist zwischen den Bäumen.

Hij marcheerde niet meer, maar bewoog zich als een wilde geest tussen de bomen.

Er wurde still, katzenpfotenartig, ein Flackern, das durch die Schatten huschte.

Hij werd stil, liep op spreidvoeten, een flikkering gleed door de schaduwen.

Er nutzte die Deckung geschickt und kroch wie eine Schlange auf dem Bauch.

Hij maakte handig gebruik van dekking en kroop op zijn buik als een slang.

Und wie eine Schlange konnte er lautlos nach vorne springen und zuschlagen.

En net als een slang kon hij naar voren springen en geluidloos toeslaan.

Er könnte ein Schneehuhn direkt aus seinem versteckten Nest stehlen.

Hij kon een sneeuwhoen zo uit zijn verborgen nest stelen.

Er tötete schlafende Kaninchen, ohne ein einziges Geräusch zu machen.

Hij doodde slapende konijnen zonder ook maar één geluid te maken.

Er konnte Streifenhörnchen mitten in der Luft fangen, wenn sie zu langsam flohen.

Hij kon chipmunks in de lucht vangen als ze te langzaam vluchtten.

Selbst Fische in Teichen konnten seinen plötzlichen Angriffen nicht entkommen.

Zelfs vissen in vijvers konden niet ontsnappen aan zijn plotselinge aanvallen.

Nicht einmal schlaue Biber, die Dämme reparierten, waren vor ihm sicher.

Zelfs de slimme bevers die dammen bouwden, waren niet veilig voor hem.

Er tötete, um Nahrung zu bekommen, nicht zum Spaß – aber seine eigene Beute gefiel ihm am besten.

Hij doodde voor het eten, niet voor de lol, maar hij vond zijn eigen doden het leukst.

Dennoch war bei manchen seiner stillen Jagden ein hintergründiger Humor spürbar.

Toch zat er een vleugje sluwe humor in sommige van zijn stille jachten.

Er schlich sich dicht an Eichhörnchen heran, ließ sie aber dann entkommen.

Hij sloop dicht bij de eekhoorns, maar liet ze vervolgens ontsnappen.

Sie wollten in die Bäume fliehen und schnatterten voller Angst und Empörung.

Ze wilden vluchten naar de bomen, terwijl ze angstig en verontwaardigd kletsten.

Mit dem Herbst kamen immer mehr Elche.

Toen de herfst kwam, verschenen er steeds meer elanden.

Sie zogen langsam in die tiefer gelegenen Täler, um dem Winter entgegenzukommen.

Ze trokken langzaam de lage valleien in om de winter te trotseren.

Buck hatte bereits ein junges, streunendes Kalb erlegt.

Buck had al een jong, verdwaald kalf neergehaald.

Doch er sehnte sich danach, einer größeren, gefährlicheren Beute gegenüberzutreten.

Maar hij verlangde ernaar om grotere, gevaarlijkere prooien te trotseren.

Eines Tages fand er an der Wasserscheide, an der Quelle des Baches, seine Chance.

Op een dag, aan de bron van de kreek, zag hij zijn kans.

Eine Herde von zwanzig Elchen war aus bewaldeten Gebieten herübergekommen.

Een kudde van twintig elanden was vanuit bosgebied de grens overgestoken.

Unter ihnen war ein mächtiger Stier, der Anführer der Gruppe.

Onder hen was een grote stier; de leider van de groep.

Der Bulle war über ein Meter achtzig Meter groß und sah grimmig und wild aus.

De stier was ruim 1,80 meter hoog en zag er woest en wild uit.

Er warf sein breites Geweih hin und her, dessen vierzehn Enden sich nach außen verzweigten.

Hij gooide zijn brede gewei omhoog, waarvan de veertien punten naar buiten vertakten.

Die Spitzen dieser Geweihe hatten einen Durchmesser von sieben Fuß.

De uiteinden van die geweien waren ruim twee meter breed.

Seine kleinen Augen brannten vor Wut, als er Buck in der Nähe entdeckte.

Zijn kleine ogen brandden van woede toen hij Buck in de buurt zag.

Er stieß ein wütendes Brüllen aus und zitterte vor Wut und Schmerz.

Hij slaakte een woedend gebrul en beefde van woede en pijn.

Nahe seiner Flanke ragte eine gefiederte und scharfe Pfeilspitze hervor.

Aan zijn flank stak een puntige pijl uit, gevederd en scherp.

Diese Wunde trug dazu bei, seine wilde, verbitterte Stimmung zu erklären.

Deze wond hielp zijn grimmige, bittere humeur te verklaren.

Buck, geleitet von seinem uralten Jagdinstinkt, machte seinen Zug.

Geleid door een oud jachtinstinct, sloeg Buck toe.

Sein Ziel war es, den Bullen vom Rest der Herde zu trennen.

Zijn doel was om de stier van de rest van de kudde af te scheiden.

Dies war keine leichte Aufgabe – es erforderte Schnelligkeit und messerscharfe List.

Dat was geen gemakkelijke opgave. Er was snelheid en enorme sluwheid voor nodig.

Er bellte und tanzte in der Nähe des Stiers, gerade außerhalb seiner Reichweite.

Hij blafte en danste vlakbij de stier, net buiten bereik.

Der Elch stürzte sich mit riesigen Hufen und tödlichem Geweih auf ihn.

De eland sprong naar voren met zijn enorme hoeven en dodelijke geweien.

Ein Schlag hätte Bucks Leben im Handumdrehen beenden können.

Eén klap had Buck's leven in een oogwenk kunnen beëindigen.

Der Stier konnte die Bedrohung nicht hinter sich lassen und wurde wütend.

De stier kon de dreiging niet achter zich laten en werd gek.

Er stürmte wütend auf ihn zu, doch Buck entkam ihm jedes Mal.

Woedend stormde hij op hem af, maar Buck glipte steeds weg.

Buck täuschte Schwäche vor und lockte ihn weiter von der Herde weg.

Buck veinsde zwakte en lokte hem verder van de kudde weg.

Doch die jungen Bullen wollten zurückstürmen, um den Anführer zu beschützen.

Maar jonge stieren zouden terugstormen om de leider te beschermen.

Sie zwangen Buck zum Rückzug und den Bullen, sich wieder der Gruppe anzuschließen.

Ze dwongen Buck om zich terug te trekken en de stier om zich weer bij de groep aan te sluiten.

In der Wildnis herrscht eine tiefe und unaufhaltsame Geduld.

Er bestaat geduld in het wild, diep en onstuitbaar.

Eine Spinne wartet unzählige Stunden bewegungslos in ihrem Netz.

Een spin zit urenlang roerloos in haar web.

Eine Schlange rollt sich ohne zu zucken zusammen und wartet, bis es Zeit ist.

Een slang kronkelt zich zonder te trillen en wacht tot het tijd is.

Ein Panther liegt auf der Lauer, bis der Moment gekommen ist.

Een panter ligt op de loer, totdat het moment daar is.

Dies ist die Geduld von Raubtieren, die jagen, um zu überleben.

Dit is het geduld van roofdieren die jagen om te overleven.

Dieselbe Geduld brannte in Buck, als er in seiner Nähe blieb.

Datzelfde geduld brandde ook in Buck terwijl hij dichtbij bleef.

Er blieb in der Nähe der Herde, verlangsamte ihren Marsch und schürte Angst.

Hij bleef bij de kudde, vertraagde hun tempo en zaaide angst.

Er ärgerte die jungen Bullen und schikanierte die Mutterkühe.

Hij plaagde de jonge stieren en irriteerde de moederkoeien.

Er trieb den verwundeten Stier in eine noch tiefere, hilflose Wut.

Hij dreef de gewonde stier tot een nog diepere, hulpeloze woede.

Einen halben Tag lang zog sich der Kampf ohne Pause hin.

De strijd duurde een halve dag voort, zonder enige rust.

Buck griff aus jedem Winkel an, schnell und wild wie der Wind.

Buck viel van alle kanten aan, snel en fel als de wind.

Er hinderte den Stier daran, sich auszuruhen oder sich bei seiner Herde zu verstecken.

Hij zorgde ervoor dat de stier niet kon rusten of zich kon verstoppen bij de kudde.

Buck zermürbte den Willen des Elchs schneller als seinen Körper.

Buck brak de wil van de eland sneller af dan zijn lichaam.

Der Tag verging und die Sonne sank tief am nordwestlichen Himmel.

De dag verstreek en de zon zakte laag aan de noordwestelijke hemel.

Die jungen Bullen kehrten langsamer zurück, um ihrem Anführer zu helfen.

De jonge stieren kwamen langzamer terug om hun leider te helpen.

Die Herbstnächte waren zurückgekehrt und die Dunkelheit dauerte nun sechs Stunden.

De herfstnachten waren teruggekeerd en het duurde nu zes uur lang donker.

Der Winter drängte sie bergab in sicherere, wärmere Täler.

De winter dwong hen bergafwaarts te trekken, naar veiligere, warmere valleien.

Aber sie konnten dem Jäger, der sie zurückhielt, immer noch nicht entkommen.

Maar ze konden nog steeds niet ontsnappen aan de jager die hen tegenhield.

Es stand nur ein Leben auf dem Spiel – nicht das der Herde, sondern nur das ihres Anführers.

Er stond maar één leven op het spel: niet dat van de kudde, maar dat van hun leider.

Dadurch wurde die Bedrohung in weite Ferne gerückt und ihre dringende Sorge wurde aufgehoben.

Daardoor leek de dreiging ver weg en was het niet hun dringende zorg.

Mit der Zeit akzeptierten sie diesen Preis und überließen Buck die Übernahme des alten Bullen.

Na verloop van tijd accepteerden ze deze prijs en lieten ze Buck de oude stier meenemen.

Als die Dämmerung hereinbrach, stand der alte Bulle mit gesenktem Kopf da.

Terwijl de schemering inviel, stond de oude stier met zijn kop gebogen.

Er sah zu, wie die Herde, die er geführt hatte, im schwindenden Licht verschwand.

Hij keek toe hoe de kudde die hij had geleid, in het verdwijnende licht verdween.

Es gab Kühe, die er gekannt hatte, Kälber, deren Vater er einst gewesen war.

Er waren koeien die hij kende, kalveren die hij ooit had verwekt.

Es gab jüngere Bullen, gegen die er in vergangenen Saisons gekämpft und die er beherrscht hatte.

Er waren jongere stieren tegen wie hij in voorgaande seizoenen had gevochten en over wie hij had geregeerd.

Er konnte ihnen nicht folgen, denn vor ihm kauerte Buck wieder.

Hij kon hen niet volgen, want vóór hem hurkte Buck weer.

Der gnadenlose Schrecken mit den Reißzähnen versperrte ihm jeden Weg.

De genadeloze angst met zijn slagtanden blokkeerde elk pad dat hij kon bewandelen.

Der Bulle brachte mehr als drei Zentner geballte Kraft auf die Waage.

De stier woog meer dan driehonderd kilo aan zware kracht.

Er hatte ein langes Leben geführt und in einer Welt voller Kämpfe hart gekämpft.

Hij had lang geleefd en hard gevochten in een wereld vol strijd.

Doch nun, am Ende, kam der Tod von einem Tier, das weit unter ihm stand.

Maar nu, aan het einde, kwam de dood van een beest ver beneden hem.

Bucks Kopf erreichte nicht einmal die riesigen, mit Knöcheln besetzten Knie des Bullen.

Bucks hoofd reikte niet eens tot aan de enorme, gebogen knieën van de stier.

Von diesem Moment an blieb Buck Tag und Nacht bei dem Bullen.

Vanaf dat moment bleef Buck dag en nacht bij de stier.

Er gönnte ihm keine Ruhe, erlaubte ihm nie zu grasen oder zu trinken.

Hij gaf hem nooit rust, liet hem nooit grazen of drinken.

Der Stier versuchte, junge Birkentriebe und Weidenblätter zu fressen.

De stier probeerde jonge berkenscheuten en wilgenbladeren te eten.

Aber Buck verjagte ihn, immer wachsam und immer angreifend.

Maar Buck joeg hem weg, altijd alert en altijd aanvallend.

Sogar an plätschernden Bächen blockte Buck jeden durstigen Versuch ab.

Zelfs bij kabbelende beekjes blokkeerde Buck elke dorstige poging.

Manchmal floh der Stier aus Verzweiflung mit voller Geschwindigkeit.

Soms vluchtte de stier uit wanhoop in volle vaart.

Buck ließ ihn laufen und lief ruhig direkt hinter ihm her, nie weit entfernt.

Buck liet hem rennen en liep rustig vlak achter hem aan, nooit ver weg.

Als der Elch innehielt, legte sich Buck hin, blieb aber bereit.

Toen de eland stopte, ging Buck liggen, maar bleef wel klaar.

Wenn der Bulle versuchte zu fressen oder zu trinken, schlug Buck mit voller Wut zu.

Als de stier probeerde te eten of te drinken, sloeg Buck met volle woede toe.

Der große Kopf des Stiers sank tiefer unter sein gewaltiges Geweih.

De grote kop van de stier zakte verder door onder de enorme geweien.

Sein Tempo verlangsamte sich, der Trab wurde schwerfällig, ein stolpernder Schritt.

Zijn pas werd trager, de draf werd zwaar en de stap werd strompelend.

Er stand oft still mit hängenden Ohren und der Nase am Boden.

Vaak stond hij stil, met hangende oren en zijn neus op de grond.

In diesen Momenten nahm sich Buck Zeit zum Trinken und Ausruhen.

Tijdens die momenten nam Buck de tijd om te drinken en uit te rusten.

Mit heraushängender Zunge und starrem Blick spürte Buck, wie sich das Land veränderte.

Met zijn tong uitgestoken en zijn ogen strak gericht, voelde Buck dat het landschap veranderde.

Er spürte, wie sich etwas Neues durch den Wald und den Himmel bewegte.

Hij voelde iets nieuws door het bos en de lucht bewegen.

Mit der Rückkehr der Elche kehrten auch andere Wildtiere zurück.

Toen de elanden terugkwamen, deden ook de andere wilde dieren dat.

Das Land fühlte sich lebendig an, mit einer Präsenz, die man nicht sieht, aber deutlich wahrnimmt.

Het land voelde levendig en aanwezig aan, onzichtbaar maar toch sterk bekend.

Buck wusste dies weder am Geräusch, noch am Anblick oder am Geruch.

Buck wist dit niet door het gehoor, het zicht of de geur.

Ein tieferes Gefühl sagte ihm, dass neue Kräfte im Gange waren.

Een dieper gevoel vertelde hem dat er nieuwe krachten op komst waren.

In den Wäldern und entlang der Bäche herrschte seltsames Leben.

Er woedde een vreemd leven in de bossen en langs de beekjes.

Er beschloss, diesen Geist zu erforschen, nachdem die Jagd beendet war.

Hij besloot deze geest te onderzoeken nadat de jacht was voltooid.

Am vierten Tag erlegte Buck endlich den Elch.

Op de vierde dag had Buck eindelijk de eland te pakken.

Er blieb einen ganzen Tag und eine ganze Nacht bei der Beute, fraß und ruhte sich aus.

Hij bleef de hele dag en nacht bij de prooi om te eten en te rusten.

Er aß, schlief dann und aß dann wieder, bis er stark und satt war.

Hij at, sliep, en at weer, totdat hij sterk en vol was.

Als er fertig war, kehrte er zum Lager und nach Thornton zurück.

Toen hij klaar was, keerde hij terug naar het kamp en Thornton.

Mit gleichmäßigem Tempo begann er die lange Heimreise.

Met vaste tred begon hij aan de lange terugreis naar huis.

Er rannte in seinem unermüdlichen Galopp Stunde um Stunde, ohne auch nur ein einziges Mal vom Weg abzukommen.

Hij rende onvermoeibaar, urenlang, zonder ook maar één keer af te wijken.

Durch unbekannte Länder bewegte er sich schnurgerade wie eine Kompassnadel.

Door onbekende landen bewoog hij zich rechtdoor als een kompasnaald.

Sein Orientierungssinn ließ Mensch und Karte im Vergleich schwach erscheinen.

In vergelijking daarmee leek de mens en de kaart zwak.

Während Buck rannte, spürte er die Bewegung in der Wildnis stärker.

Terwijl Buck rende, voelde hij de opwinding in het ruige landschap steeds sterker.

Es war eine neue Art zu leben, anders als in den ruhigen Sommermonaten.

Het was een nieuw soort leven, anders dan het leven in de rustige zomermaanden.

Dieses Gefühl kam nicht länger als subtile oder entfernte Botschaft.

Dit gevoel kwam niet langer als een subtiele of verre boodschap.

Nun sprachen die Vögel von diesem Leben und Eichhörnchen plapperten darüber.

De vogels spraken over dit leven en de eekhoorns kwetterden erover.

Sogar die Brise flüsterte Warnungen durch die stillen Bäume.

Zelfs de bries fluisterde waarschuwingen door de stille bomen.

Mehrmals blieb er stehen und schnupperte die frische Morgenluft.

Meerdere malen bleef hij staan en snoof de frisse ochtendlucht op.

Dort las er eine Nachricht, die ihn schneller nach vorne springen ließ.

Daar las hij een bericht waardoor hij sneller vooruit sprong.

Ein starkes Gefühl der Gefahr erfüllte ihn, als wäre etwas schiefgelaufen.

Hij voelde zich ineens heel gevaarlijk, alsof er iets mis was gegaan.

Er befürchtete, dass ein Unglück bevorstünde – oder bereits eingetreten war.

Hij vreesde dat er onheil op komst was, of al gekomen was.

Er überquerte den letzten Bergrücken und betrat das darunterliegende Tal.

Hij stak de laatste bergkam over en kwam in de vallei terecht.

Er bewegte sich langsamer und war bei jedem Schritt aufmerksamer und vorsichtiger.

Bij iedere stap bewoog hij langzamer, alerter en voorzichtiger.

Drei Meilen weiter fand er eine frische Spur, die ihn erstarren ließ.

Vijf kilometer verderop vond hij een vers spoor dat hem deed verstijven.

Die Haare in seinem Nacken stellten sich auf und sträubten sich vor Schreck.

De haren in zijn nek gingen overeind staan van schrik.

Die Spur führte direkt zum Lager, wo Thornton wartete.

Het pad leidde rechtstreeks naar het kamp waar Thornton wachtte.

Buck bewegte sich jetzt schneller, seine Schritte waren lautlos und schnell zugleich.

Buck bewoog nu sneller, zijn passen waren zowel stil als snel.

Seine Nerven lagen blank, als er Zeichen las, die andere übersehen würden.

Hij werd steeds zenuwachtiger toen hij de signalen zag die anderen niet zouden herkennen.

Jedes Detail der Spur erzählte eine Geschichte – außer dem letzten Stück.

Elk detail van de route vertelde een verhaal, behalve het laatste stuk.

Seine Nase erzählte ihm von dem Leben, das hier vorbeigezogen war.

Zijn neus vertelde hem over het leven dat hier voorbij was gegaan.

Der Duft vermittelte ihm ein wechselndes Bild, als er dicht hinter ihm folgte.

De geur wekte een veranderend beeld op terwijl hij hem dicht volgde.

Doch im Wald selbst war es still geworden, unnatürlich still.

Maar het bos zelf was stil geworden; onnatuurlijk stil.

Die Vögel waren verschwunden, die Eichhörnchen hatten sich versteckt, waren still und ruhig.

Vogels waren verdwenen, eekhoorns waren verborgen, stil en onbeweeglijk.

Er sah nur ein einziges Grauhörnchen, das flach auf einem toten Baum lag.

Hij zag slechts één grijze eekhoorn, plat op een dode boom.

Das Eichhörnchen fügte sich steif und reglos in den Wald ein.

De eekhoorn ging op in de omgeving, stijf en bewegingloos als een deel van het bos.

Buck bewegte sich wie ein Schatten, lautlos und sicher durch die Bäume.

Buck bewoog zich als een schaduw, stil en zeker door de bomen.

Seine Nase zuckte zur Seite, als würde sie von einer unsichtbaren Hand gezogen.

Zijn neus bewoog opzij, alsof er door een onzichtbare hand aan werd getrokken.

Er drehte sich um und folgte der neuen Spur tief in ein Dickicht hinein.

Hij draaide zich om en volgde de nieuwe geur tot diep in het struikgewas.

Dort fand er Nig tot daliegend, von einem Pfeil durchbohrt.

Daar vond hij Nig, dood liggend, doorboord door een pijl.

Der Schaft durchdrang seinen Körper, die Federn waren noch zu sehen.

De pijl ging dwars door zijn lichaam heen, en zijn veren waren nog zichtbaar.

Nig hatte sich dorthin geschleppt, war jedoch gestorben, bevor er Hilfe erreichen konnte.

Nig had zichzelf erheen gesleept, maar stierf voordat hij hulp kon bereiken.

Hundert Meter weiter fand Buck einen weiteren Schlittenhund.

Honderd meter verderop zag Buck nog een sledehond.

Es war ein Hund, den Thornton in Dawson City gekauft hatte.

Het was een hond die Thornton had gekocht in Dawson City.

Der Hund befand sich in einem tödlichen Kampf und schlug heftig auf dem Weg um sich.

De hond was in een doodsstrijd verwikkeld en spartelde hevig op het pad.

Buck ging um ihn herum, blieb nicht stehen und richtete den Blick nach vorne.

Buck liep langs hem heen, bleef niet stilstaan en hield zijn ogen strak voor zich uit gericht.

Aus Richtung des Lagers ertönte in der Ferne ein rhythmischer Gesang.

Vanuit de richting van het kamp klonk in de verte een ritmisch gezang.

Die Stimmen schwoll in einem seltsamen, unheimlichen Singsangton an und ab.

Stemmen rezen en daalden in een vreemde, griezelige, zangerige toon.

Buck kroch schweigend zum Rand der Lichtung.

Buck kroop zwijgend naar de rand van de open plek.

Dort sah er Hans mit dem Gesicht nach unten liegen, von vielen Pfeilen durchbohrt.

Daar zag hij Hans liggen, met zijn gezicht naar beneden, doorboord door vele pijlen.

Sein Körper sah aus wie der eines Stachelschweins und war mit gefiederten Schäften bestückt.

Zijn lichaam leek op een stekelvarken, vol met veren.

Im selben Moment blickte Buck in Richtung der zerstörten Hütte.

Op hetzelfde moment keek Buck naar de verwoeste lodge.

Bei diesem Anblick stellten sich ihm die Nacken- und Schulterhaare auf.

Deze aanblik deed de haren in zijn nek en schouders overeind staan.

Ein Sturm wilder Wut durchfuhr Bucks ganzen Körper.

Een storm van woeste woede ging door Bucks hele lichaam.

Er knurrte laut, obwohl er nicht wusste, dass er es getan hatte.

Hij gromde luid, hoewel hij niet wist dat hij dat deed.

Der Klang war rau, erfüllt von furchterregender, wilder Wut.

Het geluid was rauw en vol angstaanjagende, wilde woede.

Zum letzten Mal in seinem Leben verlor Buck den Verstand und die Gefühle.

Voor de laatste keer in zijn leven verloor Buck zijn rede voor emoties.

Es war die Liebe zu John Thornton, die seine sorgfältige Kontrolle brach.

Het was de liefde voor John Thornton die zijn zorgvuldige controle verbrak.

Die Yeehats tanzten um die zerstörte Fichtenhütte.

De Yeehats dansten rond het verwoeste sparrenhouten huisje.

Dann ertönte ein Brüllen – und ein unbekanntes Tier stürmte auf sie zu.

Toen klonk er een gebrul en een onbekend beest stormde op hen af.

Es war Buck, eine aufbrausende Furie, ein lebendiger Sturm der Rache.

Het was Buck; een woedende, levende storm van wraak.

Wahnsinnig vor Tötungsdrang stürzte er sich mitten unter sie.

Hij wierp zich midden tussen hen in, waanzinnig van de drang om te doden.

Er sprang auf den ersten Mann, den Yeehat-Häuptling, und traf zielsicher.

Hij sprong op de eerste man af, de Yeehat-leider, en trof doel.

Seine Kehle war aufgerissen und Blut spritzte in einem Strom.

Zijn keel was opengereten en het bloed spoot eruit.

Buck blieb nicht stehen, sondern riss dem nächsten Mann mit einem Sprung die Kehle durch.

Buck stopte niet, maar scheurde met één sprong de keel van de volgende man open.

Er war nicht aufzuhalten – er riss, schlug und machte nie eine Pause, um sich auszuruhen.

Hij was niet te stoppen: hij scheurde en hakte erop los, zonder ooit even stil te staan.

Er schoss und sprang so schnell, dass ihre Pfeile ihn nicht treffen konnten.

Hij schoot en sprong zo snel dat de pijlen hem niet konden raken.

Die Yeehats waren in ihrer eigenen Panik und Verwirrung gefangen.

De Yeehats raakten in paniek en verwarring.

Ihre Pfeile verfehlten Buck und trafen stattdessen einander.

Hun pijlen misten Buck en raakten elkaar.

Ein Jugendlicher warf einen Speer nach Buck und traf einen anderen Mann.

Eén jongere gooide een speer naar Buck en raakte daarmee een andere man.

Der Speer durchbohrte seine Brust und die Spitze durchbohrte seinen Rücken.

De speer drong door zijn borstkas en de punt drong in zijn rug door.

Die Yeehats wurden von Panik erfasst und zogen sich umgehend zurück.

Er ontstond paniek onder de Yeehats en ze sloegen op de vlucht.

Sie schrien vor dem bösen Geist und flohen in die Schatten des Waldes.

Ze schreeuwden om de Boze Geest en vluchtten de schaduwen van het bos in.

Buck war wirklich wie ein Dämon, als er die Yeehats jagte.

Buck gedroeg zich werkelijk als een duivel toen hij de Yeehats achtervolgde.

Er raste hinter ihnen durch den Wald her und erlegte sie wie Rehe.

Hij rende achter hen aan door het bos en doodde hen als herten.

Für die verängstigten Yeehats wurde es ein Tag des Schicksals und des Terrors.

Het werd een dag van noodlot en angst voor de bange Yeehats.

Sie zerstreuten sich über das Land und flohen in alle Richtungen.

Ze verspreidden zich over het land en vluchtten alle kanten op.

Eine ganze Woche verging, bevor sich die letzten Überlebenden in einem Tal trafen.

Er ging een hele week voorbij voordat de laatste overlevenden elkaar in een vallei ontmoetten.

Erst dann zählten sie ihre Verluste und sprachen über das Geschehene.

Pas toen telden ze hun verliezen en spraken ze over wat er gebeurd was.

Nachdem Buck die Jagd satt hatte, kehrte er zum zerstörten Lager zurück.

Buck was moe van de achtervolging en keerde terug naar het verwoeste kamp.

Er fand Pete, noch in seine Decken gehüllt, getötet beim ersten Angriff.

Hij vond Pete, nog steeds onder zijn dekens, gedood bij de eerste aanval.

Spuren von Thorntons letztem Kampf waren im Dreck in der Nähe zu sehen.

Sporen van Thorntons laatste strijd waren in het nabijgelegen stof te zien.

Buck folgte jeder Spur und erschnüffelte jede Markierung bis zum letzten Punkt.

Buck volgde elk spoor en besnuffelde elk spoor tot hij een eindpunt had bereikt.

Am Rand eines tiefen Teichs fand er den treuen Skeet, der still dalag.

Aan de rand van een diepe poel vond hij de trouwe Skeet, stil liggend.

Skeets Kopf und Vorderpfoten lagen regungslos im Wasser, er lag tot da.

Skeets hoofd en voorpoten stonden roerloos in het water, dood.

Der Teich war schlammig und durch das Abwasser aus den Schleusenkästen verunreinigt.

Het bassin was modderig en vervuild met afvalwater uit de sluiskasten.

Seine trübe Oberfläche verbarg, was darunter lag, aber Buck kannte die Wahrheit.

Het bewolkte oppervlak verborg wat eronder lag, maar Buck kende de waarheid.

Er folgte Thorntons Spur bis in den Pool – doch die Spur führte nirgendwo anders hin.

Hij volgde Thorntons geur tot in het zwembad, maar de geur leidde nergens anders heen.

Es gab keinen Geruch, der hinausführte – nur die Stille des tiefen Wassers.

Er was geen geur die naar buiten leidde, alleen de stilte van het diepe water.

Den ganzen Tag blieb Buck in der Nähe des Teichs und ging voller Trauer im Lager auf und ab.

Buck bleef de hele dag bij het zwembad en liep verdrietig heen en weer door het kamp.

Er wanderte ruhelos umher oder saß regungslos da, in tiefe Gedanken versunken.

Hij dwaalde rusteloos rond of zat stil, verzonken in zware gedachten.

Er kannte den Tod, das Ende des Lebens, das Verschwinden aller Bewegung.

Hij kende de dood, het einde van het leven, het verdwijnen van alle beweging.

Er verstand, dass John Thornton weg war und nie wieder zurückkehren würde.

Hij begreep dat John Thornton weg was en nooit meer terug zou komen.

Der Verlust hinterließ eine Leere in ihm, die wie Hunger pochte.

Het verlies liet een lege plek in hem achter, die klopte als honger.

Doch dieser Hunger konnte durch Essen nicht gestillt werden, egal, wie viel er aß.

Maar het was een honger die hij niet kon stillen, hoeveel hij ook at.

Manchmal, wenn er die toten Yeehats ansah, ließ der Schmerz nach.

Soms, als hij naar de dode Yeehats keek, verdween de pijn.

Und dann stieg ein seltsamer Stolz in ihm auf, wild und vollkommen.

En toen welde er een vreemde trots in hem op, hevig en volkomen.

Er hatte den Menschen getötet, das höchste und gefährlichste Wild von allen.

Hij had de mens gedood, het hoogste en gevaarlijkste spel dat er bestaat.

Er hatte unter Missachtung des alten Gesetzes von Keule und Reißzahn getötet.

Hij had gedood in strijd met de eeuwenoude wet van knots en slagtand.

Buck schnüffelte neugierig und nachdenklich an ihren leblosen Körpern.

Buck besnuffelde hun levenloze lichamen, nieuwsgierig en nadenkend.

Sie waren so leicht gestorben – viel leichter als ein Husky in einem Kampf.

Ze waren zo gemakkelijk gestorven, veel gemakkelijker dan een husky in een gevecht.

Ohne ihre Waffen waren sie weder wirklich stark noch stellten sie eine Bedrohung dar.

Zonder hun wapens waren ze niet echt sterk of gevaarlijk.

Buck würde sie nie wieder fürchten, es sei denn, sie wären bewaffnet.

Buck zou nooit meer bang voor ze zijn, tenzij ze bewapend zijn.

Nur wenn sie Keulen, Speere oder Pfeile trugen, war er vorsichtig.

Alleen wanneer ze knuppels, speren of pijlen bij zich hadden, was hij op zijn hoede.

Die Nacht brach herein und ein Vollmond stieg hoch über die Baumwipfel.

De nacht viel en een volle maan verscheen hoog boven de boomtoppen.

Das blasse Licht des Mondes tauchte das Land in einen sanften, geisterhaften Schein wie am Tag.

Het zwakke maanlicht hulde het land in een zacht, spookachtig schijnsel, alsof het dag was.

Als die Nacht hereinbrach, trauerte Buck noch immer am stillen Teich.

Terwijl de nacht vorderde, rouwde Buck nog steeds bij de stille poel.

Dann bemerkte er eine andere Regung im Wald.

Toen merkte hij dat er iets anders in het bos gebeurde.

Die Aufregung kam nicht von den Yeehats, sondern von etwas Älterem und Tieferem.

De aanleiding voor deze actie was niet de Yeehats, maar iets wat ouder en dieper was.

Er stand auf, spitzte die Ohren und prüfte vorsichtig mit der Nase die Brise.

Hij stond op, met gespitste oren, en tastte voorzichtig de wind af met zijn neus.

Aus der Ferne ertönte ein schwacher, scharfer Aufschrei, der die Stille durchbrach.

Van veraf klonk een zwakke, scherpe kreet die de stilte doorbrak.

Dann folgte dicht auf den ersten ein Chor ähnlicher Schreie.

Daarna volgde een koor met soortgelijke kreten, vlak na de eerste.

Das Geräusch kam näher und wurde mit jedem Augenblick lauter.

Het geluid kwam dichterbij en werd met elk moment luider.

Buck kannte diesen Schrei – er kam aus dieser anderen Welt in seiner Erinnerung.

Buck kende deze kreet, hij hoorde hem vanuit die andere wereld in zijn geheugen.

Er ging in die Mitte des offenen Platzes und lauschte aufmerksam.

Hij liep naar het midden van de open ruimte en luisterde aandachtig.

Der Ruf ertönte vielstimmig und kraftvoller denn je.

De roep klonk luid en duidelijk, krachtiger dan ooit.

Und jetzt war Buck mehr denn je bereit, seiner Berufung zu folgen.

En nu, meer dan ooit tevoren, was Buck klaar om zijn roeping te beantwoorden.

John Thornton war tot und hatte keine Bindung mehr an die Menschheit.

John Thornton was dood. Hij voelde zich niet meer verbonden met de mens.

Der Mensch und alle menschlichen Ansprüche waren verschwunden – er war endlich frei.

De mens en alle menselijke aanspraken waren verdwenen: hij was eindelijk vrij.

Das Wolfsrudel jagte Fleisch, wie es einst die Yeehats getan hatten.

De roedel wolven was op jacht naar vlees, net zoals de Yeehats dat vroeger ook deden.

Sie waren Elchen aus den Waldgebieten gefolgt.

Ze waren de elanden vanuit het bosgebied gevolgd.

Nun überquerten sie, wild und hungrig nach Beute, sein Tal.

Nu staken ze, wild en hongerig naar prooi, de vallei over.

Sie kamen auf die mondbeschienene Lichtung und flossen wie silbernes Wasser.

Ze kwamen de open plek in het maanlicht binnen, stromend als zilverkleurig water.

Buck stand regungslos in der Mitte und wartete auf sie.

Buck bleef roerloos in het midden staan en wachtte op hen.

Seine ruhige, große Präsenz versetzte das Rudel in Erstaunen und ließ es kurz verstummen.

Zijn kalme, grote aanwezigheid deed de roedel even zwijgen.

Dann sprang der kühnste Wolf ohne zu zögern direkt auf ihn zu.

Toen sprong de stoutmoedigste wolf zonder aarzelen recht op hem af.

Buck schlug schnell zu und brach dem Wolf mit einem einzigen Schlag das Genick.

Buck sloeg snel toe en brak met één enkele klap de nek van de wolf.

Er stand wieder regungslos da, während der sterbende Wolf sich hinter ihm wand.

Hij bleef weer roerloos staan, terwijl de stervende wolf zich achter hem omdraaide.

Drei weitere Wölfe griffen schnell nacheinander an.

Drie andere wolven vielen snel aan, de een na de ander.

Jeder von ihnen zog sich blutend zurück, die Kehle oder die Schultern waren aufgeschlitzt.

Ze kwamen allemaal bloedend terug, met doorgesneden keel of schouders.

Das reichte aus, um das ganze Rudel zu einem wilden Angriff zu provozieren.

Dat was voor de hele roedel aanleiding om in een wilde aanval te gaan.

Sie stürmten gemeinsam hinein, waren zu eifrig und zu dicht gedrängt, um einen guten Schlag zu erzielen.

Ze stormden gezamenlijk naar binnen, te gretig en te dicht op elkaar om goed toe te slaan.

Dank seiner Schnelligkeit und Geschicklichkeit war Buck in der Lage, dem Angriff immer einen Schritt voraus zu sein.

Dankzij Bucks snelheid en vaardigheid kon hij de aanval voorblijven.

Er drehte sich auf seinen Hinterbeinen und schnappte und schlug in alle Richtungen.

Hij draaide zich om op zijn achterpoten en sloeg en sloeg in alle richtingen.

Für die Wölfe schien es, als ob seine Verteidigung nie geöffnet oder ins Wanken geraten wäre.

Voor de wolven leek het erop dat zijn verdediging nooit wankelde.

Er drehte sich um und schlug so schnell zu, dass sie nicht hinter ihn gelangen konnten.

Hij draaide zich om en sloeg zo snel toe dat ze niet achter hem konden komen.

Dennoch zwang ihn ihre Übermacht zum Nachgeben und Zurückweichen.

Toch dwongen hun aantallen hem om terrein prijs te geven en zich terug te trekken.

Er ging am Teich vorbei und hinunter in das steinige Bachbett.

Hij liep langs de poel en de rotsachtige kreekbedding in.

Dort stieß er auf eine steile Böschung aus Kies und Erde.

Daar stuitte hij op een steile helling van grind en aarde.

Er ist bei den alten Grabungen der Bergleute in einen Eckeinschnitt geraten.

Hij belandde in een hoek die was afgesneden tijdens het oude graafwerk van de mijnwerkers.

Jetzt war Buck von drei Seiten geschützt und stand nur noch dem vorderen Wolf gegenüber.

Nu, beschermd aan drie kanten, hoefde Buck alleen nog maar de voorste wolf te trotseren.

Dort stand er in der Enge, bereit für die nächste Angriffswelle.

Daar stond hij op afstand, klaar voor de volgende aanvalsgolf.

Buck blieb so hartnäckig standhaft, dass die Wölfe zurückwichen.

Buck hield zo stand dat de wolven zich terugtrokken.

Nach einer halben Stunde waren sie erschöpft und sichtlich besiegt.

Na een half uur waren ze uitgeput en zichtbaar verslagen.

Ihre Zungen hingen heraus, ihre weißen Reißzähne glänzten im Mondlicht.

Hun tongen hingen uit en hun witte hoektanden glinsterden in het maanlicht.

Einige Wölfe legten sich mit erhobenem Kopf hin und spitzten die Ohren in Richtung Buck.

Sommige wolven gingen liggen, met hun hoofd omhoog en hun oren gespitst in de richting van Buck.

Andere standen still, waren wachsam und beobachteten jede seiner Bewegungen.

Anderen stonden stil, alert en hielden elke beweging van hem in de gaten.

Einige gingen zum Pool und schlürften kaltes Wasser.

Enkelen gingen naar het zwembad en dronken wat koud water.

Dann schlich ein großer, schlanker grauer Wolf sanft heran.

Toen kroop er een lange, magere grijze wolf zachtjes naar voren.

Buck erkannte ihn – es war der wilde Bruder von vorhin.

Buck herkende hem: het was de wilde broer van net.

Der graue Wolf winselte leise und Buck antwortete mit einem Winseln.

De grijze wolf jankte zachtjes en Buck antwoordde met een jank.

Sie berührten ihre Nasen, leise und ohne Drohung oder Angst.

Ze raakten elkaars neuzen aan, stilletjes en zonder bedreiging of angst.

Als nächstes kam ein älterer Wolf, hager und von vielen Kämpfen gezeichnet.

Daarna kwam er een oudere wolf, mager en met littekens van de vele gevechten.

Buck wollte knurren, hielt aber inne und schnüffelte an der Nase des alten Wolfes.

Buck begon te grommen, maar hield even op en besnuffelde de neus van de oude wolf.

Der Alte setzte sich, hob die Nase und heulte den Mond an.

De oude man ging zitten, hief zijn neus op en huilde naar de maan.

Der Rest des Rudels setzte sich und stimmte in das langgezogene Heulen ein.

De rest van de roedel ging zitten en zong mee in het lange gehuil.

Und nun ertönte der Ruf an Buck, unmissverständlich und stark.

En nu bereikte Buck de roep, onmiskenbaar en krachtig.

Er setzte sich, hob den Kopf und heulte mit den anderen.

Hij ging zitten, hief zijn hoofd op en huilde met de anderen mee.

Als das Heulen aufhörte, trat Buck aus seinem felsigen Unterschlupf.

Toen het gehuil ophield, stapte Buck uit zijn rotsachtige schuilplaats.

Das Rudel umringte ihn und beschnüffelte ihn zugleich freundlich und vorsichtig.

De roedel sloot zich om hem heen en begon vriendelijk en voorzichtig te snuffelen.

Dann stießen die Anführer einen lauten Schrei aus und rannten in den Wald.

Toen gaven de leiders een gil en renden het bos in.

Die anderen Wölfe folgten und jaulten im Chor, wild und schnell in der Nacht.

De andere wolven volgden, jankend in koor, wild en snel in de nacht.

Buck rannte mit ihnen, neben seinem wilden Bruder her, und heulte dabei.

Buck rende met hen mee, naast zijn wilde broer, en huilde terwijl hij rende.

Hier geht die Geschichte von Buck gut zu Ende.

Hier komt het verhaal van Buck mooi tot een einde.

In den folgenden Jahren bemerkten die Yeehats seltsame Wölfe.

In de jaren die volgden, merkten de Yeehats vreemde wolven op.

Einige hatten braune Flecken auf Kopf und Schnauze und weiße Flecken auf der Brust.

Sommigen hadden bruin op hun kop en snuit, en wit op hun borst.

Doch noch mehr fürchteten sie sich vor einer geisterhaften Gestalt unter den Wölfen.

Maar ze waren nog banger voor een spookachtige figuur onder de wolven.

Sie sprachen flüsternd vom Geisterhund, dem Anführer des Rudels.

Ze spraken fluisterend over de Geesthond, de leider van de roedel.

Dieser Geisterhund war schlauer als der kühnste Yeehat-Jäger.

Deze Spookhond was sluwer dan de dapperste Yeehat-jager.

Der Geisterhund stahl im tiefsten Winter aus Lagern und riss ihre Fallen auseinander.

De spookhond stal midden in de winter uit de kampen en scheurde hun vallen kapot.

Der Geisterhund tötete ihre Hunde und entkam ihren Pfeilen spurlos.

De spookhond doodde hun honden en ontsnapte spoorloos aan de pijlen.

Sogar ihre tapfersten Krieger hatten Angst, diesem wilden Geist gegenüberzutreten.

Zelfs hun dapperste krijgers waren bang om deze wilde geest onder ogen te komen.

Nein, die Geschichte wird im Laufe der Jahre in der Wildnis immer düsterer.

Nee, het verhaal wordt nog donkerder naarmate de jaren in de wildernis verstrijken.

Manche Jäger verschwinden und kehren nie in ihre entfernten Lager zurück.

Sommige jagers verdwijnen en keren nooit meer terug naar hun afgelegen kampen.

Andere werden mit aufgerissener Kehle erschlagen im Schnee gefunden.

Anderen worden met doorgesneden keel gevonden, gedood in de sneeuw.

Um ihren Körper herum sind Spuren – größer als sie ein Wolf hinterlassen könnte.

Rondom hun lichamen bevinden zich sporen, groter dan welke wolf dan ook zou kunnen maken.

Jeden Herbst folgen die Yeehats der Spur des Elchs.

Elk najaar volgen de Yeehats het spoor van de elanden.

Aber ein Tal meiden sie, weil ihnen die Angst tief im Herzen eingegraben ist.

Maar ze vermijden één vallei, met angst die diep in hun hart is gekerfd.

Man sagt, dass der böse Geist dieses Tal als seine Heimat ausgewählt hat.

Ze zeggen dat de vallei door de Boze Geest is uitgekozen als zijn woonplaats.

Und wenn die Geschichte erzählt wird, weinen einige Frauen am Feuer.

En als het verhaal verteld is, zitten er vrouwen bij het vuur te huilen.

Aber im Sommer kommt ein Besucher in dieses ruhige, heilige Tal.

Maar in de zomer komt er een bezoeker naar die stille, heilige vallei.

Die Yeehats wissen nichts von ihm und können es auch nicht verstehen.

De Yeehats wisten niets van zijn bestaan en konden het ook niet begrijpen.

Der Wolf ist großartig und mit einer Pracht überzogen wie kein anderer seiner Art.

De wolf is een geweldig dier, bedekt met glorie, zoals geen ander in zijn soort.

Er allein überquert den grünen Wald und betritt die Waldlichtung.

Hij alleen steekt het groene bos over en betreedt de open plek in het bos.

Dort sickert goldener Staub aus Elchhautsäcken in den Boden.

Daar sijpelt het gouden stof van elandenhuidzakken in de grond.

Gras und alte Blätter haben das Gelb vor der Sonne verborgen.

Gras en oude bladeren verbergen het geel voor de zon.

Hier steht der Wolf still, denkt nach und erinnert sich.

Hier staat de wolf in stilte, nadenkend en herinnerend.

Er heult einmal – lang und traurig – bevor er sich zum Gehen umdreht.

Hij huilt één keer – lang en treurig – voordat hij zich omdraait om weg te gaan.

Doch er ist nicht immer allein im Land der Kälte und des Schnees.

Toch is hij niet altijd alleen in het land van kou en sneeuw.

Wenn lange Winternächte über die tiefer gelegenen Täler hereinbrechen.

Wanneer lange winternachten over de lager gelegen valleien neerdalen.

Wenn die Wölfe dem Wild durch Mondlicht und Frost folgen.

Als de wolven het wild volgen in het maanlicht en bij vorst.

Dann rennt er mit großen, wilden Sprüngen an der Spitze des Rudels entlang.

Dan rent hij voorop en springt hoog en wild.

Seine Gestalt überragt die anderen, aus seiner Kehle erklingt Gesang.

Zijn gestalte torent boven de anderen uit, zijn keel klinkt van gezang.

Es ist das Lied der jüngeren Welt, die Stimme des Rudels.

Het is het lied van de jongere wereld, de stem van de roedel.

Er singt, während er rennt – stark, frei und für immer wild.

Hij zingt terwijl hij rent: sterk, vrij en altijd wild.